DER GARTENKALENDER

John Ferguson/Burkhard Mücke

DER GARTENKALENDER

Praktische Arbeitsanleitung
für die natürlichen Jahreszeiten
des Gartens

Mosaik Verlag

Aus dem Englischen von den Autoren übertragen
Redaktion der endlischen Ausgabe: Sarah Mitchell
Redaktion der deutschen Ausgabe: Friederike Meyer, München
Auftragsfotos: Jacqui Hurst
Sonstige Fotos und Zeichnungen: s. Bildnachweis S. 168
Titel der Originalausgabe: The Gardener's Year
Einbandgestaltung: Petra Dorkenwald
Umschlagfotos: Apel (2 Fotos),
Orbis Verlag, Reinhard, Stehling (Rücktitel)

Der Mosaik Verlag ist ein Unternehmen
der Verlagsgruppe Bertelsmann

Satz: Fotosatz Stummer, München
Druck und Bindung: New Interlitho S.p.A, Milan

Printed in Italy ISBN 3-576-06110-X

INHALT

EINLEITUNG

Viele Gärtner – und nicht nur die Unerfahrenen unter ihnen – sind sich oft nicht ganz sicher, wann sie bestimmte Arbeiten im Garten erledigen sollen. Wann ist der beste Zeitpunkt, um einen Rhododendron zu pflanzen, eine stark wuchernde Clematis zurückzuschneiden, eine zu große Asternstaude zu teilen oder einen Teich auszuheben? Auf all diese Fragen gibt Ihnen Der Gartenkalender eine Antwort. Er ist in erster Linie ein praktischer Ratgeber für die wichtigsten Gartenarbeiten, die im Lauf eines Jahres anfallen. Denn für die meisten Arbeiten gibt es einen bestimmten Zeitpunkt, der am günstigsten ist, an dem die Anstrengung am sichersten zum Erfolg führt.

Ein Garten ist eine faszinierende Lebenswelt für sich. Selbst im kleinsten Garten in der Stadt kann man Dinge entdecken, die man nie vermutet hätte. Die Aufmerksamkeit für die Ereignisse der Natur in Ihrem Garten und der unmittelbaren Umgebung zu wecken, ist ein weiteres Anliegen dieses Buches.

Pflanzen sind genauso wie alle anderen Lebewesen den vielgestaltigen Einflüssen des Wetters, des Klimas und der lokalen Gebenheiten unterworfen. Sie bestimmen in hohem Ausmaß, ob eine Pflanze an einem bestimmten Standort gedeihen wird, wann sie zu wachsen, zu blühen oder Früchte auszubilden beginnt oder wann ihre Winterruhe einsetzt; ebenso, wann sie altert und das Ende ihres Lebens erreicht. Eine Einteilung des Gartenjahres nach den vier Jahreszeiten Frühling, Sommer, Herbst und Winter wäre also nicht genau genug, um den richtigen Zeitpunkt für viele wichtige Gartenarbeiten anzugeben. Es hätte z.B. keinen Sinn zu empfehlen, einen bestimmten Strauch im April zurückzuschneiden; denn der April in Schleswig-Holstein unterscheidet sich erheblich vom April am Bodensee.

Jeder Garten hat sein eigenes Kleinklima, in Abhängigkeit von seiner Lage. Der Frühlingsanfang etwa wird nicht vom astronomischen Kalender bestimmt, sondern hängt von einer Reihe von Bedingungen ab, die sowohl konstant als auch veränderlich sind. Wichtige konstante Bedingungen sind z.B. die geographische Lage des Gartens, der Längen- und Breitengrad oder die Meereshöhe; der Abstand vom Meer oder anderen großen Wasserflächen, die Neigung des Geländes, die Sonneneinstrahlung und die vorherrschende Windrichtung. Eine große Rolle spielt auch, ob ein Garten in der Stadt oder auf dem Land liegt; denn die Wärme und die geschützten Lagen, die eine Stadt bietet, können großen Einfluß auf die Dauer der Jahreszeiten ausüben. Birnbäume in München öffnen ihre Blüten gut drei Wochen früher als in einem Garten auf dem Land, der vielleicht nur 80 km entfernt ist. Nimmt man all diese Faktoren zusammen und bezieht auch noch die großen Schwankungen des Wetters von Jahr zu Jahr mit ein, wie z.B. die Unvorhersehbarkeit des Frühlingsanfangs, dann leuchtet ein, daß jeder Garten ein einzigartiger klimatischer Kosmos ist.

Die Bestimmung der Jahreszeiten durch Signalpflanzen

Bis zum Beginn dieses Jahrhunderts waren sich unsere Vorfahren des Kreislaufs der Jahreszeiten und des Rhythmus der in jeder Jahreszeit anfallenden Arbeiten noch wohl bewußt. Im 19. Jahrhundert lebte und arbeitete die große Mehrheit der Bevölkerung noch auf dem Land oder hatte sich gerade erst aus ihrer ländlichen Heimat entfernt. Die meisten von uns haben diese instinktive Wahrnehmung einer ständig ablaufenden, langsamen, zyklischen Veränderung ihrer natürlichen Umgebung jedoch verloren.

Daß der genaue Zeitpunkt, an der eine Pflanze zu wachsen beginnt, wann sie blüht und Früchte trägt, von Jahr zu Jahr und von Ort zu Ort variiert, ist seit langem bekannt. Es mag überraschen, aber die ältesten Zeugnisse dieses Wissens stammen aus Japan, wo Beobachtungen dieser Art eine lange Tradition haben. Tatsächlich wurde der alljährliche Beginn der Kirschblüte in Japan seit dem Jahr 812 festgehalten; die Daten wurden im Archiv des kaiserlichen Hofes gesammelt und aufbewahrt. Der erste Versuch, diese Phänomene mit wissenschaftlicher Präzision zu erfassen, fand in der Mitte des 18. Jahrhunderts statt, als der berühmte schwedische Botaniker Carl von Linné seine systematischen Beobachtungen niederschrieb. Er war es auch, der den Begriff „Phänologie" prägte und als erster für den Zweig der Biologie, der die jahreszeitlich bedingten Erscheinungsformen der Pflanzen untersucht, verwendete.

Die Phänologie erforscht die Zusammenhänge, die zwischen dem Lebens- und Wachstumszyklus der Pflanzen und dem Wechsel der Witterung während der Jahreszeiten bestehen. In seiner *Philosophia Botanica* (1751) zeigt Linné eine Methode auf, wie die Entwicklungen einer Pflanze während eines Jahres – Blattbildung, Blüte, Fruchtentwicklung und Abwerfen des Laubs – auf klimatische Beobachtungen der regional unterschiedlichen Witterungsverhältnisse bezogen werden können. Die Methoden und Ziele der Phänologie haben sich seit Linnés Zeiten kaum verändert. Linné selbst noch hat ein Netz von phänologischen Beobachtungsstationen in Schweden gegründet, doch der Schwerpunkt der Forschung hat sich in den letzten hundert Jahren auf Deutschland und andere Länder Mitteleuropas verlagert. Die Blütezeit dieser Wissenschaft lag zwischen 1880 und 1940. Zur Zeit besteht immer noch ein loses Netz von phänologischen Beobachtungsstationen über ganz Europa, von

Jahreszeit	Anfang/Ende	Signalpflanze	Signal
Vorfrühling	Anfang	Schneeglöckchen *(Galanthus nivalis)*	Blüte
		Haselnuß *(Corylus avellana)*	Pollenreife
	Ende	Salweide *(Salix caprea)*	Blüte
	Kornelkirsche	*(Cornus mas)*	Blüte
Erstfrühling	Anfang	Buschwindröschen *(Anemone nemorosa)*	Blüte
	Ende	Roßkastanie *(Aesculus hippocastanum)*	Blattknospen offen
		Weißbirke *(Betula pendula)*	Blattknospen offen
Vollfrühling	Anfang	Frühapfelsorten *(Malus)*	Blüte
		Roßkastanie *(Aesculus hippocastanum)*	Blüte
		Flieder *(Syringa vulgaris)*	Blüte
	Ende	Weißdorn *(Crataegus monogyna)*	Blüte
		Goldregen *(Laburnum anagyroides)*	Blüte
		Eberesche *(Sorbus aucuparia)*	Blüte
Frühsommer	Anfang	Holunder *(Sambucus nigra)*	Blüte
		Schneebeere *(Symphoricarpos albus)*	Blüte
		Robinie *(Robinia pseudoacacia)*	Blüte
	Ende	Sommerlinde *(Tilia platyphyllos)*	Blüte
		Liguster *(Ligustrum vulgare)*	Blüte
Hochsommer	Anfang	Winterlinde *(Tilia cordata)*	Blüte
Spätsommer	Anfang	Schneebeere *(Symphoricarpos albus)*	Beerenreife
		Eberesche *(Sorbus aucuparia)*	Beerenreife
Frühherbst	Anfang	Herbstzeitlose *(Colchicum autumnale)*	Blüte
		Holunder *(Sambucus nigra)*	Beerenreife
	Ende	Kornelkirsche *(Cornus mas)*	Fruchtreife
Herbst	Anfang	Roßkastanie *(Aesculus hippocastanum)*	Nußreife, Laubverfärbung
		Rotbuche *(Fagus sylvatica)*	Eckernreife, Laubverfärbung
		Stieleiche *(Quercus robur)*	Eichelreife, Laubverfärbung
	Ende	Esche *(Fraxinus)*	Laubfall
		Lärche *(Larix decidua)*	Laubfall
		Sommerlinde *(Tilia platyphyllos)*	Laubfall
Winter	Keine Signalpflanzen, da die meisten Pflanzen im Winter eine Ruhephase haben		

Anm.: In der Landwirtschaft unterscheidet die Metereologie im Herbst drei Phasen; da aber in der dritten Phase dieselben Gartenarbeiten wie im Voll- oder Spätherbst zu machen sind, haben wir sie zu einer Jahreszeit, dem Herbst, zusammengefaßt.

Italien und Griechenland bis nach Norwegen, Schweden und Finnland; nach wie vor ist das größte Interesse jedoch in Deutschland festzustellen.

Die Aufzeichnungen der Familie Marsham

Eine der faszinierendsten Sammlungen von phänologischen Beobachtungen sind die Aufzeichnungen der Familie Marsham: Über sechs Generationen hinweg hat diese englische Familie ihre privaten Beobachtungen festgehalten, zuerst auf ihrem Gut in Norfolk bei Norwich und ab 1858 auf Rippon Hall in der Nähe von Stratton. Der älteste Teil der Sammlung wurde 1924 zufällig unter den Dielen einer alten Mühle entdeckt. Robert Marsham und seine Nachfahren schrieben ihre ausführlichen Berichte von 1736 bis 1925. Jahr für Jahr zeichneten sie auf, wann dreizehn ausgewählte Laubgehölze wie der Weißdorn, die Birke, Buche, Eiche oder Roßkastanie ihre Blätter bekamen, wann das Schneeglöckchen, Buschwindröschen oder der Weißdorn blühten – oder wann die Wanderschaft einiger Zugvögel oder das erste Quaken der Frösche einsetzte. Ihrem Bericht zufolge erschien das Schneeglöckchen im Durchschnitt am 16. Januar; das früheste Datum war der 15. Dezember 1838, das späteste der 19. Februar 1895.

Der phänologische Kalender

Die phänologischen Beobachtungen der Familie Marsham wie von Orten überall in der Welt haben es ermöglicht, einen biologischen Kalender zu erstellen, in dem die Jahreszeiten nicht durch willkürliche Daten, sondern durch das Aufbrechen der Blätter und Blüten, das Reifen der Früchte bei bestimmten Signalpflanzen festgelegt werden. Das Datum z.B. des Frühlingsbeginns wird durch das Aufblühen der Schneeglöckchen bestimmt und variiert somit, je nach Ort und Garten, bis zu 6-8 Wochen. Die mildernde Wirkung des Atlantiks oder des Mittelmeers ist in Europa der wichtigste Faktor für den Übergang vom Winter zum Frühjahr. Schneeglöckchen blühen in Paris um den 14. Februar auf, in Padua einen Tag später und in Köln oder entlang der deutsch-holländischen Grenze gegen den 19. Februar. Je näher man den Alpen kommt, desto später liegt die Blüte des Schneeglöckchens; in den Alpen blüht es erst um den 21. März auf. In den meisten Teilen Deutschlands öffnet es seine Blüten zwischen dem 1. und dem 21. März.

Der Frühling rückt auf den Ebenen der Kontinente mit einer bestimmten vorhersagbaren Marschroute vorwärts. In Europa beginnt die Apfelblüte und der Frühling gegen Ende März im äußersten Südwesten, in Portugal. Von dort aus zieht der Frühling weiter über die Iberische Halbinsel und den Rest von Europa mit einer Geschwindigkeit von 50 km am Tag. An der französischen Riviera fängt die Apfelblüte in den ersten Apriltagen an, sie setzt sich fort über den Rhein bei Basel zwischen dem 10. und dem 20. April und erreicht am 1. Mai Hannover. In Schweden blühen die Apfelbäume nicht vor Ende Mai. In England sorgt der mildernde Einfluß des Atlantiks auf das allgemeine Klima dafür, daß sich die Apfelblüten Ende April in London öffnen. Lokale Bedingungen können dabei großen Einfluß haben, selbst beim selben Längengrad. Die Meereshöhe ist z.B. entscheidend. So fällt die Durchschnittstemperatur alle hundert Höhenmeter um 2°C; dementsprechend kürzer ist in höheren Lagen die Wachstumsperiode. Im Osten der USA z.B. verringert sich die Wachstumsperiode alle neunzig Höhenmeter um 5 Tage, in den Alpen um 6 und in Schottland um 12 Tage.

Zur Verwendung dieses Buchs

Entsprechend dem Rhythmus der Natur, wie er im phänologischen Kalender dargestellt ist, teilen wir das Jahr in neun Jahreszeiten ein, die jeweils von einer leicht beobachtbaren natürlichen Erscheinung angekündigt werden. Am Anfang eines jeden Kapitels steht ein Portrait des Gartens in der jeweiligen Jahreszeit und werden die Pflanzen beschrieben, die den Garten zu dieser Zeit in besonderem Maß schmücken. Es folgt ein illustrierter Teil mit praktischen Ratschlägen, der die in jeder Jahreszeit anfallenden Gartenarbeiten ausführlich beschreibt.

Pflanzenlisten

In jedem Kapitel sind die wichtigsten Gartenpflanzen aufgelistet, die in der entsprechenden Jahreszeit blühen. Um einen besseren Überblick zu bieten, sind sie nach Farben zusammengefaßt; jeder Abschnitt ist wiederum nach Pflanzengruppen wie Bäumen, Sträuchern, Kletterpflanzen, mehr-, ein- und zweijährigen Pflanzen und Wasserpflanzen geordnet. Einige dieser Pflanzen mögen selten oder ungewöhnlich sein, aber alle sind es wert, in Ihrem Garten gezogen zu werden.

KAPITEL 1

VORFRÜHLING

SIGNALPFLANZEN DES VORFRÜHLINGS

Wie keine andere Frühlingsblume signalisiert das Aufblühen des Schneeglöckchens *(Galanthus nivalis)* das Ende der kalten, winterlichen Jahreszeit. Die weißen Blütentropfen des Schneeglöckchens leuchten auf, wenn das Schmelzwasser des Schnees oder der Regen den Boden getränkt hat. Finden die Strahlen der noch tiefstehenden Sonne ihren Weg durch die unbelaubten Gehölze, dann öffnet das Schneeglöckchen seine Blütenblätter; aber es ist robust genug, um den letzten Nachwehen des Winters zu widerstehen. Für den Gärtner ist dies das Signal, mit den ersten Arbeiten zu beginnen.

In der Natur findet man das gewöhnliche Schneeglöckchen in Laubwäldern, an den feuchten und schattigen Rändern von Wasserläufen. Wer den Einzug des Vorfrühlings aus der Nähe erleben will, braucht in seinem Garten nur Schneeglöckchen zu pflanzen. Sie fühlen sich wohl an einem kühlen, halbschattigen Platz, in nährstoffreichem Boden mit viel Humus, der in der warmen Jahreszeit nicht so stark austrocknet. Unter diesen Bedingungen lassen sie sich leicht kultivieren.

Schneeglöckchen werden normalerweise als Zwiebel angeboten, die man im Herbst einpflanzt. Am sichersten ist es aber, sie im Vorfrühling zu kaufen und einzusetzen, wenn sie schon getrieben haben oder sogar bereits blühen. Sagt ihnen der Standort zu, blühen sie viele Jahre und vermehren sich von selbst. Besonders schön wirken Schneeglöckchen in aufgelockerten Gruppen unter Laubbäumen und Sträuchern, zusammen mit Seidelbast, Winterling und Leberblümchen. Den Bienen dienen die Schneeglöckchen bei ihrem ersten Ausschwärmen als willkommene, frühzeitige Nektar- und Pollen-Quelle. Ungefähr zur gleichen Zeit 'stäuben' auch die Haselnußsträucher (*Corylus avellana*), d.h. sie senden ihren Pollen aus. Das Ende des Vorfrühlings zeigt das Aufblühen der Salweide an (*Salix caprea*).

DER GARTEN IM VORFRÜHLING

Filigranes, nacktes Geäst der Bäume gegen einen klaren, sonnigen Himmel, zarte Düfte, leuchtende Farbtupfer wie Leberblümchen, Winterling, Anemone und Christrose, die sich zwischen die Wurzeln der Bäume ducken – das sind die Kennzeichen des Gartens im Vorfrühling. Dieses heitere Bild läßt sich selbst im kleinsten Garten in der Stadt verwirklichen. Bereits ein einzelner, gut plazierter Strauch kann diesen Eindruck hervorrufen, etwa ein weitausladender Haselstrauch, unterpflanzt mit rosablühender *Erica carnea*; oder ein weißer *Abeliophyllum*-Strauch, der in einem dichten Teppich von Efeu, Leberblümchen, Schneeglöckchen und Winterlingen steht.

Ziersträucher

Kaum eine andere Gruppe von Pflanzen ist für den Garten im Vorfrühling so gut geeignet wie die winterharten Blütensträucher. Am meisten zu bieten hat wohl die Zaubernuß, die winterharte *Hamamelis* aus den lichten Wäldern Ostasiens. Sie hat eine gewisse Ähnlichkeit mit der Haselnuß, ist jedoch nicht verwandt mit ihr. Die Blüten vertragen ohne weiteres Temperaturen bis minus 10 Grad Celsius: Bei Schnee und Kälte rollen sich die spinnenartigen Blütenblätter zusammen, um sich wieder zu öffnen, sobald die Sonne scheint. Die bekannteste Zaubernuß, die chinesische *Hamamelis mollis*, trägt kanariengelbe Blüten. Sie blüht über viele Wochen hinweg. *Hamamelis mollis* wächst zwar langsam, ist aber ausgewachsen ein attraktiver, zweieinhalb Meter hoher Strauch. Besonders hübsche Zaubernußsträucher sind *H. 'Pallida'* mit hellgelben Blüten und *Hamamelis 'Brevipetala'* mit dichten, dunkelgelben Blütenbüscheln. Beide verströmen den verführerischen Wohlgeruch der chinesischen Zaubernuß, der an den zarten Duft von Schlüsselblumen erinnert.

Von der Chinesischen und Japanischen Zaubernuß gibt es zahlreiche Hybriden *(Hamamelis x intermedia)*. Die Zaubernuß-Hybriden sind besonders attraktive Sträucher mit wunderschönen Blütenfarben. Sie bereichern das Farbenspektrum der Zaubernuß erheblich. Um nur einige Beispiele zu nennen: *'Jelena'* etwa zeigt dichte Büschel kupferorangefarbener Blüten, *'Diane'* blüht tiefrot und *'Goldcrest'* goldgelb. Jedoch fehlt ihnen meist der volle, aromatische Duft ihrer chinesischen Eltern.

An den Boden stellt die Zaubernuß keine besonderen Ansprüche; am besten gedeiht sie in leicht feuchtem, tiefgründigem Erdreich, das ruhig etwas sauer sein darf. Die *Hamamelis* sollte frei stehen, an einem sonnigen Platz.

Eine sonnige Waldlichtung könnte Vorbild für die Gestaltung eines anderen Teils des Gartens sein, der entweder durch eine wärmende Mauer oder eine dichte Hecke geschützt wird. Dies ist der ideale Standort für *Abeliophyllum*, einen wunderschönen Strauch mit herrlichem Mandelduft, der trotz seiner Vorzüge bei

Die Hybriden der Helleborus orientalis *gedeihen gut im Schatten und blühen in vielen Farben. Die hübschen immergrünen Blätter sind zu jeder Jahreszeit ein Blickfang.*

uns noch wenig bekannt ist. Seine Heimat sind Bergregionen mit kaltem Winter und heißem Sommer. Dementsprechend ist *Abeliophyllum* absolut winterhart; es beansprucht einen sonnigen Platz im Garten, damit das Holz ausreifen kann.

Übersät mit elfenbeinweißen Blüten, die in Form und Größe der Forsythienblüte ähneln, ist *Abeliophyllum* einer der attraktivsten Sträucher für den Garten im Vorfrühling. Der Strauch wird nicht allzu groß (1,5 - 1,8 m in der Höhe und Breite) und ist daher ein ideales Gehölz auch für den kleinsten Garten. Steht ein *Abeliophyllum* in einem Teppich von rosa- oder rotfarbener *Erica carnea*, zum Beispiel *'King George'*, *'Praecox Rubra'*, *'Myretoun Ruby'* oder *'Vivellii'*, so wird die Blüte des *Abeliophyllum* zu einem Glanzpunkt dieser Jahreszeit. Auch wenn er abgeblüht ist, sieht der Strauch noch hübsch aus; er ähnelt dann etwas einem nahen Verwandten, dem Liguster. *Abeliophyllum* wächst ohne weiteres in normaler Gartenerde, blüht jedoch schöner in schwerem, neutralen Lehmboden.

In den meisten Gegenden fällt die Blütezeit der Sträucher, die allgemein als Winterblüher bezeichnet werden, in den Vorfrühling. Dazu zählt die Winterblüte *(Chimonanthus praecox)*, deren süßer Duft unübertroffen ist. Er wächst langsam, wird aber bis zu 3,5 m groß. In den ersten fünf Jahren trägt er relativ wenig Blüten; wenn er jedoch einmal richtig eingewachsen ist, blüht er zuverlässig jedes Jahr, selbst bei ungünstigsten Witterungsverhältnissen. Die eigenartigen, relativ starren und strohgelben Blüten sind durchsichtig und von einer dicken, wächsernen Konsistenz; ihr Durchmesser beträgt ca. 2 Zentimeter. Sie entfalten sich am besten an einem sehr sonnigen Standort, in nicht allzu nährstoffreichem Boden.

Mit der Zaubernuß eng verwandt ist ein anderes, besonders schönes Gartengehölz, die *Corylopsis pauciflora* oder Scheinhasel. Auch sie stammt aus Asien. Die kleinen Blüten sind blaßgelb und gehen büschelweise aus wachsartigen Hochblättern hervor. Die leuchtend karmesinroten Staubbeutel an den rosa Staubfäden setzen einen auffälligen Farbakzent. Der süße Duft erinnert an Schlüsselblumen. Ein anderer gelbblühender Strauch ist *Stachyurus praecox*, dessen spitze, herabhängende, wächserne Blüten aussehen, als seien sie in dem Moment gefroren, als ein Wind sie zerzauste. Der Strauch ist einigermaßen winterfest und gedeiht auf jedem einigermaßen guten Gartenboden.

Ein kaum bekannter Vertreter der kleinen immergrünen Sträucher ist *Sarcococca*, der sich ideal unter große Bäume und Sträucher pflanzen läßt. Hervorzuheben sind vor allem *S. confusa* und *S. humilis*, die die Aufmerksamkeit besonders auf sich ziehen, wenn an einem milden Vorfrühlingstag der Wind ihren warmen, süßen Duft verbreitet, der leicht an Heidehonig erinnert. Die winzigen Blüten bestehen nur aus kleinen Büscheln von Staubfäden und Staubbeuteln. *Sarcococca* wächst auf fast jedem Boden und bevorzugt schattige Plätze.

Das kleine, reizende Arum italicum *'Pictum' macht sich mit seinen pfeilförmigen, silber und grün marmorierten Blättern unter Laubsträuchern sehr gut. Sie erscheinen im Herbst und halten sich bis zum Frühjahr. Im Vorfrühling bilden sie einen Teppich für die goldgelben* Erantis.

Unterpflanzungen

Die bodennahe Vegetationszone unter Bäumen und Sträuchern läßt sich wunderbar mit den ersten Zwiebelblühern des Jahres gestalten. Ganze Gruppen von diesen Juwelen kann man nach den eigenen Farbvorstellungen anpflanzen. Die Strahlenanemone etwa *(Anemone blanda)* ist in vielen Farbtönen, meist blauen und weißen erhältlich. *Chionodoxa*, auch Schneeglanz genannt, wirkt am besten in seinen blauen Schattierungen. Hellblau mit weißem Grund blüht *C. lucilae* und in dunkelstem Enzianblau *C. sardensis*. Pflanzt man die beiden Spezies *Eranthis hyemalis* und *E. cilicica* zusammen mit der Winterlinghybride *E.* x *tubergenii*, so kann man sich sogar wochenlang an der goldgelben Blütenpracht des Winterlings erfreuen. Schneeglöckchen, Leberblümchen und die zierlichen Blausterne *(Scilla bifolia)* eignen sich gut zur Unterpflanzung von Laubgehölzen und -hecken.

DIE FARBPALETTE DES VORFRÜHLINGS

Blau und Lila

Primula juliae
Primula x *pruhoniciana* Sorten
Anemone blanda 'Blue Star'
Chionodoxa luciliae
Crocus etruscus 'Zwanenburg'
C. sieberi 'Violet Queen'
C. tommasinianus 'Whitewell Purple'
Hepatica nobilis
Iris bakeriana
I. histrioides + *I.h.* 'Major'
I. reticulata + Hybriden 'Cantab', 'Royal Blue'
Scilla bifolia
S. mischtschenkoana

Gelb und Orange

Chimonanthus praecox
Cornus mas
Corylopsis pauciflora
Hamamelis x *intermedia* 'Jelena'
H. mollis 'Brevipetala', 'Goldcrest', 'Pallida'
Jasminum nudiflorum
Stachyurus praecox
Crocus ancyrensis
C. angustifolius
Eranthis cilicica
E. hyemalis
E. x *tubergenii*
Iris danfordiae
Narcissus cyclamineus + Hybriden 'February Gold', 'Téte-à-Tète'

Rot und Rosa

Daphne mezereum
Erica carnea 'Myretoun Ruby', 'Vivellii'
Hamamelis x *intermedia* 'Diane'
Prunus incisa 'February Pink'
P. 'Kagoshimako'
P. 'Accolade'
P. x *subhirtella* 'Fukubana'
Rhododendron 'Praecox'
Viburnum x *bodnantense* 'Dawn'
Corydalis bulbosa
C. solida
Helleborus atrorubens
Primula denticulata
P. x *pruhoniciana* Sorten
Anemone blanda 'Charmer', 'Rosea', 'Pink Star'
Crocus imperati
C. tommasinianus 'Taplow Ruby'
Cyclamen coum

Weiß und Cremefarben

Abeliophyllum distichum
Erica carnea 'Snow Queen'
Lonicera x *purpusii*
Pieris japonica 'White Cascade'
Prunus incisa 'Praecox'
P. x *yedoensis*
Sarcococca confusa
S. humilis
Viburnum farreri
Corydalis bulbosa
Helleborus niger
H. orientalis
Primula denticulata
Primula x *pruhoniciana* Sorten
Anemone blanda 'White Splendour', 'Bridesmaid'
Crocus biflorus weldenii 'Fairy'
C. versicolor
Galanthus nivalis + Hybride 'S. Arnott'
G. plicatus
Leucojum vernum

Duftpflanzen

Abeliophyllum distichum
Chimonanthus praecox
Corylopsis pauciflora
Daphne mezereum
Hamamelis mollis 'Brevipetala', 'Goldcrest', 'Pallida'
Lonicera x *purpusii*
Prunus mume 'Kagoshimako'
P. x *yedoensis*
Sarcococca humilis
Stachyurus praecox
Viburnum x *bodnantense* 'Dawn'
V. farreri
Iris bakeriana
I. histrioides
I. reticulata
Petasites fragrans

Bienen- und Schmetterlingspflanzen

Acer rubrum
Anemone blanda Sorten
Cornus mas
Corylus avellana
Crocus Arten
Daphne mezereum
Eranthis Arten
Leucojum vernum
Salix caprea (m.)
S. daphnoides 'Pomeranica'
S. x *smithiana*
Sarcococca Arten

Crocus tommasinianus, *eine extrem winterharte Sorte aus Jugoslawien, ist einer der besten Krokusse für sonnige oder halbschattige Plätze im Garten. Man sollte ihn sich selbst überlassen, er vermehrt sich von allein.*

WICHTIGE ARBEITEN

Bäume und Sträucher

Pflanzzeit

Sobald der Boden relativ trocken ist und es langsam warm wird, kann man Bäume und Sträucher einsetzen. Auf keinen Fall sollte man sie in nasse oder teilweise gefrorene Böden einpflanzen. Wo der Winter sehr kalt ist oder im Herbst frühzeitig beginnt, pflanzt man Gehölze besser im Vorfrühling anstatt im Herbst, vor allem bei weniger winterharten Bäumen und Sträuchern. Versäumen Sie auf keinen Fall, neugepflanzte Bäume zu gießen, wenn es wenig regnet und der Boden trocken ist. (Näheres über das Pflanzen ballenloser Bäume s. S. 152.)

Viele Bäume und Sträucher, besonders großblättrige Immergrüne sind, solange sie noch klein sind, empfindlich gegen Frost und austrocknenden Wind, auch wenn sie – einmal ausgewachsen – den Winter gut überstehen. Beispiele dafür sind Rhododendron, Magnolie, Lavendelheide, Lorbeerrose und einige Arten von Stechpalmen und Cotoneaster. (Diese Gehölze werden entweder nur mit dem Wurzelballen oder in Pflanzgefäßen verkauft.) Grundsätzlich gilt, daß der Vorfrühling die günstigste Zeit zum Pflanzen aller immergrünen Gehölze ist. Die langsame Erwärmung des Bodens fördert das Wachstum neuer Wurzeln, mit denen die Pflanze den ständigen Feuchtigkeitsverlust ausgleicht, der bei der Assimilation der immergrünen Blätter entsteht. Deshalb müssen die frisch gepflanzten Immergrünen anfangs gegen trockene Winde und Spätfröste besonders gut geschützt werden: mit einem speziellen Netzgewebe, Strohmatten oder Fichtenzweigen. Bei warmen Wetter sollte man zusätzlich zum Gießen die Pflanzen ab und zu mit Wasser besprühen (weitere Informationen dazu s. S. 155.)

Düngen von Gehölzen

Tiefwurzelnde Bäume und Sträucher sollte man möglichst früh im Jahr mit Dünger versorgen - vor allem dann, wenn die Gehölze im Gras oder in Staudenbeeten stehen. Denn nur, wenn der Dünger mit den ersten Frühlingsregen tiefer einsickert, gelangen die Nährstoffe an die Gehölzwurzeln, bevor Gras oder Stauden sie aufnehmen können.

Bevor Knospen und Blätter austreiben, sind die Wurzeln von Bäumen und Sträuchern besonders aktiv bei der Aufnahme von Nährstoffen. Zu diesem Zeitpunkt brauchen sie den meisten Dünger, d.h., man sollte nun zwei Drittel ihres jährlichen Düngerbedarfes ausbringen. Frisch gepflanzte Bäume benötigen dann normalerweise erst nach drei Jahren wieder eine Düngung. Wachsen die Wurzeln jedoch mit der Zeit über das ursprüngliche Pflanzloch hinaus, und verlangsamt sich das Wachstum der Pflanze, kann erneutes Düngen mit Mineralnährstoffen notwendig werden. Für Rhododendren, Kamelien und andere Moorbeetpflanzen empfiehlt sich hierfür ein stickstoffreicher Spezialdünger (s. S. 160).

Frostschutz

Neu gepflanzte Bäume und Sträucher, insbesondere die Immergrünen, müssen nun vor dem austrocknenden Wind und direkter Sonneneinstrahlung geschützt werden, besonders dann, wenn sie noch nicht voll eingewachsen sind. Aber es ist auch Zeit, den Frostschutz abzunehmen, bevor die Sträucher unter der Abdeckung austreiben und sich Krankheiten und Schädlinge in dem geschützten Kleinklima entwickeln können. Am besten entfernt man den Frostschutz an einem bewölkten, relativ windstillen Tag. Das erspart den Pflanzen einen plötzlichen Sonnenschock. In Gegenden mit späten Nachtfrösten sollte man die Pflanzen notfalls wieder abdecken.

Wo Pflanzen weiterhin gegen Wind oder Sonne abgeschirmt werden müssen, sollte man sie mit Sackleinen schützen – darunter kann sich kein warmes Kleinklima bilden. Manchmal genügt es, um junge Pflanzen herum ein paar Fichtenzweige in den Boden zu stecken. Gegen geringe Nachtfröste helfen eine dünne Abdeckung mit Koniferenzweigen oder eine Lage Zeitungspapier. Die Pflanzen trocknen erheblich schneller aus, als daß sie erfrieren. Am Gefährlichsten ist es, wenn drei Dinge zusammenkommen: trockener Boden, volle Sonne und austrocknender Wind.

Entfernen von Baumstützen

Bäume müssen nur solange gestützt werden, bis sich die Wurzeln kräftig entfaltet und über das Pflanzloch hinaus verzweigt haben. Ansonsten reicht es aus, Bäume zwei Winter lang abzustützen, außer wenn sie an einem besonders windigen Platz stehen. Dann ist es ratsam, die Stütze noch einen Winter zu belassen. Die beste Zeit, die Stützen zu beseitigen, ist der Vorfrühling, wenn die Baumwurzeln zu wachsen beginnen, aber die Blätter noch nicht austreiben. Am besten sägt man die Pfosten dicht über dem Boden ab. Zieht man sie hingegen heraus, werden dabei leicht junge Wurzeln beschädigt.

Wo die Stützen noch länger stehen bleiben, sollte man überprüfen, ob sie noch fest genug angebunden sind und dem Baum genügend Spielraum zum Wachsen lassen. Wichtig dabei: man sollte darauf achten, daß die Stricke im Laufe der Vegetationsperiode auf keinen Fall in die Rinde einschneiden dürfen.

Frostschäden beseitigen

Oft wird die Gefahr übersehen, daß Frost den Halt von neu gepflanzten Bäumen und Sträuchern lockern kann. Denn wechselt das Wetter zwischen Frost und Wärme, reißen die jungen Wurzeln der Pflanzen leicht ab. Wichtig ist deshalb, daß neue Pflanzungen regelmäßig überprüft und, wenn nötig, die Pflanzen wieder befestigt werden, ebenso wie die lockere Erde im Bereich der Pflanzscheibe.

Vermehrung durch Absenker

Jetzt ist auch die beste Zeit für die Vermehrung durch Absenker (s. S. 157).

Rosen

Pflanzen

Wenn es das Wetter und die Bodenbedingungen erlauben, kann man jetzt schon Rosen pflanzen. Für die meisten Gegenden gilt der Spätherbst als die bessere Zeit. Sind die Winter jedoch kalt und ohne ausreichende Schneedecke, ist der Vorfrühling sicherer; dasselbe gilt auch bei feuchtem, lehmigem Boden, in dem die Wurzeln im Herbst und Winter nur langsam wachsen. Der einzige Nachteil, die Rosen schon im Frühjahr zu pflanzen: das Grün und die Wurzeln beginnen fast gleichzeitig zu wachsen. Und wird es zu Beginn des Frühjahrs ungewöhnlich warm, wachsen die grünen Triebe schneller als die Wurzeln; die Pflanzen müssen dann bereits gegossen werden.

Rosen pflanzen

1 Rechts Zunächst die beschädigten Wurzeln bis zu gesundem Gewebe zurückschneiden und alle überlangen Wurzeln bis auf 20 cm kürzen. Alle Triebe bis auf 4 oder 5 Knospen zurückschneiden, schwache oder verletzte Zweige ausschneiden. Vor dem Pflanzen die Wurzeln eine Stunde lang in Wasser stellen.

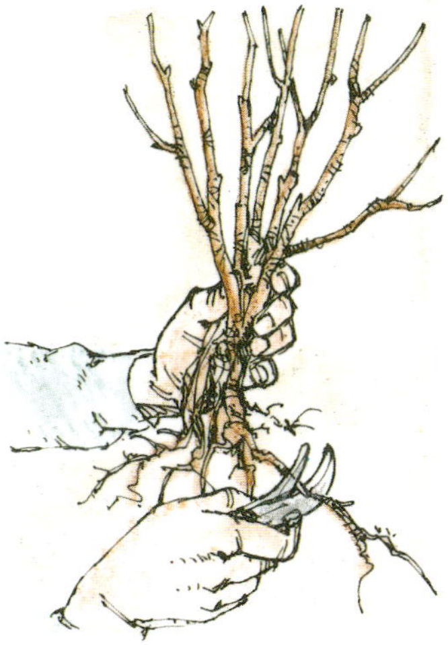

2 Rechts In gut vorbereiteter Erde ein Pflanzloch graben, das groß genug ist, die ausgebreiteten Wurzeln aufzunehmen; das Loch muß so tief sein, daß das Wachstumszentrum – der Punkt, an dem die grünen Äste aus dem braunen Wurzelstock hervorkommen – ca. 5 cm unter der Erdoberfläche zu liegen kommt.

Pflege und Vorbeugung

Sobald der Boden auftaut und sich erwärmt, entfernt man den Winterschutz der Rosen, am besten an einem frostfreien Tag, bei bewölktem Himmel. Der Vorfrühling ist auch ein idealer Zeitpunkt für die Pflege des Rosengartens. Entfernen Sie zunächst alle welken Blätter an den Pflanzen und auf den Beeten. So können Schädlinge und Fäulnispilze nicht im alten Laub überleben; Gründlichkeit lohnt sich dabei also, denn man erspart dem Garten eine Infektionsquelle. Das entfernte Material sollte man keinesfalls kompostieren.

Rosenschnitt

Wenn die Forsythien in der Umgebung aufblühen, ist es Zeit zum Rosenschneiden. Auch die obersten Rosenknospen beginnen bereits

3 Rechts Das Pflanzloch mit Erde füllen, die mit einer Handvoll Knochenmehl und reifem Kompost verbessert worden ist. Beim Auffüllen des Lochs den Rosenbusch hin und wieder leicht schütteln, damit die Erde mögliche Hohlräume im Wurzelbereich füllt. Die Erde ab und zu sacht mit der Hand andrücken.

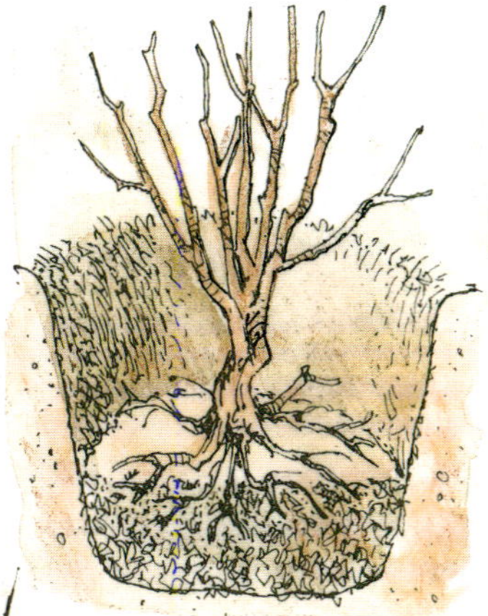

4 Links Wenn das Loch halb aufgefüllt ist, mit Wasser überschwemmen. Sobald das Wasser versickert ist, die restliche Erde hineinschaufeln. Die Wurzeln haben dann direkten Kontakt mit der Erde, und es bleiben keine Luftblasen. Die lose Erde obenauf wirkt wie Mulch, sie verhindert, daß die Oberfläche austrocknet und verkrustet.

Der alljährliche Rosenschnitt

UNTEN Im ersten Jahr schneidet man Teehybriden, Floribunda-Rosen und Kletterrosen so zurück, daß an jedem Zweig nur 2-4 Knospen stehenbleiben. Dieser starke Rückschnitt kräftigt die Pflanze sehr.

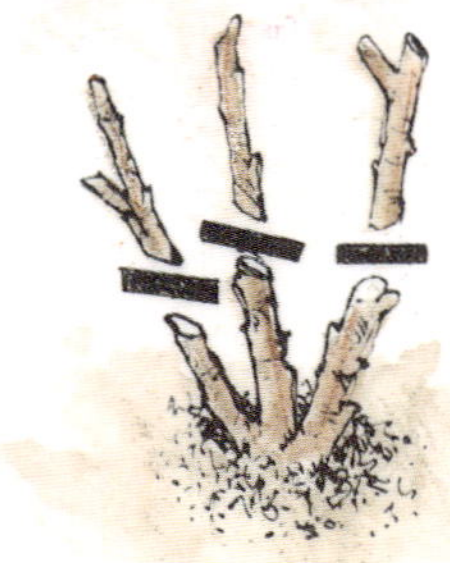

RECHTS In den folgenden Jahren entfernt man nur die schwachen Triebe, krankes oder totes Holz und Zweige, die sich stören oder zur Mitte hin wachsen. Die Rose erhält so eine anmutige Form und ist weniger anfällig für Krankheiten.

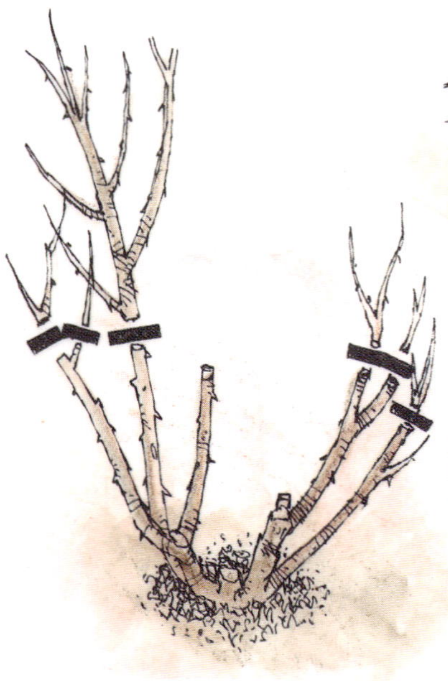

LINKS Wer größere Blüten will, schneidet die übrigen Zweige bis auf 3-5 kräftige Knospen zurück. Will man Rosen als Sträucher ziehen, ist das unnötig, ebnenso bei Teehybriden und Floribunda-Rosen.

zu treiben: mit einem Schritt zu diesem Zeitpunkt erreicht man eine frühe und reiche Blüte, ohne daß man Schäden durch späte Fröste riskieren würde. Ein zu später Rückschnitt ist 'Energieverschwendung', da die Pflanze umsonst Kraft in die Zweige investiert, die geschnitten werden. Auch die Blüte leidet später darunter.

Rosenschnitt kann eine komplizierte Sache sein, doch im allgemeinen muß man Rosen dabei nur wie laubabwerfende Blütensträucher behandeln. Man teilt sie am besten in zwei Hauptgruppen ein.

Die erste Gruppe umfaßt alle Wildrosen und ihre Hybriden, die historischen Gartenrosen und die modernen Strauch- bzw. Parkrosen. Den meisten Rosen dieser Gruppe tut ein regelmäßiger Rückschnitt einmal im Jahr gut. Man muß nur wissen, ob sie am ein- oder erst am zweijährigen Holz blühen. Denn Rosen, die am einjährigen Holz blühen, sollte man jetzt stutzen. Doch genügt es für die meisten Rosen dieser Gruppe, sie jedes Jahr nur auszudünnen, auszuputzen und etwas zurückzuschneiden. Dabei sollte man all jene Zweige wegnehmen, die die Form des Strauchs beeinträchtigen, ebenso die Triebe, die im Jahr zuvor nur schwach gewachsen sind.

Die zweite Gruppe umfaßt die Teerosen, Floribundarosen und die Kletterrosen, also alle Rosen, die an den neu ausgetriebenen Zweigen blühen und deshalb ohne Ausnahme einen alljährlichen Rückschnitt benötigen. Früher schnitt man diese Rosen bis zum Boden zurück, um möglichst große Blüten hervorzubringen. Heute will man eher eine große Anzahl gesunder, schöner Blüten erreichen und schneidet deshalb weniger stark zurück. Das Schneiden regt das Wachstum an und gleicht Unregelmäßigkeiten aus.

Düngen von Rosen

Sobald sie auszutreiben beginnen, benötigen eingewachsene Rosensträucher Volldünger oder einen speziellen Rosendünger. Es eignet sich jeder handelsübliche Volldünger, solange er einen genügend hohen Anteil an Kalium hat; dies ist vor allem wichtig bei leichten und sandigen Böden. Die am Markt angebotenen speziellen Rosendünger sind genau auf die Bedürfnisse der Rosen abgestimmt. Sie enthalten wenig Stickstoff, viel Kalium und die wichtigsten Spurenelemente wie Eisen und Magnesium.

Bevor man den meist trockenen Handelsdünger ausbringt, sollte man prüfen, ob die Erde feucht ist – denn sonst verbrennen die Wurzeln. Am besten gießt man einen Tag zuvor die Rosen kräftig. Vor dem Düngen lockert man den Boden oberflächlich, etwa zwei Zentimeter tief, und streut die genau abgemessene Düngermenge gleichmäßig im Wurzelbereich aus. Äste und Zweige dürfen nicht in Berührung mit dem Granulat kommen. Dann kräftig gießen. Auf guten Böden reicht es, die Rosen nur einmal im Jahr richtig zu düngen. Ist der Boden nährstoffarm, leicht oder sandig, dann sollte man im Frühsommer nachdüngen. Denn in dieser Phase brauchen die Rosen zusätzliche Nahrung für die zweite Blüte.

Kletterpflanzen

Der Schnitt von Clematis

Der Vorfrühling ist die ideale Zeit zum Schneiden derjenigen Kletterpflanzen, die im Spätsommer oder im Herbst am neuen Holz blühen, etwa viele Spezies der Clematis. Ein kräftiger Rückschnitt verhindert, daß sie unansehnlich werden und nur noch Blüten im oberen Teil entwickeln. Der Rückschnitt der Clematis ist bei weitem nicht so schwierig, wie manchmal behauptet wird. Wenn man die Clematis in drei Kategorien einteilt, kann man gar nicht viel falsch machen. Es kommt nur darauf an, wie alt die Zweige sind, an denen die Clematisblüten erscheinen.

Am leichtesten ist der Rückschnitt bei der ersten Gruppe, also jenen Spezies und Hybriden der Clematis, die im Sommer und Herbst blühen, etwa *C. orientalis* und *C. tangutica*, Hybriden wie *'Ernest Markham'*, *'Hagley Hybrid'*, *'Perle d'Azur'*, *'Comtesse de Bouchaud'*, *'Gypsy Queen'*, *'Lady Betty Balfour'* und *'Ville de Lyon'*. Man schneidet sie jedes Jahr fast bis zum Boden zurück. Alles, was im Jahr zuvor gewachsen ist, muß bis auf ein paar kräftige Knospen ganz unten weggeschnitten werden. Da viele Clematissorten im Winter stark zurück frieren, entfernt der Schnitt das tote Holz.

Nicht ganz so einfach ist der Schnitt bei der zweiten Gruppe der Clematis-Hybriden. Diese Hybriden entwickeln ihre Blüten von Frühling bis Hochsommer an den kurzen Seitentrieben des einjährigen Holzes. Gleichzeitig werden neue Triebe gebildet, die in diesem Jahr ein zweites Mal blühen, und zwar im Spätsommer und im Frühherbst. Zu dieser Gruppe zählen die Sorten 'Henryi', 'Lady Northcliffe', 'Lasurstern', 'Marie Boisselot', 'Nelly Moser', 'The President' und 'William Kennett'. Man kann auf zwei Arten vorgehen: entweder schneidet man sie jedes Jahr stark zurück. Die Folge ist, daß sie nur einmal, und zwar im Spätsommer blühen. *Oder* man schneidet sie überhaupt nicht, bzw. entfernt nur das tote Holz und die verletzten, kranken Zweige (s. S. 86). Diese Methode kann solange praktiziert werden, bis die Clematispflanze unansehnlich und im unteren Teil kahl wird. Ist dies eingetreten, muß sie im Vorfrühling auf eine Höhe von 60–90 cm zurückgeschnitten werden. Die dritte Gruppe ist die größte, sie besteht aus den früh blühenden Clematis; man schneidet sie nach dem Verblühen.

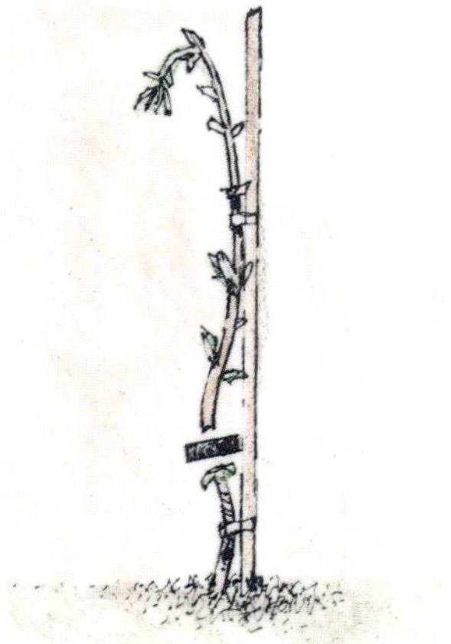

Schnitt von Clematis
OBEN Im ersten Jahr schneidet man alle Sorten und Hybriden bis auf die letzte kräftige Knospezurück. Für alle drei Clematisgruppen ist dieser erste Schnitt wichtig, damit sich die Pflanze von unten an stark entwickelt.

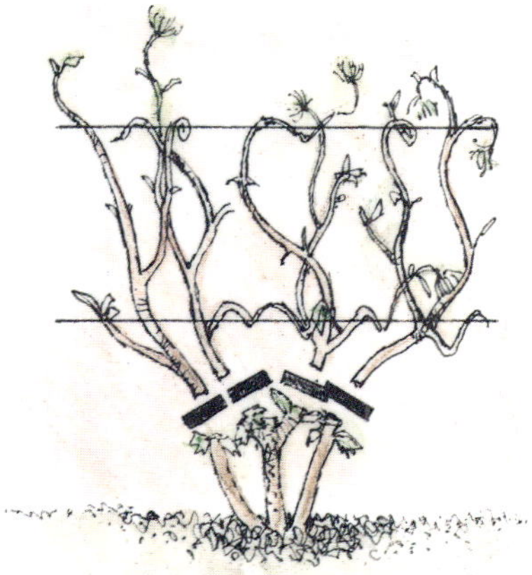

OBEN Im zweiten Jahr schneidet man alle Zweige der spätblühenden Clematis zurück bis auf das letzte Paar kräftiger Knospen. Bei den Clematis der anderen zwei Gruppen schneidet man die Hauptzweige um die Hälfte zurück.

OBEN In den nächsten Jahren schneidet man alle Zweige der spätblühenden Clematis immer stark zurück. Mehrmals blühende Clematis schneidet man genauso.

Der Schnitt von Wisterie

Mit ihrem atemberaubenden, wasserfallartigen, fliederfarbenen Blütenmeer ist die Wisterie wahrlich die Königin aller winterharten Kletterpflanzen. Aber bisweilen bringt sie anstatt des üppigen Blütenflors ein enttäuschendes, dschungelartiges Gestrüpp von Ästen mit dichtem Laub hervor.

Meistens liegt dies am Schnitt. Das Schneiden ist zwar nicht schwer, aber es muß regelmäßig jedes Jahr gemacht werden - einmal im Spätsommer und noch einmal im Vorfrühling. Das hat den Vorteil, daß man die Kraft der Pflanze für die Bildung der Blütenknospen zurückhält. Außerdem wächst sie dann besser und nützt den Raum an der Mauer oder am Klettergerüst aus.

Bei einer frisch gepflanzten Wisterie werden der Haupttrieb bis auf 75- 90 cm über dem Boden gekürzt und alle Seitentriebe an der Basis entfernt. In diesen ersten Jahren ist der Rückschnitt recht einfach, aber für die Entwicklung der Pflanze unverzichtbar.

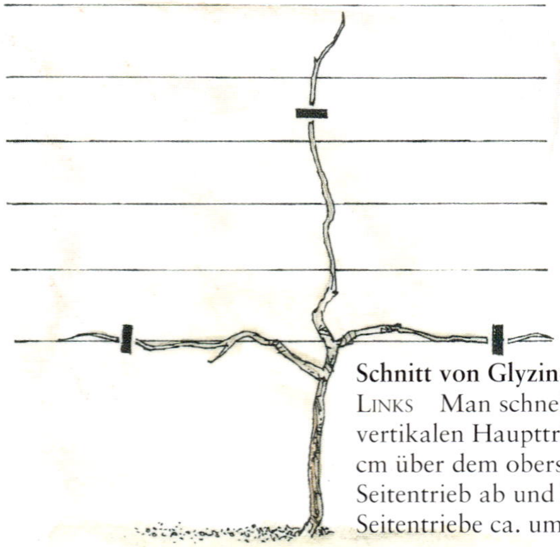

Schnitt von Glyzine

LINKS Man schneidet den vertikalen Haupttrieb 75-90 cm über dem obersten Seitentrieb ab und kürzt die Seitentriebe ca. um ein Viertel.

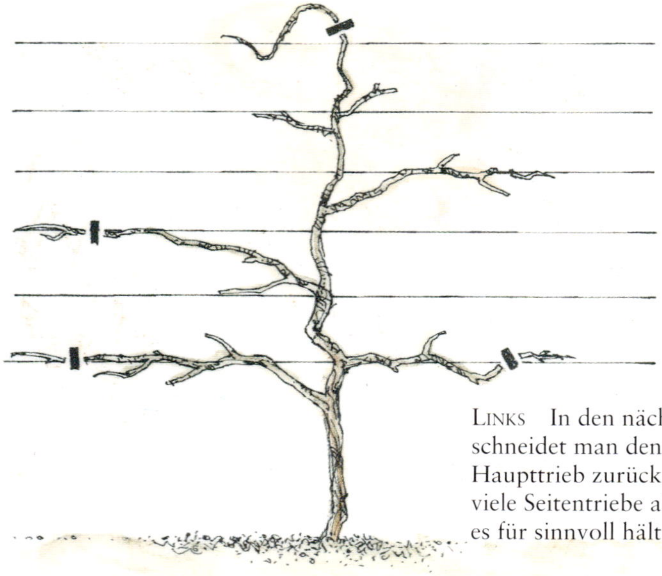

LINKS In den nächsten Jahren schneidet man den vertikalen Haupttrieb zurück und so viele Seitentriebe ab, wie man es für sinnvoll hält.

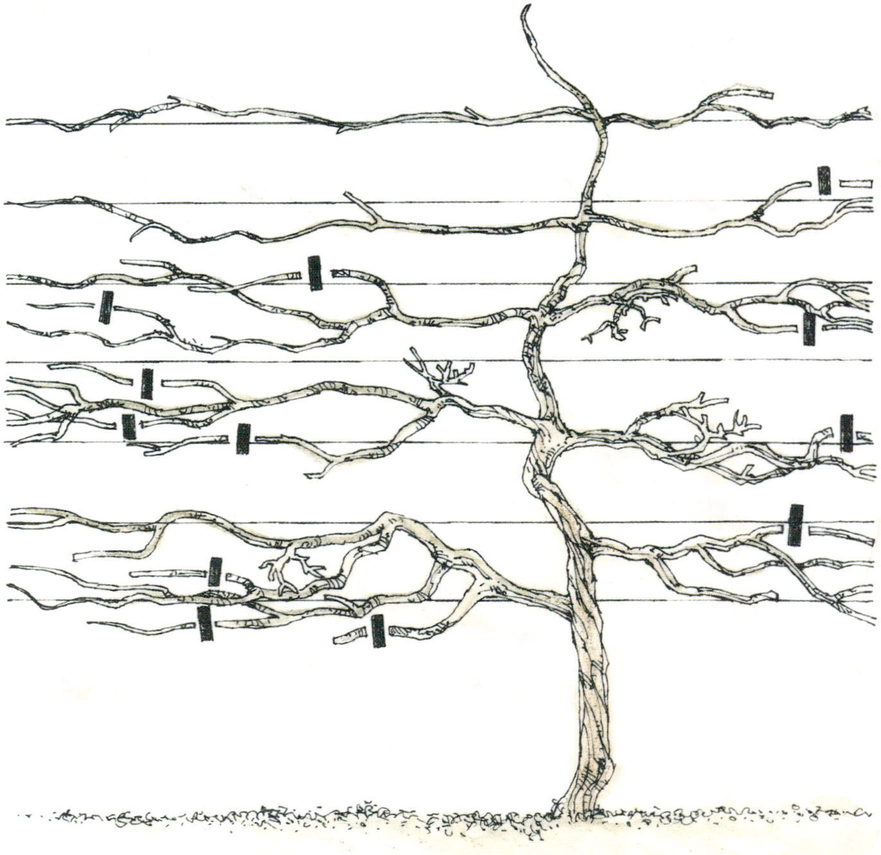

OBEN Sobald die Äste den zugedachten Platz gut ausfüllen, kürzt man die obersten Triebe jedes Jahr um ein Drittel bis die Hälfte dessen, was sie im letzten Jahr gewachsen sind. Auch schneidet man die Seitentriebe, die im letzten Sommer gekürzt wurden (s. S. 87).

Stauden

Pflanzen

Grundsätzlich gilt, daß man Stauden am besten kurz nach dem Verblühen pflanzt; dies vor allem dann, wenn Stauden geteilt oder im Garten umgesetzt werden. Die meisten Gärtnereien bieten jedoch Stauden als Jungpflanzen in kleinen Töpfen und Containern an, die das ganze Jahr über gepflanzt werden können. Im allgemeinen ist die günstigste Pflanzzeit für die meisten Beetstauden der Herbst oder der Frühling.

Wenn der Boden schwer und kalt oder naß ist oder der Winter früh einsetzt und lang dauert, empfiehlt es sich, im Vorfrühling zu pflanzen. Besonders gilt das für Jungpflanzen, die meist frostempfindlich sind.

Dies ist allgemein auch die beste Zeit, die Stauden zu pflanzen, die im Sommer und im Herbst blühen, etwa die Japanische Anemone, *Aster amellus* und *A. dumosus*. Das gilt auch für die Katzenminze, Lupine, Hauskamille, Hundskamille, Bartfaden, Skabiose, Königskerze, sämtliche Farne und für alle sonnenhungrigen, mediterranen Pflanzen und Stauden mit silbergrauen, wolligen Blättern. Man pflanzt sie jetzt, solange die Boden- und Wetterverhältnisse günstig sind. Besonders in den ersten Wochen muß man die Pflanzen ausreichend gießen, bis sie ihre Wurzeln so weit entwickelt haben, daß sie sich selbst mit Wasser versorgen können (zur Technik des Pflanzens s. S. 159).

Nun ist es auch Zeit, Ziergräser aller Arten zu pflanzen. Normalerweise ist der Boden im Vorfrühling nicht so trocken, und das Frühlingswetter läßt die Ziergräser gut gedeihen. Pflanzt man sie im Herbst, wachsen sie meist nicht so kräftig. Bei den Ziergräsern geht man genauso vor wie bei den anderen mehrjährigen Stauden. Es ist von Vorteil, wenn man die Pflanzen sich in einem Container mit Wasser gut vollsaugen läßt.

Beseitigen von Frostschäden

Pflanzt man Stauden im Herbst, dann besteht die Gefahr, daß die jungen Pflanzen im Winter vom Frost gelockert werden, bevor sie genügend Wurzeln gebildet haben und eingewachsen sind. Man muß also nun alle frischgepflanzten Stauden kontrollieren und befestigen, sobald der Boden aufgetaut ist. Notfalls müssen die Stauden neu eingepflanzt werden.

Beete herrichten

Jetzt ist es auch an der Zeit, die Staudenbeete in Ordnung zu bringen und für den Frühlingsbeginn vorzubereiten. Der Winterschutz an den Pflanzen sollte in *mehreren* Schritten entfernt werden, da in dieser Jahreszeit eiskaltes, windiges Wetter immer noch mit milden, warmen Tagen abwechselt. Ein trübes, feuchtes Wetter eignet sich am besten zum Abdecken der Pflanzen. Abgestorbene Teile, die der Pflanze im Winter Schutz geboten haben, werden entfernt, um neuem Wachstum Platz zu machen.

Schneiden von Ziergräsern

Viele Ziergräser, besonders die hochwachsenden Arten, sind den ganzen Winter über ein Schmuck für den Garten; vor allem, wenn sie mit ihren trockenen Rispen und Blättern in ausgebleichten beigen Farbtönen in der tiefstehenden Wintersonne im Wind spielen. Diese übriggebliebenen Pflanzenteile haben eine wichtige Aufgabe: Sie schützen vor Frost und dem Austrocknen. Nun aber kann man die Gräser, sofern es sich nicht um immergrüne handelt, bis auf die Höhe von 5 cm zurückschneiden. Einfach mit der bloßen Hand putzt man das Pfeifengras aus. Etwas kräftiger zupacken muß man bei einigen der robusten *Miscanthus*-Arten; am besten mit Handschuhen, da die Blätter scharf und spitz wie Dolche sein können. Einen sauberen Schnitt erreicht man mit einer kräftigen Baumschere oder mit der Heckenschere.

Kleine immergrüne Ziergräser wie Seggen oder Hainsimse dürfen *nicht* zurückgeschnitten werden. Man putzt sie nur aus, indem man alles Tote entfernt. Auch die immergrünen *Festuca*-Arten befreit man von allen braunen Blättern: man kommt sie am besten mit der Hand oder mit einem breitzahnigen Metallkamm.

Hacken und düngen

Wenn die Beete gesäubert sind und die Stauden zu treiben beginnen, sollte rund um die Pflanzen die Erde gehackt oder oberflächlich umgegraben werden. Wenn man von den Wegen aus arbeitet, vermeidet man schädliche Bodenverdichtungen. Seien Sie besonders behutsam, wenn Zwiebelblumen im Beet sind - legen Sie ein Brett quer über das Beet.

Jetzt beginnen die Unkrautsamen zu keimen. Lieber gleich auszupfen oder hacken; solange die Stauden nicht voll entwickelt sind, fällt es noch leicht. Mehrjährige Unkräuter wie Giersch, Distel oder Quecke müssen, sobald sie sichtbar werden, samt den Wurzeln entfernt werden – sonst verflechten sich ihre Wurzeln mit den Wurzeln der Stauden. Sie dann zu entfernen, ist äußerst schwierig.

Als nächstes versorgt man den Boden rund um die Stauden mit organischen Nährstoffen und gräbt sie unter. Es bieten sich verschiedene Dünger an: gut verrotteter tierischer Mist, ein von Unkrautsamen und Samen freier Gartenkompost oder ein Substrat, das auf Torf oder Rindenhumus basiert. Man kann auch Hornmehl und Hornspäne nehmen, getrocknetes Blut oder Thomasmehl. Sie eignen sich vorzüglich im Frühjahr. Pflanzen, die Kalk vertragen, kann man auch mit Knochenmehl düngen, das viel Phosphor enthält. Der Vorteil dieser organischen Dünger: Sie lösen sich langsam auf im Boden, und zwar am stärksten dann, wenn die Pflanzen kräftig treiben und wachsen. Deshalb sind diese Dünger umweltfreundlicher – und speziell für Stauden auch geeigneter als Mineraldünger.

Einjährige Pflanzen

Aussaat im Haus

Ist ein geeigneter Platz vorhanden, kann man nicht ganz winterfeste einjährige Pflanzen im Haus aussäen und vorziehen. Wichtig ist ein warmer Platz mit Temperaturen zwischen 15 und 20 Grad, an dem die Samen schnell aufgehen und keimen. Die Aussaaten benötigen ausreichendes Licht, entweder natürliches oder künstliches von Pflanzenlampen.

Ideal ist natürlich ein kleines Gewächshaus oder ein Frühbeetkasten, aber wenn das Licht gut genug ist, genügt auch schon das Fensterbrett. Man überschätzt jedoch leicht die Lichtmenge, die durch das Fenster hereinkommt. Die einfallende Lichtmenge verringert sich rapid mit zunehmendem Abstand vom Fenster, so daß das Licht oft nur auf dem Fensterbrett selbst ausreicht. Sind die Bedingungen für das Keimen nicht günstig genug, ist es besser, mit dem Aussäen ein paar Wochen zu warten. Spezielle Pflanzenlampen verbessern das Ergebnis.

1 RECHTS Eine Aussaatkiste oder einen Topf mit Blumenerde füllen, andrücken und egalisieren, bis auf eine Höhe von ca. 1 cm unter dem Rand. Immer wasserdurchlässige, absolut saubere Behälter verwenden; bereits vorher gebrauchte Gefäße desinfizieren und abspülen. Nur frische Anzuchterde verwenden.

2 RECHTS Man kann den Samen zwar einfach ausstreuen, es ist aber leichter, Keimlinge zu verpflanzen, die in Reihen ausgesät worden sind. Die Erde muß gleichmäßig feucht gehalten werden, aber nicht naß. Mit einem Lineal o.ä. drückt man in die Erde flache Reihen.

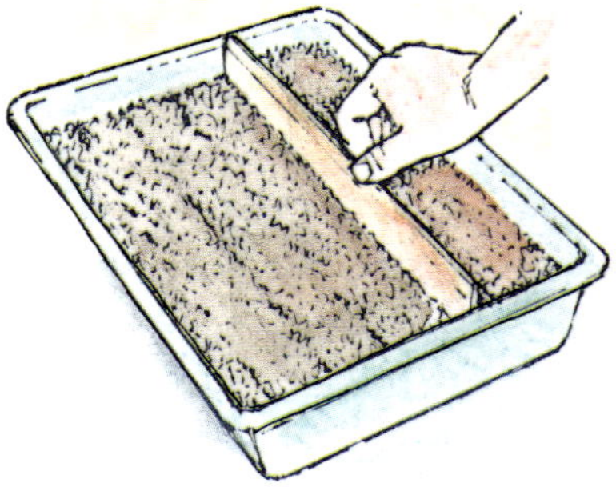

3 LINKS Man formt die Samentüte zu einem schmalen Trichter und sät den Samen möglichst gleichmäßig und dünn in den Reihen aus. Tippen auf die Tüte läßt den Samen langsam aus der Tüte rieseln.

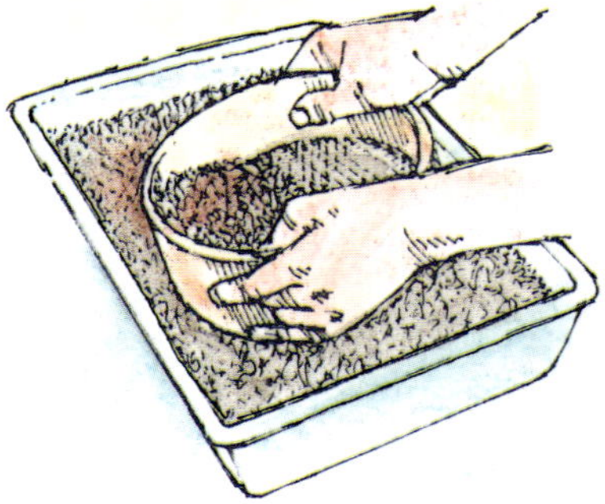

4 LINKS In der Regel bedeckt man den Samen mit einer Schicht Anzuchterde oder Sand. Mit einem Sieb erreicht man eine feine, ebene Oberfläche. Sehr kleinen Samen bedeckt man überhaupt nicht mit Erde, da er sonst nicht keimt.

5 RECHTS Man gießt den Samen mit einem feinen Sprüher oder einer Gießkanne bzw. einem Schlauch mit einem feinem Brausekopf. Oder man stellt die Pflanzgefäße in Wasser, bis die Erdoberfläche feucht ist, und läßt dann das überflüssige Wasser ablaufen. Diese Methode eignet sich aber nicht für Erde ohne Lehmanteil.

6 RECHTS Die Pflanzgefäße kommen in einen Glaskasten, um Wasserverlust und Temperaturschwankungen zu vermeiden. Oder man bedeckt sie mit einer Glasscheibe, die man regelmäßig umdreht oder abwischt, bzw. stellt Töpfe in eine durchsichtige Plastiktüte. Bis der Samen keimt, schützt man ihn mit Zeitungspapier gegen starke Sonne; danach das Papier entfernen.

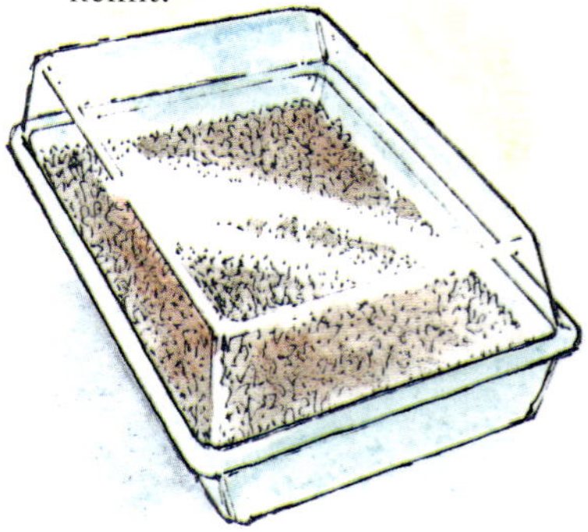

Blumenzwiebeln und -knollen

Knollenbegonien

Wer nun Knollenbegonien im Blumenbeet, auf einem schattigen Balkon oder der Terrasse einsetzt, kann sich an ihrer Blüte vom frühen Sommer bis spät in den Herbst hinein erfreuen. Will man sie im Haus vorziehen, sollte man möglichst große Knollen besorgen und 6 bis 8 Wochen vor dem Auspflanzen im Haus vorziehen.

Setzen Sie die Knollen in eine Obstkiste mit feuchtem Torf, die Spitzen müssen gerade bedeckt sein (die *untere* Seite der Knolle ist die leicht gewölbte!). Halten Sie sie feucht und warm, bei 18 bis 24 Grad, an einem hellen, aber nicht sonnigen Platz. Zeigt eine Knolle einen Trieb von 1 cm Länge, pflanzt man sie einzeln in einen Topf (15-20 cm Durchmesser) mit nährstoffreicher Blumenerde und stellt sie an einen hellen Platz. Feuchthalten, aber nicht naß. Färben sich die Blätter gelb, werden die Pflanzen zuviel gegossen. Sind sie angewurzelt, düngt man sie einmal wöchentlich mit verdünntem, stickstoffreichem Dünger. Im Frühsommer kommen sie ins Freie.

Stecklinge von Dahlien

Mit einem Trick lassen sich aus einer einzigen Dahlienknolle mehrere Pflanzen gewinnen. Und diese werden so üppig wie die erste Knolle blühen, vielleicht sogar früher als sie (s. die Zeichnungen unten). Diese Art der Vermehrung ist vor allem nützlich, wenn man neue, meist teuere Züchtungen nachziehen will. Die beste Zeit ist der Vorfrühling, aber der Zeitpunkt hängt auch davon ab, wie warm das Gewächshaus ist: es muß mindestens 16 Grad haben.

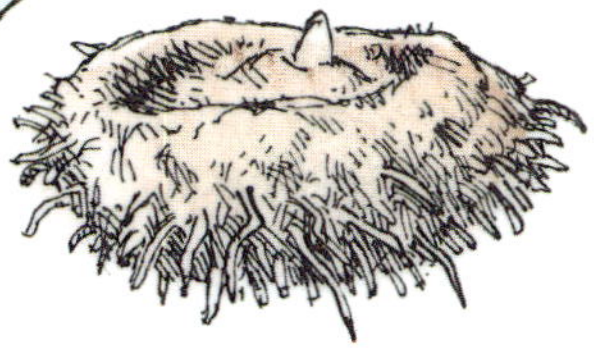

Begonien pflanzen
UNTEN UND LINKS Eine Begonienknolle ist unten rund und oben, wo sie austreibt, konkav. Die Knollen im Abstand von 8 cm pflanzen, regelmäßig gießen und bei 18-24 °C warm halten. Sie müssen hell stehen, aber nicht in der prallen Sonne.

Dahlienstecklinge schneiden
1 RECHTS Die Dahlienknollen in Töpfe oder Kisten mit guter Blumenerde pflanzen. Mit Erde bedecken und dabei die Spitze freilassen. Die Erde feucht halten; aber achtgeben, daß die Knollenspitze, von der das neue Wachstum ausgehen wird, dabei nicht naß wird.

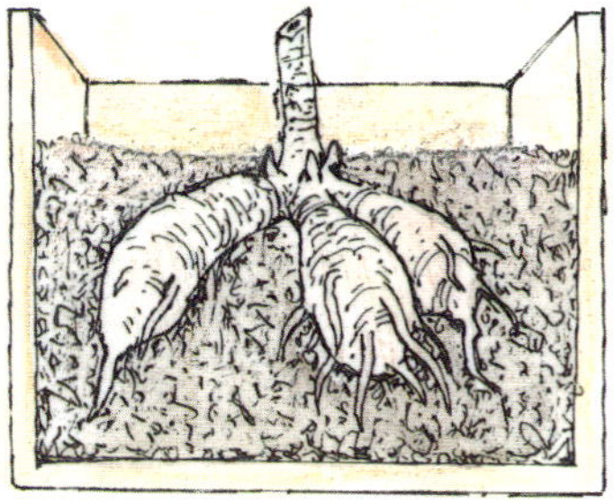

2 LINKS Wenn die Triebe ca. 8 cm lang sind, mit einem scharfen Messer direkt über dem Ansatzpunkt abschneiden; neues Wachstum erst abwarten, bevor man wieder Stecklinge schneidet.

3 RECHTS Die untersten Blätter entfernen und die Triebe direkt unter der Blattachsel kürzen.

4 LINKS Die Stecklinge 2,5 cm tief in Töpfe mit einer Torf-Sandmischung setzen.

5 RECHTS Die Töpfe an einen warmen Platz stellen oder eine Plastiktüte über einen Rahmen stülpen. Nach zwei oder drei Wochen die Stecklinge in einzlne Töpfe umsetzen.

Der Wassergarten

Reinigung und erste Pflegemaßnahmen

Wer jetzt ein paar einfache Regeln beachtet und die wichtigsten Arbeiten im Wassergarten rechtzeitig erledigt, erspart sich später viel Ärger. Sobald sich im sumpfigen Teil neues Leben regt, ist es Zeit für den Frühlingsputz. Herbstlaub und die verrotteten Teile der Wasserpflanzen schaden dem biologischen Gleichgewicht des Wassers; wenn sich das Wasser erwärmt, fördern sie nur das lästige Wachstum der Algen. Aber geben Sie Obacht auf Frosch- und Amphibienlaich. Schneiden Sie alle Pflanzen im Wasser und am Ufer zurück, um Platz für neues Wachstum zu schaffen.

Im sumpfigen Teil und am Ufer sollte man das Unkrautjäten nicht vergessen. Betreten Sie diese Bereiche möglichst wenig - arbeiten Sie von Trittsteinen oder Brettern aus, die Sie über die feuchten Zonen legen. Jäten Sie besonders sorgfältig alle mehrjährigen Unkräuter und Baumkeimlinge, etwa von Weiden oder Pappeln; später lassen sie sich nur schwer entfernen, ohne den Pflanzen zu schaden.

Fische dürfen nicht gefüttert werden, bevor das Wasser 10 Grad erreicht hat. Wasser- oder Luftpumpen, die im Winter abgeschaltet waren, sollten nun überprüft und gewartet werden.

Rasen und Blumenwiesen

Pflegearbeiten

In dieser Jahreszeit sollte man Wiesen und Rasen nicht betreten, zumindest nicht, solange der Boden noch gefroren oder sehr feucht ist. Merken Sie sich die Stellen, an denen Wasser steht oder die besonders naß sind; das deutet auf Bodenverdichtung und schlechten Wasserabzug hin, gegen die man etwas unternehmen sollte. Zum Glück reicht es meistens aus, den Rasenfilz mit einem Aerifiziergerät aufzureißen; in diese Stellen streut man dann Splitt oder scharfen Sand. Lockern Sie den Boden auf keinen Fall mit einer Grabgabel - die Bodenverdichtung wird dadurch schlimmer.

Reicht die Wirkung des Aerifiziergeräts nicht aus, um den Boden zu belüften, gräbt man ein oder mehrere Drainagelöcher, die so tief sind, daß die wasserundurchlässige Schicht durchbrochen wird. Ein Drainageloch sollte 60 cm im Quadrat messen und 90 cm tief sein. Das unterste Drittel wird mit Kies oder großen Steinen aufgefüllt, die nächsten 15 Zentimeter schüttet man mit Splitt oder grobem Sand auf, und zuoberst kommt gute Gartenerde.

Die Verjüngung von Rasen oder Wiesen, das Ausbessern von kahlen Stellen, das Entfernen von Moos und Filz und die Bodenverbesserung sind eigentlich Arbeiten für den Herbst – doch kann man sie auch jetzt durchführen (s. S. 161). Maulwurfshügel und vom Frost aufgeworfene Rasenstellen müssen auf jeden Fall eingeebnet werden, bevor man das erste Mal mäht.

Balkon- und Kübelpflanzen

Geranienpflege

Pelargonien (Geranien), die überwintert haben, beginnen nun ihr neues Wachstum und brauchen jetzt entsprechende Pflege. Hat man sie im Herbst um ein Drittel zurückgeschnitten, kann man sie jetzt nochmals um ein Drittel stutzen; ist dies noch gar nicht geschehen, sollte man sie jetzt stark stutzen, damit sie kräftig treiben. Die Pflanzen wachsen schöner, wenn man die Zweige oberhalb einer nach außen wachsenden Knospe abschneidet – das neue Grün treibt dann nach außen und nicht zur Mitte hin.

Pelargonien, die in den Kästen vom letzten Jahr überwintert wurden, brauchen neue Erde. Sie sollte nährstoffreich sein und gut wasserdurchlässig, aber nicht mehr als ein Viertel Torfmull oder anderen Humus enthalten. Pelargonien blühen besser, wenn ihre Wurzeln relativ wenig Platz haben – Sie können sie also relativ eng setzen. Beim Umpflanzen sollte man die Blumenerde fest andrücken. Man kann die Geranien sofort wieder in die alten Kästen oder Töpfe einpflanzen oder zuerst in einzelne Gefäße setzen und später umpflanzen.

Sobald die Geranienstrünke wieder Wasser aufnehmen können, treiben sie aus. Von da an sollte man sie hell und warm stellen (15 bis 20 Grad) und regelmäßig, aber zurückhaltend gießen.

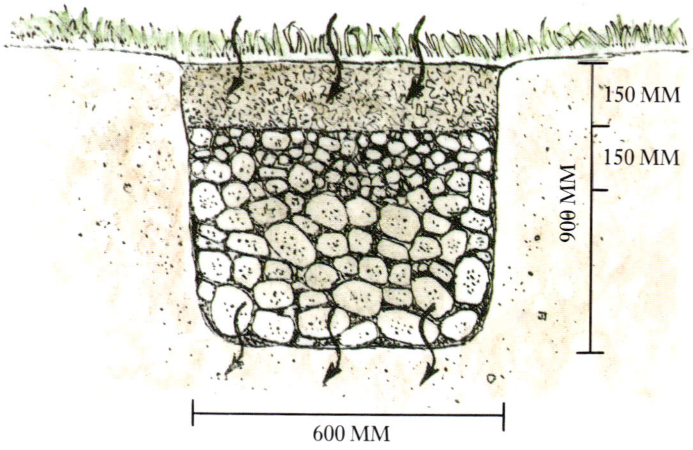

Rasendrainage
Für eine Rasendrainage gräbt man ein Loch mit mindestens 60 cm im Quadrat und 90 cm Tiefe. Man füllt die ersten 30 cm mit Schotter oder großen Steinen auf; darauf schüttet man 15 cm hoch Kies oder groben Sand und zuletzt 15 cm hoch gute Erde.

KAPITEL 2

ERSTFRÜHLING

SIGNALPFLANZEN DES ERSTFRÜHLINGS

Die launenhafteste Jahreszeit, der Erstfrühling, beginnt mit dem Aufblühen des zierlichen Buschwindröschens oder auch Feen-Windblume *(Anemone nemorosa)*. Es bevorzugt feuchte Plätze am Waldrand und erscheint oft zusammen mit Schlüsselblumen unter Hecken und an Böschungen. Die kleinen, weißen oder zart rosa gefärbten Blütenglocken halten dem wechselhaften Wetter des Erstfrühlings gut stand. Da sich die Blüten nur an sonnigen Tagen ganz öffnen, kann ihnen ein später Schneefall oder ein kalter Nieselregen nichts anhaben; die empfindlichen Blütenteile und vor allem der Pollen nehmen keinen Schaden.

In der Mitte dieser ersten Frühlingsphase blüht der ins Auge fallende Löwenzahn auf Wiesen und ungemähtem Rasen. Zur selben Zeit beginnen einige der schönsten Gehölze zu blühen, die in Europa heimisch sind: die Schlehe, oder auch Schwarzdorn genannt *(Prunus spinosa)*, öffnet ihre weißen Blüten, die sich wie eine helle Nebelwolke gegen die schwarzen, kahlen Zweige ausnehmen; die wilden Süß-, bzw. Vogelkirschen *(Prunus avium)* blühen ganz weiß und entfalten zur selben Zeit auch ihre Blätter. Der Spitzahorn *(Acer platanoides)* ist wirklich aufsehenerregend, mit seinen Büscheln leuchtend schwefelgelber Blüten. Sie alle blühen zu einem Zeitpunkt, zu dem nur wenige andere Gehölze blühen. Den entzückendsten Anblick jedoch bietet die Weißbirke *(Betula pendula)*. Wenn sie austreibt, ist dies ein untrügliches Zeichen dafür, daß der Winter endgültig vorüber ist. Am Ende des Erstfrühlings, wenn die Sauerkirschen und die Birnen blühen, tragen auch die Obstgärten ihren ersten weißen Blütenschmuck.

Nur für wenige dieser großwüchsigen Signalpflanzen läßt sich ein geeigneter Platz im Garten finden. Doch heißt das nicht, daß man auf das heitere Bild des Frühlings verzichten muß: das Treiben und Blühen der kleineren Signalpflanzen läßt uns den natürlichen Rhythmus der Jahreszeiten im eigenen Garten genauso erleben und an ihm teilhaben.

Das weiße wilde Waldbuschwindröschen sieht sehr hübsch aus und kann unter Hecken in einem wilderen Teil des Gartens gepflanzt werden. Mit seinen kriechenden Wurzelausläufern erobert es schnell große Flächen und eignet sich deshalb weniger gut für einen kleineren Garten. Am besten pflanzt man es im Herbst, an einer schattigen Stelle, neben Farne und andere schattenliebende Pflanzen, die die Lücken in der Hecke schliessen.

Der Erstfrühling ist die Jahreszeit, um an sonnigen Waldesrändern entlang zu streifen, über wilde Wiesen zu laufen und an den Bachufern nach weißen Schlüsselblumen, süß duftenden Veilchen und goldenen Narzissen Ausschau zu halten.

Fritillaria imperialis 'Lutea Maxima', die gelbe Kaiserkrone, ist eine der auffälligsten majestätischen Pflanzen zu Frühlingsbeginn. Sie gedeiht in jedem neutralen oder basischen Boden, solange die Sommer relativ trocken sind.

DER GARTEN IM ERSTFRÜHLING

Für den Garten am Frühlingsanfang kann man sich wohl von der Natur selbst inspirieren lassen: Bäume und Sträucher mit weißer Blütenpracht, gelegentlich unterbrochen von rosa oder pinkfarben blühenden Sträuchern, die dem sonst vielleicht zu kühlen Bild einen warmen Ton verleihen. Solche ätherischen Farben brauchen jedoch einen gewissen Kontrast: Wenn auch der Erstfrühling nicht die Zeit für tiefes Rot oder Orange ist – ein Teppich von gelben, cremefarbenen und blauen Blüten zu Füßen der Sträucher holt die frischen Töne eines sonnigen Bachufers oder einer Wiese mit Narzissen in den Garten.

Die meisten früh blühenden winterharten Zwiebelblumen im Garten sind relativ klein. Deshalb eignen sie sich gut für Blumenbeete unter Sträuchern, aber auch – da sie blühen, solange das Gras noch niedrig ist – für Blumenwiesen. Der optische Eindruck eines Waldrandes ist leicht nachzuahmen, wenn man Buschwindröschen, Scilla, Schneestolz, Traubenhyazinthen *(Muscari)* kombiniert, zusammen mit Krokussen und Narzissen, Veilchen, Primeln, Christrosen und Lungenkraut. Sie geben ein wunderschönes und buntes Bild des Erstfrühlings. Die Frühlingszwiebelblüher gibt es in einer erstaunlichen Vielfalt. Besonders die im Gras wachsenden Narzissen, Krokus und die etwas düster wirkende Schachblume mit ihrem Schlangenkopf *(Fritillaria meleagris)* malen eine Blumenwiese von poetischem Reiz. Welche Zwiebelblumen auch immer man pflanzt – zwischen dem Verblühen und dem ersten Rasen- oder Wiesenschnitt sollten mindestens sechs Wochen liegen. In dieser Zeit können die Blätter der Pflanzen eintrocknen und dabei der Zwiebel genügend Nährstoffe für die nächste Saison zuführen.

Blühende Bäume und Sträucher

Einer der attraktivsten Blütensträucher des Erstfrühlings ist zugleich am leichtesten zu ziehen: *Amelanchier lamarckii*, die Felsenbirne. Vielleicht ist sie nicht ganz so schön wie die Magnolie oder die reich blühenden Zierkirschen, doch besitzt sie ihren eigenen Reiz und harmoniert darüber hinaus gut mit vielen anderen Sträuchern. Die Felsenbirne ist deshalb so attraktiv, weil sie zwei Höhepunkte im Jahr hat. Am Anfang des Frühlings sind ihre Zweige übersät mit schneeweißen Blüten, die sich zusammen mit den winzigen, silberrosa oder kupferfarbenen Blättern entfalten. In den darauffolgenden Monaten ist sie ein unauffälliger, hübscher Strauch, der sich freistehend genauso gut macht wie am Rand eines Laubwaldes oder in einer Hecke. Im Sommer trägt sie dann kleine, fleischige, schwarze Birnenfrüchte, die viele Vögel sehr als Nahrung schätzen.

Felsenbirnen sind leicht zu pflegen; man sollte nur hin und wieder totes Holz und zu dicht stehende und kranke Zweige ausputzen. Im Lauf der Zeit wachsen sie zu buschigen Sträuchern oder kleinen Bäumen heran: sie werden bis zu 7 m hoch. Sie nehmen mit jedem Boden vorlieb, solange er weder zu naß noch zu trocken ist.

Die echten Juwelen dieser Jahreszeit sind jedoch die frühen Magnolien, die bereits blühen, bevor ihre Blattknospen aufgehen. Ihre herrlichen Blüten sind sicherlich die größten, die man zu diesem Zeitpunkt in unseren Gärten sehen kann. Der Eindruck eines verschwenderischen Überflusses wird noch verstärkt durch die kahlen Äste und Zweige.

Zuerst öffnet die Sternmagnolie *(Magnolia stellata)* ihre zerbrechlichen, starrigen, weißen Blüten. Sie ist ein runder Busch mit einer hübschen schüsselförmigen Silhouette. Aus mehreren Gründen ist die Sternmagnolie ein ideales Gehölz für den kleinen Garten: sie blüht bereits, wenn sie noch jung ist. Sie wächst sehr langsam und braucht viele Jahre, um ihre endgültige Höhe und Breite von 3 m zu erreichen. Sie ist absolut winterhart und gedeiht auf beinahe jedem Boden, solange sich nicht in ihm Nässe staut. Der einzige Nachteil ist, daß ihre zarte Blüte so früh erscheint, daß sie späten Frösten zum Opfer fallen kann. Aber sie blüht so üppig, daß erfrorene Blüten schnell durch neue ersetzt sind. Neben der Art gibt es eine Reihe interessanter Züchtungen aus der *M. stellata* wie 'Water Lily', 'Royal Star' und 'Norman Gould'. Der überraschende, wundervolle Eindruck von blauweißem Chinaporzellan läßt sich erzielen, wenn man eine Magnolie *M. stellata* mit einem Meer von blauen Zwiebelblumen unterpflanzt; dafür eignen sich verschiedene blaublühende Sorten der *Anemone blanda* oder *A. nemorosa*, aber auch Traubenhyazinthen wie z.B. *Muscari armeniacum* 'Cantab'.

Wenige Tage später öffnet die weidenblättrige *Magnolia salicifolia* 'Pendula' ihre weißen, nach fruchtigem Parfüm duftenden Blüten. Ein später Frost kann der Blüte wenig anhaben; sie gehört zu den Magnolien, die Kälte am besten aushalten. Sie ist ein schlanker Baum und wird bis zu 8 m groß. Sie blüht bereits, wenn sie jung ist, und als ausgewachsener Baum bringt sie ein wahres Blütenmeer hervor. Die Blüten haben einen Durchmesser von 7-10 cm und sind damit von allen Magnolien die kleinsten. Ihre schmalen Blätter ähneln der einer Weide; wenn man sie zwischen den Fingern reibt, dann duften sie nach Zitrone. *M. salicifolia* bevorzugt feuchten, torfigen Boden; in kalkhaltiger Erde gedeiht sie nicht.

Die selben Bodenbedingungen braucht die *Magnolia denudata*, die unter dem Namen Yulanmagnolie bekannt ist. Sie blüht ungefähr zur selben Zeit. Ihre glänzend weißen Blüten öffnen sich zunächst wie ein Kelch, um sich später zu einer Schale zu weiten. Ihren angenehmen Duft verströmen sie besonders intensiv zur Nachtzeit. Die Blüten haben einen Durchmesser bis zu 15 cm. Sie überstehen jeden Frost und erscheinen jedes Jahr in verschwenderischer Üppigkeit. Eine Gruppe sehr hübscher Magnolienhybriden mit dem Namen *Magnolia* x *loebneri* zeigt wunderschöne Blütenfarben von Weiß bis Hellrosa. Von diesen Hybriden gibt es mehrere Sorten, alles sehr attraktive, kleine Gehölze, die schon als junge Pflanzen eine prächtige Blütenfülle entfalten. Hinzu kommt, daß *M.* x *loebneri* sehr wenig Ansprüche an den Boden stellt und sogar in nährstoffarmer kalkreicher Erde gut gedeiht. Besonders bekannt von dieser Gruppe und auch sehr zu empfehlen ist *M.* 'Leonard Messel', ein wunderbarer Strauch mit duftenden, lilarosa Blüten. Ebenfalls duftende, aber große, weiße Blüten hat *M.* 'Merrill' oder die neuere Züchtung 'Snowdrift'.

Am Ende dieser ersten Frühlingsphase blüht der wohl attraktivste Birnbaum, die weidenblättrige Trauer- oder Hängebirne *(Pyrus salicifolia* 'Pendula'). Mit seinem sehr hübschen silbergrauen Blattwerk ist dieser Baum für den kleinen Garten eine wertvolle Alternative zur weitausladenden Trauerweide. Sein graziles Blattwerk und seine hängenden Äste bilden einen guten Kontrast etwa zu den eher steifen Blättern der Zierkirsche. Die cremefarbenen Blüten entfalten sich zur selben Zeit wie die silbrigen Blätter. Diese Hängebirne ist völlig winterhart und wächst in fast jedem Boden, auch unter extremen Klimabedingungen. Sie erreicht eine Höhe von bis zu 7 m.

Zierkirschen

Die Zierkirschen sind grazile Bäume, die selbst im kleinsten Garten Platz haben. Sie sind winterhart, leicht zu ziehen und gedeihen in jedem guten, wasserdurchlässigen Boden. Wenn sie symmetrisch wachsen sollen, brauchen sie einen sonnigen Standort. Die erste Zierkirsche, die in dieser Jahreszeit blüht, ist *Prunus* 'Moerheimii', die bereits vor dem Austreiben der Blätter blaßrosa Blüten trägt. Sie ist ein zierlicher Baum mit trauernden Ästen, die eine weite kuppelförmige Krone bilden. Sie kann eine Höhe von bis zu 6 m und eine Breite von bis zu 4 m erreichen. *Prunus* 'Umineko' hingegen ist ein graziler Kirschbaum mit nach oben wachsenden Zweigen, die über und über mit zarten Blüten von reinstem Weiß bedeckt sind. Sie zeigen sich zur selben Zeit wie die Blattknospen. Im Sommer ist das Laub von einem saftigen Dunkelgrün, das sich im Herbst zu schönen gelben, braunen und bernsteinfarbenen Tönen verfärbt.

Zwei der lieblichsten weiß blühenden Japanischen Zierkirschen sind 'Mount Fuji' und deren enge Verwandte 'Tai Haku'. 'Mount Fuji' ist ein kleiner, aber kräftiger, ausladender Baum, dessen Äste leicht trauern. Manchmal wird die Last der Blüten so schwer, daß die Spitzen der Zweige zu Boden gedrückt werden. Die duftenden Blüten sind sehr groß, sie hängen einzeln oder in großen, langen Büscheln herab; die glänzenden hellgrünen Blätter bilden einen sehr hübschen Kontrast zu den ganz weißen Blüten. Im Herbst werden die Blätter bernsteinfarben bis rostbraun. 'Mount Fuji' erreicht eine Größe von 6 m und wird bis zu 10 m breit. Das dichte, ledrige Blattwerk ist zu jeder Jahreszeit ein Schmuck für den Garten; im Herbst wird es gelb und orange.

Für den kleinen Garten, der nur für einen einzigen kleinen Baum Platz hat, der im Frühling blüht, ist die ideale Zierkirsche *Prunus* 'Hally Jolivette'. Sie ist ein schmaler, graziler Baum, der nie höher als 4 m wird. Anfangs hat sie eine schlanke Form, aber im Laufe der Jahre wird sie runder. Zur Zeit der Blüte sind ihre eleganten, dünnen Zweige mit kleinen, zartrosa Blüten übersät, die erst nach zwei bis drei Wochen verwelken.

Der kalifornische Hundszahn, Erythronium revolutum, *schätzt feuchten, lockeren Boden. Seine zarten rosa Blüten harmonieren gut mit den rosenartig blühenden Blutjohannisbeeren und den blauen Traubenhyazinthen.*

BLUMEN DES WALDES

Eine der hübschesten Frühlingsblumen ist der Hundszahn oder die Forellenlilie, *Erythronium*. In der Natur wächst sie in lichten Laubwäldern an halbschattigen, kühlen Plätzen und in gut wasserdurchlässiger, humusreicher Erde. Man kann sie leicht ziehen, und wenn es ihr im Garten behagt, dann vermehrt sie sich von allein.

Gut an die Verhältnisse im Garten angepaßt ist *Erythronium tuolumnense*, das bis zu fünf hahnenfußgelbe Blüten an einem Stiel trägt, die einen aparten Kontrast zu den grünen Blättern bilden. Die Art verträgt karge, sogar sandige Böden.

Ähnlich genügsam sind zwei kräftige Hybridsorten, 'Pagoda' und 'Kondon'. Die Blüten von 'Pagoda' sind leuchtend schwefelgelb, während 'Kondon' Blüten von zarterem Gelb hervorbringt. Beide haben sie gesprenkelte Blätter wie *Erythronium* 'White Beauty', das wohl am besten für der Garten geeignet ist. Es blüht weiß und hat in der Mitte einen gelben Ring, die Blätter sind braun markiert. 'White Beauty' trägt seine türkenbundähnlichen Blüten an 25-30 cm hohen Stengeln. Es breitet sich von allein im Garten aus und verträgt Trockenheit besser als die meisten anderen Forellenlilien. Es gibt kaum einen schöneren Anblick zu dieser Jahreszeit als 'White Beauty', umgeben von Apenninenwindröschen.

Besonders charmante Vertreter des Erstfrühlingsgartens sind die blauen Formen von *Anemone nemorosa*: 'Allenii' etwa mit ihren großen silbrig lavendelblauen Blüten, die größte aller Anemonenarten; oder die hellblaue 'Robinsoniana' und die besonders langblühende 'Royal Blue'.

DIE FARBPALETTE DES ERSTFRÜHLINGS

Blau und Lila

Aubrieta Sorten
'Blue Emperor',
'Doctor Mules',
'Schloß Elkberg'
Brunnera macrophylla
Mertensia virginica
Omphalodes verna
Pulmonaria saccharata
'Frühlingshimmel'
Vinca minor 'Bowles'
Viola labradorica
V. odorate 'Queen Charlotte','Triumph'
V. x *wittrockiana* Sorten
Myosotis Sorten
Anemone apennina
A. blanda 'Blue Star'
A. nemorosa
'Robinsoniana','Allenii',
'Royal Blue'
Chionodoxa luciliae gigantea
Hyacinthus orientalis Sorten
Muscari Sorten
Scilla sibirica 'Spring Beauty'

Gelb und Orange

Corylopsis spicata
C. sinensis sinensis
(syn. C. willmottiae)
Cytisus x *praecox*
'Allgold','Gold Speer'
Forsythia x *intermedia*
'Beatrix Farrand',
'Karl Sax','Lynwood'
Hamamelis japonica
'Zuccariniana'
Mahonia aquifolium 'Apollo'
Rhododendron Arten, Sorten
Salix hastata 'Wehrhahnii'
Adonis vernalis
Alyssum saxatile 'Citrinum',
'Compactum'
Doronicum orientale
Epimedium perralderianum
E. pinnatum colchicum
E. x *versicolor* 'Sulphureum'
Hylomecon japonica
Cheiranthus cheiri Sorten
Erysimum x *allionii*
Viola x *wittrockiana* Sorten
Erythronium 'Pagoda'
E. tuolumnense
Fritillaria imperialis 'Lutea',
'Lutea Maxima'
Iris bucharica
Narcissus bulbocodium
N. 'Peeping Tom' und andere frühe Sorten
Tulipa Fosteriana Sorten
'Sweetheart',
'Orange Emperor'
T. Kaufmanniana Sorten
'Berlioz','Corona',
'Fritz Kreisler'

Rot und Rosa

Cercis canadensis
C. siliquastrum
Choenomeles x *superba,*
'Crimson und Gold',
'Fire Dance',
'Hollandia'
Magnolia x *soulangiana*
'Lennei'
Magnolia x *loebneri*
'Leonard Messel'
Pieris 'Forest Flame'
Prunus 'Pink Perfection'
P. subhirtella 'Fukubana'
P. x *yedoensis* 'Moerheimii'
Rhododendron Arten und Sorten
Ribes sanguineum
'Pullborough Scarlet'
Arabis caucasica
'Monte Rosa'
Bergenia Hybriden
'Abendglut',
'Ballawley',
'Bressingham Bountiful'
Epimedium x *rubrum*
Pulmonaria saccharata
'Pink Dawn'
P. vallarsae 'Margery Fish'
Viola x *wittrockiana* Sorten
Anemone blanda 'Pink Star'
Erythronium dens-canis,
'Carneum', 'Roseum'
Fritillaria imperialis 'Maxima'
F. meleagris
'Charon', 'Poseidon',
'Artemis'
Hyacinthus orientalis Sorten
Tulipa Fosteriana Sorten
'Madame Lefeber'
T. Kaufmanniana Sorten
'Daylight',
'Alfred Cortot'

Weiß und Cremefarben

Amelanchier laevis
A. lamarckii
Choenomeles speciosa
'Nivalis'
Magnolia denudata
M. x *loebneri* 'Merrill'
M. salicifolia
M. x *soulangiana*
'Alexandrina',
'Brozzonii','Speciosa'
M. stellata
Prunus 'Hally Jolivette'
P. salicifolia 'Pendula'
Rhododendron Arten und Sorten
Viburnum 'Anne Russell'
V. x *burkwoodii*
V. x *carlcephalum*
Arabis caucasica
'Schneehaube'
A. procurrens
Bergenia Hybriden
'Schneekönigin',
'Silberlicht'
Iberis sempervirens 'Findel',
'Snowflake'
Primula denticulata 'Alba'
Pulsatilla vulgaris
'White Swan'
Sanguisnaria canadensis
Tiarella cordifolia
Trillium grandiflora
Vinca minor 'Gertrude Jekyll'
Viola x *wittrockiana* Sorten
Anemone blanda
'White Splendour',
'Fairy'
A. nemorosa
Erythronium citrinum
Fritillaria meleagris
'Aphrodite'
Hyacinthus orientalis Sorten
Iris bucharica
Narcissus Cyclamineus Sorten
'Dove Wings','Jenny'
Narcissus frühe Sorten
Tulipa Fosteriana Sorten
'White Empress'
Tulipa Kaufmanniana Sorten
'The First'

Duftpflanzen

Corylopsis spicata
C. sinensis sinensis
Magnolia denudata
M. x *loebneri* 'Merrill'
M. salicifolia
M. x *soulangiana*
'Alexandrina',
'Speciosa'
M. stellata
Prunus x *yedoensis*
Rhododendron Arten und Sorten
Viburnum 'Anne Russell'
V. x *burkwoodii*
V. x *carlcephalum*
Primula auricula
Viola odorata
Cheiranthus cheiri Sorten
Erysimum x *allionii* Sorten
Viola x *wittrockiana* Hybriden
Crocus Sorten
Hyacinthus
Iris bucharica
Muscari Sorten

Bienen- und Schmetterlingspflanzen

Acer platanoides
A. rubrum
Amelanchier lamarckii
Salix hastata 'Wehrhahnii'
Prunus, einfachblühende Sorten
Daphne laureola
Erica carnea Sorten
Ribes sanguineum Sorten
Alyssum saxatile
Arabis caucasica
A. procurrens
Aubrieta Sorten
Doronicum orientale
Iberis sempervirens
Primula Arten
Cheiranthus cheiri Sorten
Myosotis Sorten
Anemone Arten
Muscari Sorten

WICHTIGE ARBEITEN

Bäume und Sträucher

Schnitt

Alle Gehölze, die im Spätsommer oder im Herbst am neuen Holz blühen, sollten jetzt bereits zurückgeschnitten sein. Das gleiche gilt für die Sträucher, die uns im Winter mit ihrer lebhaften Farbigkeit erfreuen.

Spät blühende Sträucher:

Buddleja davidii
Caryopteris x *clandonensis*
Ceanothus (deciduous)
Ceratostigma
Elsholtzia stauntonii
Hydrangea paniculata
Lespedeza thunbergii
Perovskia
Spiraea japonica Sorten 'Albiflora','Anthony Waterer','Bullata', 'Froebellii','Little Princess'
Vitex agnus-castus

Sträucher mit farbiger Rinde:

Cornus alba 'Sibirica'
C. stolonifera 'Flaviramea'
Rubus biflorus
R. cockburnianus
Salix alba 'Britzensis',vitellina
S. daphnoides
S. irrorata

Die Gehölze beider Gruppen sollte man jetzt, bevor sie neu austreiben, zurückschneiden. Man geht bei beiden Gruppen gleichermaßen vor; nur die Büsche mit farbigen Winterzweigen kann man etwa bis auf Schulterhöhe zurückschneiden, so daß die dekorativen Zweige in einer Höhe wachsen, in der sie gut zu sehen sind. Zierhimbeeren *(Rubus)* schneidet man bis knapp über dem Boden zurück. Das Geheimnis des Schneidens ist dabei, daß es die Sträucher immer jung erhält. Denn die kräftigen neuen Triebe sind stets stärker und in der Farbe intensiver als alte, nicht zurückgeschnittene Zweige; auch tragen sie mehr Blüten.

Pflanzen von Nadelbäumen

Für viele Koniferen ist gerade jetzt, bevor sie austreiben, die richtige Zeit zum Pflanzen. Die erste Phase des Frühlings ist der beste Zeitpunkt, um die meisten nicht ganz winterharten Gehölze zu pflanzen, wie z.B. die Zeder, die Scheinzypresse *(Chamaecyparis)*, die Sicheltanne *(Cryptomeria)*, Spießtanne *(Cunninghamia)*, Schirmtanne *(Sciadopitys)* oder Hemlockstanne.

Für einige Arten bringt es jedoch einige Risiken mit sich, sie zu dieser Jahreszeit zu pflanzen. Dies gilt vor allem für kegelförmig wachsende Koniferen; sie müssen unter Umständen – gut dosiert – gegossen werden. Denn ihre Knospen, die bereits in den nächsten Wochen austreiben werden, reagieren äußerst empfindlich auf

Schnitt von spätblühenden Sträuchern

Ein starker Rückschnitt gibt dem Strauch eine hübsche Form und läßt ihn im Sommer oder Herbst üppig blühen. Sträucher mit Winterlaub bekommen so Zweige mit kräftigeren Farben.

Man schneidet die blühenden Zweige zurück (bis auf 1 oder 2 kräftige Knospenpaare) bis an diejenige Stelle, an der sie aus den Hauptzweigen hervorwachsen.

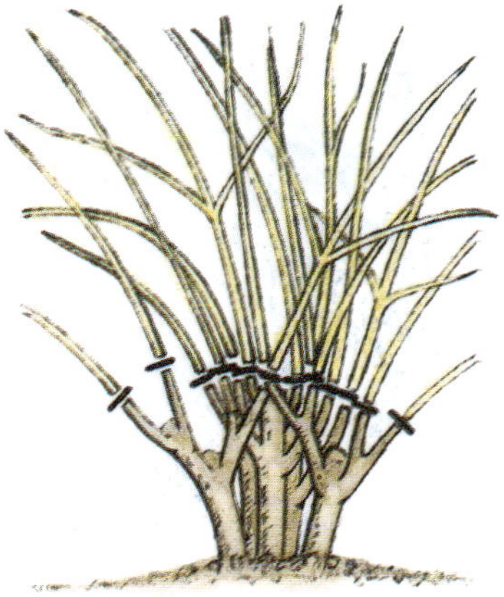

In den nächsten Jahren wachsen unten neue Zweige nach und die zurückgeschnittenen treiben wieder aus. Man schneidet alle Äste auf dieselbe Länge zurück.

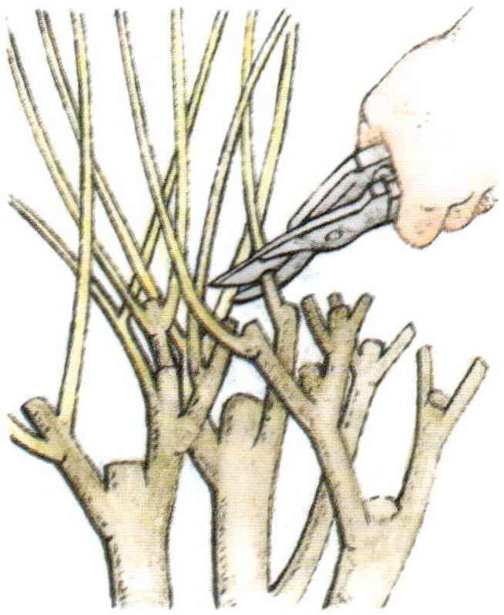

Mit einer scharfen Gartenschere schneidet man die neuen Triebe fast ganz zurück. Wenn das Geäst zu dicht wird, entfernt man einige Hauptzweige des Strauchs ganz.

Wassermangel. Alle frisch gepflanzten Nadelbäume müssen, während sie anwachsen und noch jung sind, im Wurzelbereich immer genügend feucht gehalten werden. Trocknen die Knospen oder frischen Triebe aus, dann wachsen die Bäume ungleichmäßig und werden schief und häßlich. Unproblematisch dagegen sind in dieser Hinsicht die kleineren, buschig wachsenden Koniferen mit ihrem bizarren Wuchs. Man sollte allerdings nicht vergessen, daß Nadelgehölze auch dann Feuchtigkeit verlieren, wenn es kühl und der Himmel bewölkt ist. Ein frisch gepflanztes Nadelgehölz braucht ebensoviel Pflege und Fürsorge wie ein immergrünes Laubgehölz (s. Vorfrühling, S. 14).

Hecken

Die meisten Hecken, die jetzt oder seit dem vorhergehenden Herbst gepflanzt worden sind, sollten nun im Frühjahr kräftig zurückgeschnitten werden. Jedoch gibt es einige Ausnahmen, manche Heckenpflanzen brauchen es nicht (S. 154).

Pflanzen

Jetzt ist die günstigste Zeit, um immergrüne Hecken zu pflanzen. Dies gilt für Laubgehölze wie Stechpalme, Buxbaum, Liguster, Pfaffenhütchen oder Kirschlorbeer, aber auch für Koniferen wie Eibe, Wacholder oder Thuja. Pflanzt man sie so früh im Jahr, bilden sie schnell Wurzeln aus: denn sie müssen die Feuchtigkeit, die durch die Assimilation der immergrünen Blätter verlorengeht, ersetzen. Pflanzt man die Immergrünen in den Phasen des langsamen Wurzelwachstums, dann trocknen die Blätter viel eher aus, z.B. bei kaltem, windigem Wetter (über das Schneiden und Pflanzen von Hecken s. S. 115 und 131).

Rosen

Schneiden und düngen

Wenn sich keine Gelegenheit ergab, die Rosen in der ersten Frühlingsphase zu schneiden (s. S. 18) – jetzt ist es höchste Zeit dafür; ansonsten würden die Knospen zu weit austreiben. Jetzt sollte man seine Rosen auch düngen.

Kletterpflanzen

Pflanzen

Nun ist die beste Zeit, Clematis, Geißblatt, Wisteria und die meisten anderen Kletterpflanzen einzusetzen.

Kletterpflanzen können dem Gartenbesitzer sehr viel Freude machen – vorausgesetzt man gibt ihnen, was sie brauchen: viel Platz für die Wurzeln, gute, fruchtbare Erde und ausreichend Wasser. Leider ist der Boden am idealen Standort an der Hauswand oft voller Bauschutt, Ziegel und verdichteter Erde. Bevor man die Kletterpflanzen einsetzt, muß man den Boden durch gute Erde ersetzen. Nur dann wachsen sie kräftig und leben lange. Das Pflanzloch sollte mindestens 50 cm tief gegraben werden; wenn möglich noch tiefer. Von der Wand sollte es wenigstens 30 cm entfernt sein. Auf einer Fläche von 50 x 50 cm muß auf jeden Fall aller Bauschutt oder schlechte, kiesdurchsetzte, verdichtete Erde beseitigt und durch gute, frische Gartenerde ersetzt werden. Es tut den Pflanzen gut, wenn Sie verrotteten Kompost, nährstoffreiche Beeterde, Torf und Rindenkompost untergraben. Danach nicht sofort pflanzen, sondern warten, bis sich die aufgefüllte Erde gesetzt hat. Viele Kletterpflanzen, wie zum Beispiel Clematis oder Wisteria, dürfen ruhig etwas tiefer gesetzt werden, der Pflanzenballen darf bis zu 2-4 cm mit Erde bedeckt sein. Man setzt die Pflanze in das Loch und richtet sie zur Mauer hin aus. Bei den Clematis kann der untere Teil der Zweige ohne weiteres von der Erde bedeckt sein.

Kletterpflanzen brauchen vor allem genügend Wasser; ist der Wurzelballen trocken, dann sollte man ihn vor dem Pflanzen in einen Eimer Wasser stellen, damit er sich vollsaugen kann. Nie in trockene Erde pflanzen! Ist sie zu trocken, dann das Pflanzloch ein-, zweimal mit Wasser füllen, einsickern lassen und dann erst die Pflanze einsetzen.

Am besten führt man die Pflanzen in der ersten Zeit mit einem Stock o.ä. zur Hauswand hin; setzen Sie den Stock ein, bevor Sie das Pflanzloch auffüllen. Nach dem Pflanzen kräftig wässern und die Fläche mit Rindenmulch, Stroh, Torf oder Kompost abdecken. Das hält den Boden feucht und schützt die Wurzeln bei heißem Wetter. Im ersten Jahr unbedingt darauf achten, daß die Pflanzen immer genügend Wasser haben.

Einige Kletterpflanzen, insbesondere Clematis, sind typische Vertreter des sonnigen Waldrandes: ihre Wurzeln mögen es dementsprechend kühl und schattig, während die Äste und Zweige Sonne lieben. Im Garten können niedrige Büsche den nötigen Schatten für die Wurzeln spenden.

Die Pflege von Clematis

Im Frühjahr gehören zur Pflege von Clematis und den meisten anderen Kletterpflanzen grundsätzlich vier Dinge. Einmal eine Pflanzfläche, die von Unkraut und anderen konkurrierenden Pflanzen freigehalten wird; zweitens eine dicke Mulchschicht rund um die Pflanzen; drittens ausreichend Wasser und schließlich genügend Nährstoffe. Zusätzliche Düngung ist vor allem für jene Pflanzen wichtig, die dicht an der Mauer stehen und nur einen beschränkten Wurzelraum zur Verfügung haben. Bewährt hat sich das oberflächliche Einarbeiten von Mehrnährstoffdüngern im Wurzelbereich.

Durch kräftiges Gießen den Dünger in die Erde einsickern lassen und dann entweder Mulch oder Kompost auslegen. Gut verrotteter Kompost hat dabei den wichtigen Vorteil, daß er den Pflanzen zusätzlich eine langsam fließende Nährstoffquelle bietet.

Ältere Clematispflanzen, bei denen ein regelmäßiger Rückschnitt versäumt wurde, werden mit der Zeit unten kahl und unansehnlich. Dies gilt vor allem für *Clematis montana* und andere kräftig wachsende Arten, die den jährlichen Rückschnitt nicht brauchen. Sie lassen sich jetzt verjüngen, indem man sie kräftig zurückschneidet. Wie man dabei vorgeht, ist bereits beschrieben worden (s. S. 17, Vorfrühling, zweite Clematisgruppe). Auch die Clematis-Hybriden jener Gruppe kann man jetzt noch zurückschneiden.

Einjährige Kletterpflanzen säen

Einjährige Kletterpflanzen eignen sich hervorragend, um Zäune, Abgrenzungen, Palisaden oder sogar ganze Häuserwände mit einem schmeichelnden Kleid aus lebendigem Grün einzuhüllen. Sät man sie jetzt, können sie bis zum Ende des Sommers eine Fläche bis zu einer Höhe von sechs Metern überwuchern und kaschieren. Aber es gibt auch kleine Sorten von nur 1 m Höhe. Jetzt ist der richtige Zeitpunkt, die einjährigen Kletterpflanzen im Haus auszusäen. Zum Keimen brauchen sie eine Temperatur von 20 Grad. Sind die Samen relativ groß, sät man ein bis drei Körner in einen Topf. Ansonsten geht man vor, wie auf S. 21 bereits beschrieben wird. Sobald die jungen Keimlinge sichtbar werden, brauchen sie möglichst viel Licht; besteht keine Frostgefahr mehr, setzt man sie ins Freie.

Stauden

Teilen

Viele Stauden wachsen sich im Laufe der Zeit zu mehreren breitausladenden, ineinander verschlungenen Stöcken aus. In der Mitte wird die Staude oft kahl und treibt immer spärlicher aus; entsprechend dürftig wird auch ihre Blüte. Ist es soweit gekommen, sollte man sie ausgraben, teilen und nur die kräftigsten Teile wieder einpflanzen. Mit Ausnahme einiger kurzlebiger Arten sollte man die meisten Stauden alle vier oder fünf Jahre auf diese Weise verjüngen. Andernfalls nehmen sich die miteinander konkurrierenden Wurzeln Wasser und Nährstoffe gegenseitig weg, und die Pflanzen werden schwach und krank.

Die beste Zeit, Stauden zu teilen, ist im allgemeinen unmittelbar nach der Blüte. Die Wurzeln wachsen danach besonders stark, und neue Triebe können sich besser entwickeln. Bei Stauden jedoch, die erst im Herbst blühen, muß man mit dem Teilen bis zum Frühjahr warten – der Winter bringt ja ihr Wachstum zum Stillstand. Jetzt ist also der günstigste Zeitpunkt, um Spätblüher wie Herbstastern, Sonnenhut, mehrjährige Sonnenblumen, Goldrute, Phlox, Sonnenbraut und Indianernessel zu verjüngen und zu vermehren. Auch ist es besser, wenn man nun alle nicht ganz winterharten Stauden teilt, wie zum Beispiel die Farne und Ziergräser.

Man sollte die Stauden teilen, solange die Bodentriebe noch klein sind und kaum ausgetrieben haben. Jede der einzelnen Teilstauden sollte zwei oder drei Strünke mit Trieben haben. Meistens wird der Fehler gemacht, daß die Teilstücke zu groß gelassen werden; sie wachsen jedoch besser an, wenn sie kleiner sind. (Über die Technik des Staudenteilens s. S. 159).

Abstützen von mehrjährigen Stauden

RECHTS Mit Stecken kann man Stauden mit schwachem Stamm unauffällig abstützen. Man steckt sie rings um die junge Staude in die Erde und biegt sie zurecht. Wenn die Staude ausgewachsen ist, wird man die Stützen kaum mehr sehen.

RECHTS Am besten bindet man die Stützen mit einer Achterschlaufe fest, dann reiben sich die Äste daran nicht wund. Man beginnt damit, solange die Staude jung ist und paßt die Befestigung kontinuierlich an das Wachstum der Staude an.

RECHTS Weitausladende Stauden stützt man so ab: man steckt 3 oder 4 Stützen ringsherum in die Erde, neigt sie nach außen, um dem Wachstum Raum zu geben, und verbindet sie mit einer Schnur.

Wenn Sie im Vorfrühling nicht genügend Zeit fanden – auch jetzt ist es noch nicht zu spät, all die mehrjährigen Stauden zu pflanzen, die uns mit den herrlich kräftigen Farben ihrer Blüten im Spätsommer und bis in den Herbst hinein erfreuen. Pflanzt man sie in gute Erde, werden sie gewiß bereits im nächsten Herbst blühen.

Farne und Ziergräser

Farne und Ziergräser sind wegen ihrer vielgestaltigen und graziösen Blätter aus dem modernen Garten nicht mehr wegzudenken. Sofern man sie nicht schon im Vorfrühling gepflanzt hat, eignet sich der Erstfrühling besonders gut, um diese zwei Grünpflanzen in die Beete einzusetzen. Sie werden im Container angeboten und verlangen keine spezielle Pflege.

Farne wollen einen lockeren, feuchten, aber nicht wasserundurchlässigen Boden mit hohem Humusanteil. Die meisten Farne bevorzugen leicht bis stark saure Erde; einige wenige, wie zum Beispiel der Streifenfarn *(Asplenium trichomanes)*, mögen es etwas kalkig. Im ersten Jahr wachsen Farne relativ langsam, und sie sind äußerst empfindlich gegen Wassermangel. Dagegen hilft eine Mulchschicht aus Laub, Kompost oder Torf; sie läßt das Wasser nicht so schnell verdunsten.

Mulchen

Wenn sich der Boden langsam erwärmt, ist genau der richtige Zeitpünkt, um die Beetstauden herum Mulchmaterial auszustreuen. Denn jetzt sind sie noch nicht so groß, als daß die Stauden beim Auslegen des Mulchs viele Zwerge verletzt werden könnten. Wenn Sie sie noch nicht mit Nährstoffen versorgt haben, düngen Sie vor dem Mulchen.

Stauden abstützen

Alle hochwachsenden und etwas instabilen Stauden, die während des kommenden Jahres eine Stütze brauchen, sollte man jetzt, bevor sie die Hälfte ihrer Höhe erreichen, mit Stützen versehen. Dies jetzt zu tun, ist sehr wichtig; denn je länger man wartet, desto kräftiger sind sie bereits gewachsen und desto schwieriger wird es, Fehler in ihrer Entwicklung noch zu korrigieren. Bei größeren Pflanzen nimmt man Bambusstöcke oder dünne, hölzerne Pfähle; bei kleineren Pflanzen genügt es, rund um die Pflanzen in den Boden Reisigäste zu stecken. Dieser Ratschlag klingt simpel, aber oft werden zuwenig Stützen angebracht – oder viel zu spät. Das Ergebnis ist, daß die Staudenbeete im blühenden Zustand ziemlich unordentlich aussehen. Wichtig ist, dabei das rechte Mittelmaß zu finden: Die Hölzer oder Bambusstöcke müssen kräftig sein, aber sie sollten das schöne Bild der blühenden Staudenpflanze für das Auge nicht beeinträchtigen. Man sollte nur soviel Stützstäbe und Pfosten einschlagen, als unbedingt notwendig sind, bzw. vom Laub verdeckt werden können.

Einjährige Pflanzen

Aussaat im Freien

Mit einer Faustregel lassen sich winterharte und frostempfindliche einjährige Pflanzen leicht auseinanderhalten: wirklich winterhart sind sie nur dann, wenn man sie unmittelbar im Freien aussäen kann, sobald die Gartenerde bearbeitet werden kann. Leichte Fröste schaden ihnen nicht, und sie keimen und wachsen auch bei kaltem Wetter.

Jetzt ist gerade der richtige Zeitpunkt, sie im Freien zu säen. Sie werden es uns danken, mit einer frühen und üppigen Blüte.

Im Haus sät man jetzt nicht ganz winterharte und empfindliche

Einjährige Pflanzen pikieren

1 RECHTS Man bereitet das neue Pflanzbehältnis vor, indem man mit einem Stift oder Stöckchen ein Loch macht, in dem die Wurzeln des Pflänzchens genug Platz haben.

2 LINKS Man faßt das Pflänzchen vorsichtig an einem Blatt an – niemals am Stamm –, löst es aus der Keimerde und setzt es behutsam in das vorbereitete Loch.

3 RECHTS Mit dem Stöckchen drückt man die Erde vorsichtig an. Man gießt mit einem Wassersprüher und stellt die Keimlinge in den Schatten.

Einjährige, ebenso wie Sorten mit kurzer Keimzeit und schnellem Wachstum wie *Lobelia*, *Phlox* oder *Salpiglossis*.

Pikieren

Wenn sich aus den im Haus ausgesäten Samen die ersten richtigen Blätter entwickelt haben, werden sie in neue Töpfe oder Behälter pikiert. Mit dem Umsetzen in frische Erde nie zu lange warten: Je kleiner die Keimlinge sind, um so geringer ist der Schock des Umpflanzens, sie wachsen dann mit unverminderter Kraft weiter. Das Pikieren hat den Zweck, den Pflanzen mehr Raum zum Wachsen und eine nährstoffreichere Erde zu geben. In der Regel werden beim Pikieren die feinen Wurzeln der Sämlinge etwas verletzt; dies regt die Wurzeln jedoch an, sich zu verzweigen und die Erde mit kürzeren, aber einer größeren Anzahl von Wurzeln zu durchziehen. Die Pflanzen wachsen dann besser, wenn sie in einen neuen Behälter oder gleich ins Freie gepflanzt werden.

Blumenzwiebeln und -knollen

Vermehrung von Schneeglöckchen

Jetzt ist die beste Zeit, Schneeglöckchen *(Galanthus)*, die zu dicht stehen und dadurch kümmerlich werden, zu teilen und wieder an einer anderen Stelle einzupflanzen. Dies ist eine der wenigen Ausnahmen von der Regel, daß Zwiebelblumen in ihrer Wachstumsphase nicht versetzt werden dürfen. Am besten nimmt man die Schneeglöckchen heraus, solange sie grün sind, unmittelbar nach der Blüte. Hat man die Zwiebeln geteilt, müssen sie sofort wieder eingepflanzt werden, sonst trocknen sie aus. Auch wenn sie dann etwas zerzaust aussehen, erholen sie sich schnell wieder. Wer neue Schneeglöckchen pflanzen will, sollte dies tun, solange die Blätter noch grün sind. Zwar kosten die grünen Zwiebeln mehr als die trockenen, aber es lohnt sich.

Düngen

Für Zwiebelfrühlingsblüher gibt es zwei optimale Zeitpunkte zum Düngen: wenn die Zwiebeln ausgetrieben haben und kräftig zu wachsen beginnen oder unmittelbar nach dem Verblühen.

Sobald die Blätter aus dem Boden sprießen, setzt man einen schnell wirkenden Dünger ein, nach Möglichkeit einen Volldünger mit hohem Kaliumanteil oder einen speziellen Zwiebeldünger. Nach dem Düngen unbedingt kräftig gießen. Vereinzelte Gruppen von Zwiebelblumen sollte man mit einem wasserlöslichen Dünger gießen. Dieses Vorgehen empfiehlt sich vor allem bei Narzissen, Tulpen und Lilien.

Bei genügend Düngung und Pflege gedeihen und blühen die meisten Zwiebelblumen viele Jahre am selben Platz. Man sollte sie erst herausnehmen und teilen, wenn sie zu dicht stehen und unansehnlich werden.

Knollenbegonien

Die Knollen treiben zwar unterschiedlich schnell, aber jetzt sollten die meisten soweit sein, daß man sie in einzelne Behälter setzen kann. Von nun an brauchen sie mäßige Wärme, genügend Licht und frische Luft. Einmal in der Woche sollte man Flüssigdünger geben, und sobald keine Frostgefahr mehr besteht, kommen sie ins Freie.

Wassergarten

Planung eines Teiches

Die zweite Frühlingsphase, der Erstfrühling, eignet sich am besten zum Anlegen eines neuen Gartenteiches. Denn man kann dann noch im Frühjahr pflanzen, die beste Saison für Wasserpflanzen. Man sollte den Platz für einen Teich gut aussuchen; denn einmal angelegt, kann er eigentlich nicht mehr versetzt werden. Bei der Auswahl des geeigneten Platzes ist zu bedenken, daß die meisten Wasserpflanzen viel Licht brauchen, sie gedeihen nur, wenn sie im Sommer mindestens 8 Stunden am Tag Sonne haben. Die Stelle sollte auch etwas windgeschützt sein, aber weit genug entfernt von Bäumen, deren abgefallenes Herbstlaub im Wasser faulen und giftige Gase erzeugen würde.

Ein anderer, mehr gestalterischer Aspekt, der bei der Planung zu beachten ist: Stehendes Wasser findet man in der Landschaft immer am tiefsten Punkt. Einen naturnahen Teich sollte man an einer tiefgelegenen Stelle – am besten an der tiefstgelegenen im Garten - anlegen. Will man dagegen ein bewußt künstliches Wasserbecken bauen, so darf es die Umgebung durchaus überragen.

Die Größe und Form eines Wassergartens hängt natürlich von

Eintopfen von Begonien
Die Knollen werden eingetopft, sobald sie zu wachsen beginnen – die ersten Blätter sollten 5 cm lang sein. Heben Sie die Knollen vorsichtig heraus, und setzen Sie sie einzeln in 15 cm große Töpfe mit gutem Kompost oder einer handelsüblichen Blumenerde – jedoch nicht tiefer als zuvor. Die Pflanzen brauchen jetzt mäßige Wärme, viel Licht und frische Luft, aber keine direkte Sonne.

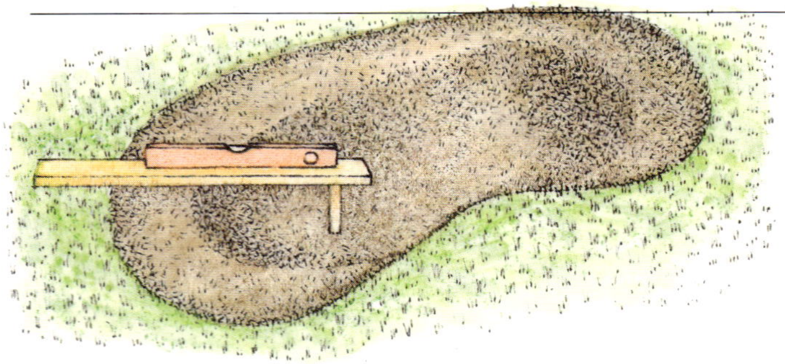

Einen Teich anlegen

1 Oben Die Grube sollte sanfte Böschungen haben. Mit einer Wasserwaage mißt man, ob die Ufer dasselbe Niveau haben – in einer Tiefe von mindestens 30 cm messen. Scharfkantige Steine o.ä. müssen entfernt werden, dann schüttet man 30 cm hoch feinen, feuchten Sand auf.

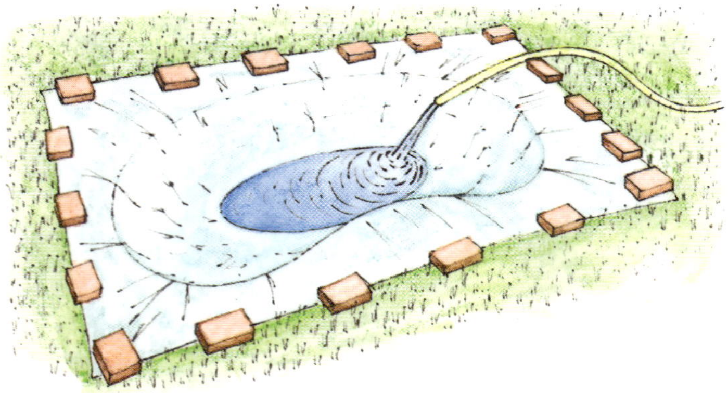

2 Oben Man breitet die Folie über die Grube aus, läßt sie an allen Seiten großzügig überlappen und beschwert sie mit Steinen. Beim Einlaufen des Wassers muß man die Folie teils nachlassen, teils straffen, bis sie genau paßt. Wenn der Teich voll ist, schneidet man die überstehende Folie ab.

den jeweiligen persönlichen Möglichkeiten und Vorstellungen ab. Zu einem Garten mit strengen Linien paßt jedoch eher ein geometrischer Teich. In einem aufgelockert angelegten Garten macht sich dagegen ein naturnaher Teich am besten. In jedem Fall ist ein Teich mit möglichst flachen, sanften Rundungen leichter zu planen und zu realisieren. Biologisch gesehen ist ein Teich vorteilhafter, je größer er ist; ein großer Teich ist aufgrund seiner größeren Artenvielfalt ökologisch stabiler. Das Wasserbecken oder der Teich sollte daher so groß geplant werden, wie es der verfügbare Platz nur zuläßt.

Wichtig ist auch die Wassertiefe: Ist der Teich weniger als 60 cm tief, dann friert er in einem kalten Winter zu sehr zu, während er sich im Sommer zu schnell erwärmt. Beides schadet den Tieren und Pflanzen. Auch sollte man bedenken, daß die einzelnen Arten von Wasserpflanzen eine unterschiedliche Pflanztiefe haben. Deshalb sollte man sich als erstes überlegen, wie man den Teich bepflanzen möchte; dann sollte man die gesamten Kosten überschlagen – und erst dann ans Werk gehen. Die meisten Wasserlilien, frei schwimmenden Wasserpflanzen und anderen Teichpflanzen begnügen sich mit einer Wassertiefe von etwa 60 cm. Nur wenige Pflanzen benötigen mehr, bis zu 90 cm. Ideal ist also ein Teich, dessen Tiefe zwischen 60 und 90 cm liegt. Sumpfpflanzen für die seichten Zonen am Rande des Teichs benötigen meist nicht mehr als 10 cm Wassertiefe. Die Wurzelballen miteinberechnet, sollte dieser Teil also 25 cm tief sein. Es ist zu empfehlen, im Naturteich mindestens zwei verschiedene Zonen mit unterschiedlicher Wassertiefe anzulegen.

Bau eines Teiches

Am einfachsten und billigsten ist die Konstruktion eines Wasserteichs mit speziellen Teichfolien. Allerdings ist darauf zu achten,

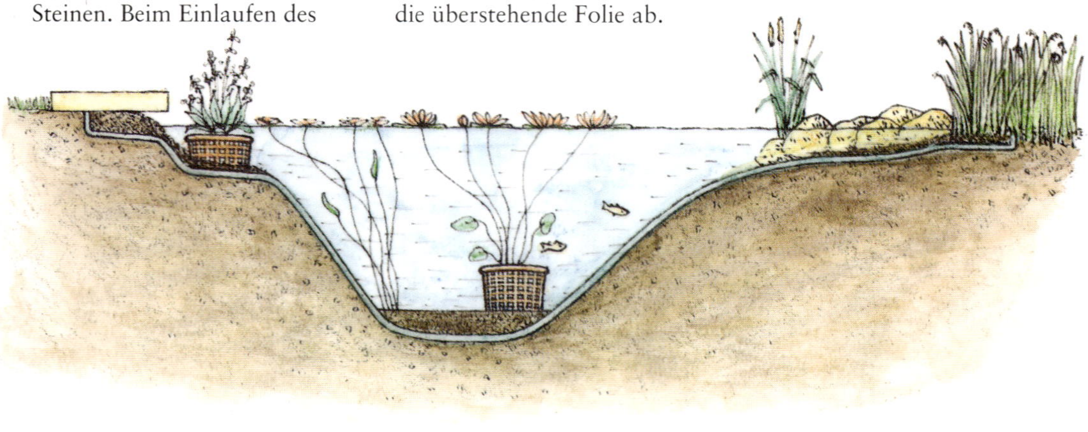

3 Links Überprüfen Sie, ob der Folienrand bis über das Ufer reicht; ansonsten sickert das Wasser in das umliegende Erdreich. Man befestigt und schützt den Rand der Folie, indem man ihn ringsum mit Steinen beschwert und den Teichrand mit Erde verstärkt. Eine feuchte Zone für Sumpfpflanzen schafft man, wenn man die Folie unter der Erde ein Stück weiterlaufen läßt. An einigen Stellen sollten Trittsteine bis ans Ufer führen, damit man an das Wasser herankommt.

daß es das Material in verschiedenen Ausführungen gibt, in unterschiedlicher Qualität und Haltbarkeit und zu entsprechend unterschiedlichen Preisen: am billigsten ist Polyäthylen, doch es hält nicht allzu lange und ist deshalb nicht zu empfehlen. PVC oder mit Nylon verstärkte PVC-Folie sind wesentlich robuster und halten bis zu 12 Jahren. Mehrere Jahrzehnte lang halten UV-beständige PVC-Folien von mindestens 0,8 mm Dicke und Butylen-Gummimaterial. Die höheren Ausgaben rechnen sich auf alle Fälle, wenn man bedenkt, wieviel Arbeit und Geld die Reparatur eines undichten Teiches erfordert, der vielleicht eben erst sein stabiles ökologisches Gleichgewicht gefunden hat - ganz zu schweigen von der Enttäuschung! Die Teichfolie muß erheblich größer als die Ausmaße des Erdaushubs sein: die Folie sollte über den Rand des Teichs hinaus etwa 30 cm überstehen, damit sie gut befestigt werden kann. Für die Berechnung der Foliengröße hat sich die folgende Formel gut bewährt:
Länge der Folie = zweimal die Tiefe + Länge + 2 Überlappungen
Breite der Folie = zweimal die Tiefe + Breite + 2 Überlappungen

Teichfolien sind normalerweise schwarz oder braun; unter Wasser sind diese dunklen Farben nicht mehr sichtbar und sie lassen den Eindruck entstehen, daß das Wasser wesentlich tiefer wäre. Bevor man mit dem Graben anfängt, ist es empfehlenswert, mit einer Schnur oder mit Pfosten die Umrisse des Beckens abzustecken. Sie können dann weit besser abschätzen, ob die Größe und die Konturen des Teichs richtig sind.

Bevor Sie die Erde ausbringen und die Pflanzen einsetzen, sollten Sie unbedingt prüfen, ob der Teich dicht ist! Lassen Sie Wasser ein und kennzeichnen Sie den Wasserstand mithilfe einer Markierung an einem hervorstehenden Stein o.ä. Ist der Wasserstand nach einer Woche kaum gesunken, können Sie in der dritten Frühlingsperiode die Pflanzen einsetzen (s. S. 159). Besteht die Absicht, die Folie mit einer Erdschicht zu bedecken und die Pflanzen direkt einzusetzen, muß vorher das Becken oder der Teich leer gepumpt werden. Erst dann kann man damit beginnen, die verschiedenen Bodenschichten auf die Folie aufzutragen, die Pflanzen einzusetzen und das Wasser aufzufüllen. Wasserpflanzen in Körben oder Töpfen plaziert man beim Einlaufen des Wassers, oder wenn der Teich schon mit Wasser gefüllt ist.

Teilen von Sumpfpflanzen
Die meisten Sumpf- und Uferpflanzen sind Stauden; sie benötigen die gleiche Pflege wie Beetstauden. So ist es notwendig, sie beizeiten herauszunehmen, zu teilen und wieder einzusetzen. Dies gilt allgemein für alle Teichpflanzen, die stark wuchern und soviel Wurzelwerk entwickelt haben, daß sie kümmerlich aussehen. Die meisten Sumpfpflanzen müssen alle drei bis fünf Jahre geteilt werden. Alle Aktivitäten des Umpflanzens, Vermehrens und Einpflanzens sollten am besten zu Anfang des Frühlings geschehen, da dies die Phase des intensivsten Wachstums ist.

Das Teilen und Umsetzen von Sumpfpflanzen geht genauso vor sich wie bei den Beetstauden (s. S. 159). Bevor man die Sumpfpflanzen zurücksetzt, kann man die Erde mit gut verrottetem Kompost aufbessern. Wichtig ist auch das vorsichtige Entfernen aller mehrjährigen Unkräuter im Teich.

Teichpflege
Sofern die Pflegearbeiten im Wassergarten noch nicht abgeschlossen sind, sollte man dies jetzt schnell nachholen, bevor die Pflanzen zu stark gewachsen sind und die Arbeiten behindern.

Anlegen eines neuen Rasens

Das Ansäen eines neuen Rasens
Die günstigste Zeit zum Ansäen eines neuen Rasens oder einer Blumenwiese sind der Erstfrühling und der Frühherbst. Beide Jahreszeiten haben Vor- und Nachteile: am Anfang des Frühlings steigt die Bodentemperatur, so daß die Gräser schnell austreiben und wachsen. Der größte Nachteil dieser Jahreszeit ist, daß man ständig gießen und den Boden feuchthalten muß. Wer jedoch die Rasenflä-

Rasen säen
1 LINKS Kurz vor dem Säen wird die Fläche gerecht, damit enge Rillen entstehen. Um den Samen gleichmäßig zu verteilen, halbiert man die Samenmenge und sät die eine Hälfte der Länge, die andere der Breite nach aus. Eine Sämaschine verteilt den Samen ganz gleichmäßig; Säen mit der Hand ist bei kleineren Flächen genauso gut.

2 RECHTS Um den Samen mit etwas Erde zu bedecken, recht man oder zieht eine Gummimatte darüber weg. Walzen sollte man nicht. Bleibt Regen in den nächsten 2 oder 3 Tagen aus, sprengt man den Rasen gründlich.

che kontinuierlich und behutsam mit der nötigen Feuchtigkeit versorgen kann, der hat bis zum Herbst einen wunderschön dichten, voll angewachsenen Rasen.

Vor dem Erstfrühling zu säen, ist wenig sinnvoll: Rasengräser keimen erst gut bei Temperaturen über 8 Grad. Auf alle Fälle mit dem Aussäen warten, bis kein Frost mehr zu befürchten ist.

Bevor man mit dem Aussäen beginnt, sollte man den Rasenboden einige Tage zuvor sorgfältig vorbereiten. Dazu sollte die Bodenoberfläche relativ trocken und locker sein, also gut zu bearbeiten sein. Ein gut vorbereiteter Boden für eine Rasenfläche sollte eben planiert sein, von feinkörniger Struktur und in der oberen Krume keine Wurzeln und Steine mehr aufweisen.

Düngen von Rasen

Wenn die Rasengräser beginnen richtig zu wachsen, dann ist es Zeit, einen speziellen Rasendünger auszubringen. Er fördert das Wurzelwachstum, und die Nährstoffe im Wurzelbereich können selbst bei starkem Regen nicht mehr ausgewaschen werden.

Auf dem Markt gibt es eine ganze Reihe von Rasendüngern; man sollte sich beim Düngen genau an die Gebrauchshinweise halten. Hochwertige Rasendünger enthalten langsam fließende Nährstoffe; sie müssen deshalb nur zweimal im Jahr gestreut werden, jetzt zu Beginn des Frühlings und noch einmal im Mai oder Juni.

Rasen muß regelmäßig gedüngt werden; eine Blumenwiese dagegen nie.

Rasen ausbessern

Kahle, braune Flecken, die sich im grünen Rasen zeigen, sollte man jetzt sofort ausbessern: Entweder durch Nachsäen oder Einsetzen von Rasensoden.

Rasen mähen

Sobald es wärmer als 10 Grad Celsius ist, kann man das erste Mal den Rasen mähen. Zierrasen schneidet man, sobald die Gräser 6 cm lang sind. Strapazierfähiger Rasen muß erst ab einer Höhe von 8 cm geschnitten werden. Grundsätzlich gilt für jeden Rasen, daß man ihn nie mehr als auf die Hälfte seiner Höhe auf einmal zurückschneiden sollte.

Nach dem ersten Mähen stellt man die Messer des Rasenmähers auf die jeweils gewünschte Schnitthöhe ein; von nun an hängt die Häufigkeit des Mähens davon ab, wie schnell der Rasen wächst.

Balkonpflanzen

Spätestens jetzt sollte man sie in frische Erde umtopfen. Auch ist jetzt der optimale Zeitpunkt, die Topf- und Kübelpflanzen zurück zu schneiden. Wenn sie zu wachsen beginnen, brauchen sie mehr Wasser, viel Licht und Luft. Der ideale Standort ist eine geschützte Stelle im Freien; wenn Frost droht, müssen die Pflanzen wieder ins Haus gebracht werden.

Reparatur des Rasens
1 Will man Rasen nachsäen oder eine kahle Stelle ausbessern, entfernt man die Stelle und gräbt die Erde 10 cm tief aus.

2 Dann lockert man die Erde in die und füllt eine Mischung aus Sand, gesiebtem Kompost und Erde in die Stelle nach. Entweder setzt man dann eine gleich große, neue Rasensode ein, oder man trifft weitere Vorbereitungen für das Nachsäen des Rasens.

3 Bevor man sät, muß man die Mischung aus Sand, Kompost und Erde immer wieder nachfüllen und festdrücken, bis die Höhe des übrigen Rasenbodens erreicht ist. Die Samenmischung muß dieselbe wie beim alten Rasen sein.

4 Der Samen wird mit der fein gesiebten Sand-Kompost-Erde-Mischung zugedeckt. Die Stelle vorsichtig, aber gründlich gießen. Wenn eine neue Rasensode eingesetzt wurde, muß sie sich richtig mit Wasser vollsaugen können, vor allem an den Rändern.

KAPITEL 3

VOLLFRÜHLING

SIGNALPFLANZEN DES VOLLFRÜHLINGS

Die Blütenfarbe Weiß ist mehr als jede andere Farbe charakteristisch für den Frühling. Obstbäume, Sträucher und Hecken öffnen der Reihe nach ihre weißen Blüten – die Kirschen, Birnen, Äpfel, Schlehen und schließlich der Weißdorn. Die allerersten Zeichen dafür, daß der Frühling seinem Höhepunkt zuschreitet, sind die blaßrosa oder weißen Blüten des Klarapfels. Aber auch andere beliebte Apfelsorten blühen zur selben Zeit, wie zum Beispiel 'Berlepsch's Goldrenette', 'Idared', 'Boskop', 'Gravensteiner', 'Discovery' und 'Red Delicious'. Wenn die ersten Blüten auf mehreren benachbarten Bäumen dieser Apfelsorten sich ganz geöffnet haben und ihr Pollen bereits zu reifen beginnt, dann läßt sich mit vollem Recht sagen: Der Frühling ist endlich gekommen!

In der Regel setzen die Kastanienbäume *(Aesculus hippocastanum)* und der Flieder *(Syringa vulgaris)* ungefähr zur selben Zeit wie diese Apfelsorten mit ihrer Blüte ein. In vielen Gegenden hinken sie etwa eine Woche hinterher. Hat der Frühling endgültig mit milden Tagen Einzug gehalten, öffnen sich auch die goldgelben Blüten des Besenginsters *(Cytisus scoparis)*. Es folgen ihm in den letzten Frühlingstagen drei kleine Bäume mit ihrer Blüte: der Weißdorn *(Crataegus monogyna)*, der Goldregen *(Laburnum anagyroides)* und die Eberesche *(Sorbus aucuparia)*. In diesen Tagen erwärmt sich der Boden durchschnittlich auf 12 bis 17 Grad Celsius und erreicht damit fast schon die optimale Temperatur, die die meisten Gemüse und einjährigen Pflanzen zum Keimen brauchen.

DER GARTEN IM VOLLFRÜHLING

Auf dem Höhepunkt des Frühlings, wenn die letzten Frühlingsblüher ihre Blüten öffnen, hält die ganze Farbenpalette Einzug in den Garten. Kunterbunt zusammengewürfelte Blütenfarben, vor allem in einem kleineren Garten, können sich gegenseitig in ihrer Wirkung leicht beeinträchtigen. Um dies zu vermeiden, ist zu empfehlen, einen Farbenplan auszuarbeiten und die Auswahl der blühenden Bäume, Sträucher, Zwiebelblumen und Stauden dementsprechend aufeinander abzustimmen. Was öffnet nicht alles seine Blüten: Die ersten frühen Rosen blühen auf, Flieder, Clematis und Wisteria entfalten ihre lila Blüten, und die Zieräpfel blühen in allen Schattierungen von Weiß bis Rosa. Wunderschöne Tulpen in allen Farbnuancen ziehen den Blick auf sich. Gerade diese Fülle der Tulpensorten erlaubt es, Tulpenbeete ganz nach dem eigenen, persönlichen Farbengefühl zusammenzustellen. Zu schade, daß wir die Schönheit der Tulpen nicht allzulange genießen können. Aber ein Beet mit Tulpen bleibt auch nach deren Blüte noch attraktiv, wenn man sie zusammen mit anderen, ausdauernderen Blühern kombiniert, etwa mit Sträuchern und Kletterpflanzen oder Stauden wie der Schleifenblume, Veronika und Katzenminze.

Blühende Bäume und Sträucher

Die frühesten Zierapfelsorten öffnen ihre Blüten zu Beginn des Vollfrühlings. Doch die Sortenvielfalt ist so groß, daß man bei geschickter Auswahl die Blüte der Zierapfelbäume auf diese ganze dritte Frühlingsphase ausdehnen kann. Ihr schlichter und ungesuchter Charme und die leichte Pflege macht sie eigentlich für jeden Garten unentbehrlich. Und es spricht für sie, daß die meisten Sorten den Garten ein zweites Mal schmücken, im Spätsommer und Herbst: dann nämlich reifen ihre leuchtend roten, orangefarbenen oder gelben Früchte.

Als erster entfaltet *Malus floribunda*, der Japanische Zierapfel, seine Blüten. Ausgewachsen ähnelt er einem normalen Apfelbaum; er entwickelt jedoch eine dichtere, weitausladende Krone, die im Frühjahr voller karmesinroter Knospen ist, die sich zu hellrosa Blüten öffnen. Seine gelben und roten Früchte im Herbst sind etwa erbsengroß. *Malus floribunda* ist vollkommen winterhart, und er wächst auf beinahe jedem Boden; doch muß er frei stehen, an einem sonnigen Platz. Der einzige Nachteil dieses Zierapfels: er bleibt ziemlich lange buschig und strauchig, und es dauert einige Jahre, bis sich ein richtiger Stamm entwickelt. Doch kann man dem entgegenwirken, wenn man jeden Winter die unteren Zweige dicht am Stamm bis zu der Stammhöhe abschneidet, in der sich die Krone entwickeln soll.

Ein zweiter früh blühender Zierapfel ist der entzückende, aus China stammende *Malus hupehensis*. Seine großen, rosa schattierten, runden Knospen öffnen sich zu duftenden, strahlend weißen, tassenförmigen Blüten, die sich allmählich zu 4 cm großen Sternen, mit goldenen Staubgefäßen in der Mitte, aufblättern. Die Blüten hüllen die Krone in eine dichte weiße Wolke ein. *M. hupehensis* entwickelt sich zu einem aufrecht wachsenden Baum und wird bis zu 12 m hoch. Die kleinen, runden Früchte sind hellgelb, mit roten Flecken an der der Sonne ausgesetzten Seite. Und im Winter ist die orangebraune Rinde

Die winterharte Clematis montana *läßt sich ideal an Wänden und Zäunen ziehen.*

Mit der Zeit bilden die hängenden Zweige einen entzückenden Blütenvorhang.

ein attraktiver Blickfang, deren äußere Schicht bei alten Bäumen in großen Stücken abblättert. Der Baum wächst in jedem Boden und ist vollkommen winterhart.

Mitten im Vollfrühling beginnt ein anderer Japanischer Zierapfel zu blühen, *M.* x *zumi* 'Calocarpa'. Dieser pyramidenartig wachsende Baum mit einer breiten Krone bleibt ziemlich klein und ist deshalb für den kleineren Garten sehr gut geeignet. Solange die Blüten geschlossen sind, zeigen sie ein vornehmes Rosa; wenn sie sich öffnen, sind sie strahlend weiß. Die in Büscheln herabhängenden, 3 cm großen Blüten strömen einen intensiven Duft aus. Die sehr zahlreichen und schorffreien Früchte sind orange bis rot und bleiben bis zum Dezember am Baum hängen.

Etwa zur selben Zeit öffnet 'Liset', der früheste der rot blühenden Zieräpfel, seine großen, purpurroten Blüten. Diese relativ neue Sorte ist sehr gesund, äußerst widerstandsfähig gegen Schorf und blüht sehr lange. Mit ihrer aufrecht wachsenden Form paßt sie in jeden streng gestalteten Garten und hat selbst im kleinsten Stadtgarten noch Platz. 'Liset' kann bis zu 8 m hoch werden, das Blattwerk ist glänzend dunkelgrün, und im Herbst trägt sie leuchtend dunkelrote Früchte.

Unmittelbar danach entfaltet eine der schönsten Fruchtsorten

Eine gelungene Kombination von pastellfarbenen Tulpen: die zartrosa Sorte 'Angelique' und die beliebte weiße 'Mount Tacoma' sind gefüllt und blühen ähnlich wie Pfingstrosen. Die größere rosa und grüne 'Groenland' gehört zu der eher seltenen Gruppe von Viridiflora-Hybriden, für die eine auffällige grüne Zeichnung an der Außenseite der Blüte typisch ist.

der Zieräpfel ihre Blüten, 'John Downie'. Das Außergewöhnliche an dieser Sorte sind nicht die kleinen, weißen Blüten, sondern die eleganten, leuchtend orangefarbenen und rotgeflammten Früchte, die sich vom dunkelgrünen Blattwerk sehr hübsch absetzen. Der Baum hat nicht die typische Form der Zieräpfel, er wächst vielmehr relativ aufrecht, mit nach oben wachsenden Ästen. 'John Downie' eignet sich perfekt für den kleinen Garten; zieht man ihn als Hochstamm, dann wird er mindestens 5 m groß. Ein kleiner Zierapfel mit aufrechter Wuchsform ist 'Van Eseltine', er entfaltet seine wunderschönen Blüten, wenn der Vollfrühling dem Ende zugeht. Er ist ein kleiner, säulenartig wachsender *M. floribunda*, mit gefüllten, 5 cm großen Blüten, die im Knospenstadium erdbeerrot sind und in einem sanften Rosa aufblühen. Im Herbst bilden sich viele kleine, gelbe Früchte mit roten Bäckchen. 'Van Eseltine' hat selbst im kleinsten Garten Platz. Die winterharte und ausgesprochen widerstandsfähige Pflanze fühlt sich am wohlsten an einem sonnigen Standort.

Den Reigen der Zierapfelblüten beschließt im allgemeinen die vorzügliche amerikanische Sorte *Malus coronaria* 'Charlottae', eine der meist empfohlenen Zierapfelsorten. Die großen, halbgefüllten, zartrosa Blüten duften herrlich nach Veilchen. Der wohlgeformte Baum erreicht eine Höhe von 6 bis 9 m Höhe, er hat in der Regel einen kurzen Stamm und eine weitausladende, offene Krone. Bei schönem Herbstwetter leuchten die großen Blätter in kräftigen orangefarbenen Tönen.

All diese Zieräpfel harmonieren wundervoll mit Tulpen in jeder Farbe, ausgenommen vielleicht orangefarbene Tulpen; sie passen sehr gut zu Baumpäonien und Flieder, insbesondere zum Rouen-Flieder, dem *Syringa* x *chinensis*.

Wenn er blüht, ist der einfache Flieder, vor allem Formen der *Syringa vulgaris*, himmlisch; seine großen Doldenrispen erfüllen die Luft mit einem zarten Duft. Nach dem Verblühen verliert er leider an Attraktivität. Mit ihrem kräftigen Wurzelwerk holen die Fliederbüsche alle Feuchtigkeit und Nährstoffe aus dem Boden; man sollte sie daher nicht in Blumenrabatten setzen. Am besten eignen sich Fliederbüsche als Randbepflanzung, als einzelne Gruppe im Rasen oder in den ungepflegteren Ecken des Gartens. Neu gepflanzter Flieder erfordert etwas Geduld: erst nach einigen Jahren blüht er richtig und entfaltet seine charakteristische Wuchsform.

Wohl eine der hübschesten gefüllten Sorten ist *S. v.* 'Katherine Havemeyer'. Ihre langen Blütenrispen sind zuerst lavendelblaupurpur, dann verblassen sie zu einem Rosa. Unter den weißen Fliedern ist 'Mme Lemoine' am attraktivsten, wegen der intensiv duftenden und aufrecht stehenden Dolden. Er blüht sogar schon als junger Strauch. Einer der bekanntesten und beliebtesten Flieder ist die tief weinrote Sorte 'Andenken an Ludwig Späth'. Die einzelnen Blütenrispen sind 30 cm lang; die Sorte hat von allen Fliedern die kräftigste Blütenfarbe.

Alle diese Sorten von *Syringa vulgaris* verlangen einen sonnigen und warmen Standort, wenn sie gut blühen sollen. Sie eignen sich für jeden guten Boden, wenn er nicht zu sauer ist. Am wohlsten fühlen sie sich in schwerem, fruchtbarem Lehmboden. Ein frisch gepflanzter Flieder sollte durch behutsames Schneiden zu einem aufrecht wachsenden Busch herangezogen werden, mit einem kräftigen Stamm. Diese Form läßt ihn am hübschesten aussehen.

Die kleineren Fliederarten besitzen etliche Vorteile. Die meisten wachsen zu attraktiven, dichten Sträuchern heran, die nicht höher als 3 m werden. Ihre duftenden Blüten halten oft länger als die des einfachen Flieders. Sie strahlen ein etwas altmodisches Flair aus, das sich gut in lockeren Gruppen von blühenden Sträuchern macht.

Die Fliedersorte 'Andenken an Ludwig Späth' gehört zu den beliebtesten in Deutschland. Mit ihren purpurroten Blüten macht sie sich gut im Hintergrund eines Blumenbeets.

Eine dieser Fliederzüchtungen, *Syringa* x *chinensis* 'Saugeana', die beste der Rouen-Hybriden, ist unübertroffen in seiner Schönheit. Der Strauch wird 3 m groß; er kann sowohl einzeln als auch in Gruppen mit anderen Sträuchern gepflanzt werden, etwa mit Goldregen, *Exochorda, Spiraea* oder Schneeball. Der Hybrid-Flieder *Syringa* x *swegiflexa* bringt 30 cm lange Traubenrispen hervor. Die Knospen sind von einem dunklen Weinrot, das sich beim Öffnen der Blüten zu einem zarten Rosa verfärbt.

Rosa ist eine häufige und sehr geschätzte Farbe des Frühlingsgartens. Wohl keine andere Pflanze schenkt uns mehr von dieser Farbe als die Kolkwitzie, *Kolkwitzia amabilis* 'Pink Cloud'. Nur wenige Blütensträucher können es mit ihrer Eleganz und ihrer Blütenfülle aufnehmen. Man darf getrost behaupten, daß die Kolkwitzie eine der besten Blütensträucher im zu Ende gehenden Frühling ist.

Kolkwitzien wachsen weitausladend, werden 3 m groß und ebenso breit – sie brauchen also relativ viel Platz. Der Busch wächst locker und grazil und entfaltet meistens Ende Mai an seinen Zweigen eine Fülle glockiger, rosa-weißer Blüten mit gelbem Mund. Die Blüten der Zuchtform 'Pink Cloud' sind kräftig rosa, und sie entfalten sich bereits am jungen Strauch. Er läßt sich relativ leicht kultivieren, bevorzugt guten Boden und einen sehr sonnigen Standort. Ist die Kolkwitzie einmal eingewachsen, dann benötigt sie keinerlei Pflege; nur hin und wieder sollte man die alten, zu dicht stehenden Äste nach der Blüte herausschneiden. Besonders gut macht sich die Kolkwitzie in lockeren Pflanzengruppen, etwa als Hintergrund für Päonien und Bartiris.

Mit ihren schneeweißen Blüten ist auch die Prunkspiere oder Perlbusch, *Exochorda* ein recht hübsches Blütengehölz des Vollfrühlings. Die Sorte *Exochorda giraldii wilsonii* beginnt schon Ende April ihren besonders reichen Blütenflor zu entfalten. *E. racemosa* 'Irish Pearl' hat Blüten mit einem Durchmesser von fast 5 cm. Eine *Exochorda*-Hybride, die aus Holland stammt, ist *E.* x *macrantha* 'The Bride'. Sie ist ein Strauch von bemerkenswerter Schönheit, der große Einzelblüten in sehr dichten Trauben hervorbringt und reicher als andere Sorten blüht. *Exochorda* benötigt einen sonnigen Standort und gut wasserdurchlässige, einigermaßen nährstoffreiche Erde. Der Strauch blüht besser, wenn man schwache und zu dicht stehende Zweige unmittelbar nach dem Verblühen herausschneidet.

Hervorragend für Gehölzpflanzungen und bunte Blumenbeete eignen sich die Strauchpäonien, die Hybriden der Chinesischen *Paeonia suffruticosa* und *P. lutea*. Die Strauchpäonien zeichnen sich durch große, einfache, halbgefüllte oder ganz gefüllte Blüten aus. Die echten Strauchpäonien sind mit *P. suffruticosa* verwandte Hybriden. Sie wachsen aufrecht und können im hohen Alter bis zu 2 m hoch werden. Sie blühen in allen Tönen von Rot, Rosa und Weiß. Die zu *P. lutea* zählenden Hybriden entfalten Blüten, deren Spektrum von Weiß über Gelb bis Orange reicht. Im Gegensatz zu den *P. suffruticosa*-Hypriden frieren ihre Zweige im Winter bis auf die kräftigsten Hauptäste zurück.

Strauchpäonien sind nicht nur attraktiv wegen ihrer schönen Blüten, sondern auch wegen ihres dekorativen Blattwerks. Im kleinen Stadtgarten sind sie eine gute Alternative zu den großen Blütensträuchern. Es gibt ein paar erstklassige Hybriden von *P. suffruticosa*: zum Beispiel 'Renkaku' ('Crane's Flight'), mit gefüllten, schneeweißen Blüten, eine der besonders leicht zu kultivierenden Päonien; dann die winterharte, zuverlässig blühende 'Kao' ('King of the Blossoms') mit ihren roten, halbgefüllten Blüten. Völlig winterhart und leicht zu ziehen sind die mit *P. lutea* verwandten Hybriden, wie 'Age of Gold'; sie entfaltet eine Fülle von kamelienähnlichen, gefüllten Blüten mit hellgelben Blü-tenblättern, die in der Mitte golden schimmern; zu empfehlen ist auch 'Chinese Dragon', die leuchtend karminrote, halbgefüllte Blüten mit gekräuselten Blütenblättern hervorbringt.

Alle Strauchpäonien sind etwas anspruchsvoll. Die meisten sind winterhart, gedeihen jedoch am besten an einem sonnigen, warmen und geschützten Platz. Junge Pflanzen sind dankbar für etwas Winterschutz. Sie wachsen relativ langsam und kommen erst nach einigen Jahren zu voller Blüte. Sie können allerdings sehr alt werden. Die Pflege beschränkt sich auf das Entfernen von toten oder erfrorenen Zweigen im beginnenden Frühjahr.

Die Blüten der Strauchpäonien ähneln in ihren Farbtönen und deren Intensität sehr den Tulpenblüten. Ihre Blüte überbrückt die Lücke zwischen der Blüte der Frühlingszwiebeln und der reichen farbenfrohen Blütezeit im Frühsommer.

Frühe Rosen

Wenn die Fliederblüte ihren Höhepunkt erreicht hat, beginnen die ersten Rosen zu blühen: wilde Strauchrosen und andere Rosenarten mit ihren Hybriden, die etwas von dem natürlichen Charakter ihrer wilden Verwandten behalten haben. Sie lassen sich in zwei Gruppen einteilen: Erstens die meist gelb blühenden chinesischen Rosensorten der Gruppen *Rosa xanthina*, *R. hugonis*, *R. primula* und *R. sericea* und ihre wunderhübschen, einfach blühenden Hybriden; zweitens die Hybriden der wilden Europäischen *Rosa pimipinellifolia* und verschiedener Teerosen-Hybriden. Diese charmanten und zugleich robusten Rosen, deren Namen alle mit ‘Frühling’ beginnen (‘Frühlingsanfang’, ‘Frühlingsgold’ etc.), blühen in allen Farben, von strahlendem Gelb bis zu kräftigem Rosa. Ihr einziger Nachteil: Sie blühen nur einmal im Jahr; doch ihre Blüte ist mit den klaren Farben und dem reichen Duft das Glanzlicht dieser Jahreszeit. Nach der Blüte ist ihr oft farnähnliches Blattwerk ein Schmuck für den Garten.

Die vermutlich populärste ist die gelbe Chinesin *Rosa hugonis* oder Pater-Hugo-Rose. In den meisten Gärten ist sie die erste blühende Rose, bisweilen schon zu Anfang Mai, meist aber erst gegen Mitte des Monats. Die Zweige sind wie Girlanden mit hunderten von zartgelben einfachen Blüten behangen. Ihre Pracht ist nur von kurzer Dauer - aber in diesen Wochen der Blüte an Anmut nicht zu übertreffen. Der *Rosa-hugonis*-Strauch kann bis zu 2,4 m hoch und ebenso breit werden. Die Zweige sind schlank, lang und leicht gebogen und mit zierlichen, farnähnlichen Blättern besetzt. *Rosa hugonis* wächst sogar in nährstoffarmen Böden. Aber achten Sie darauf: zur Veredelung aufgepfropfte *Rosa-hugonis*-Pflanzen sind weniger winterhart und langlebig als unveredelte Pflanzen.

Wohl der attraktivste Vertreter der gelb blühenden Rosensträucher ist *Rosa xanthina* ‘Canary Bird’. Sie wächst zu einem 2 m großen Busch heran. Die Äste und Zweige sind spärlich mit Dornen besetzt und das frische, grüne Blattwerk sieht farnartig aus. Die kanariengelben Blüten sind bis zu 5 cm groß und verteilen sich gleichmäßig auf die graziösen, leicht überhängenden Zweige. Ähnlich wie *Rosa hugonis* besteht auch bei ‘Canary Bird’ die Gefahr, daß sie nicht sehr lange gedeiht, wenn sie auf einem anderen Rosenwurzelstock veredelt worden ist.

Die typischen Eigenschaften einer Wildrose besitzt auch ‘Golden Chersonese’, eine neuere Hybrid-Rose, die 1966 gezüchtet wurde. Zur Blütezeit ist sie geradezu überladen mit etwa 5 cm großen, einfachen Blüten. ‘Golden Chersonese’ wächst als kräftige Strauchrose etwa 1,8 m hoch. Sie ist winterhart und sehr widerstandsfähig gegen Krankheiten. Die typischen farnähnlichen Blätter entwickeln sich aus dünnen, dornigen Zweigen.

Im Unterschied zu diesen früh blühenden, kleinblumigen, aus Ostasien stammenden Rosen öffnen die Hybriden der *Rosa pimpinellifolia* ihre besonders großen und attraktiven Blüten am Ende des Vollfrühlings. Als erstes blüht ‘Frühlingsgold’, eine der ältesten und beliebtesten dieser Rosen. Keine andere Gartenrose dürfte so frostbeständig, robust und leicht zu kultivieren sein wie sie. Ihre halbgefüllten Blüten sind von einem kräftigen Buttergelb, etwa 10 cm groß und strömen einen würzigen, süßen Duft aus. Die dornigen, hängenden Äste werden bis zu 180 cm lang

Mit ihren anmutig hängenden Blüten von reinem Gelb und farnartigen Blättern ist Rosa xanthina *‘Canary Bird’ eine wundervolle frühblühende Strauchrose.*

und besitzen ein recht attraktives Blattwerk. ‘Frühlingsgold’ blüht nur einmal, dafür aber wunderschön; der ganze Strauch ist in dieser Zeit ein Blütenmeer. Als perfekte Unterpflanzung eignen sich blaue Stauden wie *Veronica austriaca teucrium* ‘Royal Blue’, sehr hübsch ist aber auch eine Kombination mit Strauchpäonien. Eine andere Hybride, ‘Frühlingsmorgen’, zählt zu den schönsten einfach blühenden Rosen. Die exquisiten Blüten sind 10 cm groß und duften sehr intensiv, ihr Kirschrosa geht in der Blütenmitte in Blaßgelb über. Der Rosenstrauch wächst aufrecht, wird bis zu 180 cm groß und trägt dunkles, graugrünes Blattwerk. ‘Frühlingsmorgen’ beginnt relativ früh zu blühen; unter Umständen blüht er ein zweites Mal.

Die letzte Vertreterin dieser Gruppe ist ‘Maigold’, eine Rose, die als großer Strauch oder auch als Kletterrose gezogen werden kann. Sie wächst kräftig, wird bis zu 3 m groß und ist sehr stachelig. Doch sie besitzt außergewöhnlich schöne Blüten und Blätter. Die Blätter sind glänzend, kräftig grün und ein dekorativer Kontrast zu den dunkelgelben halbgefüllten Blüten, die aus den hübschen orangeroten Knospen hervorgehen.

Kletterpflanzen

Die Glyzine, *Wisteria sinensis*, ist die spektakulärste aller Blütenpflanzen im Vollfrühling. Hochgezogen an einer Mauer, einer Hauswand oder einer Pergola sind ihre süß duftenden, lavendelblauen, in 30-45 cm langen Trauben herabhängenden Blüten der Höhepunkt dieser Jahreszeit. Um sicher zu gehen, daß sie zuverlässig blüht, sollte man sie in einer guten Gärtnerei kaufen.

Wisteria sinensis ist ein enorm kräftiger Kletterer, den man abstützen und zweimal im Jahr schneiden muß; umso üppiger wird sie blühen (s. S. 18 und 87). Wenn man ihr freien Lauf läßt, dann wächst die *Wisteria* bis zu einer Höhe von 20 m und auch horizontal erreicht sie dieselben Dimensionen, wenn nicht mehr. Sie wächst erstaunlich schnell, wenn sie genügend Wärme, Sonne und reichlich Wasser hat. An den Boden stellt sie wenig Ansprüche.

Wenn sie ihre violette Blütenpracht trägt, ist keine Kletterpflanze beeindruckender als die Glyzinie Wisteria chinenesis. *Sie muß regelmäßig geschnitten werden.*

Die einzigen anderen Kletterpflanzen, die mit der außergewöhnlichen Schönheit und dem kräftigen Wachstum der Glyzine konkurrieren können, sind die Waldreben, *Clematis.* Es gibt Dutzende von ihnen, in unzähligen Farben und Schattierungen, die vom Vollfrühling bis zum ersten Frost blühen. Einige wachsen nur bis zu 1 m in die Höhe, andere besonders stark wachsende Clematis werden 10 m und höher.

Eine besonders früh blühende Waldrebe ist *Clematis macropetala*. Die Pflanze klettert maximal 2 m in die Höhe, bevor sie ihre Zweige nach unten hängen läßt, aber ihre nickenden chinablauen Blüten sind groß und enorm schön. Sie gehen aus dunkelblauen Knospen hervor und verwandeln sich später zu dekorativen, seidigen Samenköpfen. Diese charmante Clematis eignet sich vorzüglich für Klettergerüste, sie schlingt sich aber auch durch kleine, dichte Sträucher. Sie macht sich gut in Kombination mit winterharten Stauden, etwa der Pfingstrose *Paeonia mlokosewitschii*. Wenn sie ihre großen, schwefelgelben Blüten zur selben Zeit öffnet wie die chinablauen Clematis, ergibt sich ein unvergeßlich schönes Bild.

Wesentlich kräftiger und stärker wächst *Clematis montana*. Sie erreicht leicht eine Höhe von 6 m, bis in hohe Baumkronen hinein, und manchmal kann man beobachten, wie sie ganze Häuser überwuchert. Zur Blütezeit ist sie mit tausenden von 5-6 cm breiten Blütensternen übersät.

Die reine Art blüht weiß, ist aber kaum im Handel; meist sieht man nur die rosafarbene chinesische Form *C. montana* 'Rubens' mit ihren etwa 6 cm großen Blüten. Sie blüht etwas später als die reine Art und erreicht eine Höhe von 9 m. In guten Baumschulen findet man eine ganze Reihe von wunderschönen Sorten, die zu pflanzen sich lohnt. Die Sorte 'Alexander' zum Beispiel: Sie blüht cremefarben und duftet angenehm; 'Elizabeth', auch eine duftende Sorte, blüht hellrosa und duftet nach Vanille. Die holländische Sorte 'Tetrarose' ist eine herrlich fliederrosafarbene Clematis mit großen, etwas fleischigen Blüten, jede etwa mit einem Durchmesser von 7 cm. Sie bedeckt ohne weiteres Wände von 6 m Höhe.

All diese Clematis zählen zu der Gruppe von Waldreben, die keinen regelmäßigen Rückschnitt brauchen. Wenn man sie doch einmal schneidet, dann unmittelbar nach der Blüte, da sie am einjährigen Holz blühen.

DIE FARBPALETTE DES VOLLFRÜHLINGS

Blau und Lila
Rhododendron Sorten
Syringa x *chinensis* 'Saugeana'
S. josikaea
S. vulgaris 'Katharine Havemeyer'
Clematis macropetala 'Lasurstern', 'Sir Garnet Wolseley'
Wisteria sinensis
Aster alpinus Sorten
Aubrieta Hybriden 'Blue Emperor', 'Dr. Mules', 'Neuling'
Iris x *barbata* Sorten
Nepeta x *faassenii* 'Six Hills Giant'
Veronica gentianoides
V. austriaca teucrium 'Royal Blue', 'Shirley Blue'
Myosotis Sorten
Hyacinthoides hispanica 'Excelsior', 'Myosotis'
Hyacinthus orientalis Sorten

Weiß und Cremefarben
Cornus florida + *C.f.* 'White Cloud'
C. kousa
C. 'Eddie's White Wonder'
Cotoneaster racemiflorus songoricus (C. multiflorus 'Calocarpus')
Davidia involucrata
Exochorda giraldii wilsonii
E. x *macrantha* 'The Bride'
Fothergilla major
Fraxinus ornus
Halesia carolina
H. monticola 'Vestita'
Malus tschonoskii
M. 'John Downie'
M. x *zumi* 'Calocarpa'
M. hupehensis
Paeonia suffruticosa 'Renkaku', 'Godaishu'
Prunus laurocerasus Sorten
Rhododendron Sorten
Skimmia japonica
S. reevesiana
Syringa vulgaris 'Mme Lemoine'
Viburnum x *carlcephalum*
V. plicatum 'Mariesii'
Weigela 'Candida'
Rosa sericea
R. pimpinellifolia
Clematis montana 'Alexander', 'Superba'
C. 'Duchess of Edinburgh'
Convallaria majalis 'Grandiflora'
Dicentra eximia alba
D. formosa 'Silversmith'
D. spectabilis alba
Iberis sempervirens 'Findel', 'Snowflake'
Iris x *barbata* Sorten
Papaver orientale 'Perry's White'
Polygonatum x *hybridum*
Smilacina racemosa
Hyacinthoides hispanica 'White Triumphator'
Hyacinthus orientalis Sorten
Narcissus poeticus
Trillium grandiflorum
T. undulatum
Tulipa Sorten

Gelb und Orange
Berberis linearifolia 'Orange King'
Cytisus x *beanii*
C. decumbens
C. x *kewensis*
C. 'Andreanus Splendens', 'Dukaat', 'Luna'
Genista lydia
Laburnum x *watereri* 'Vossii'
Paeonia lutea Sorten
Rhododendron Sorten
Weigela middendorffiana
Rosa primula 'Golden Chersonese'
R. hugonis
R. pimpinellifolia 'Frühlingsanfang', 'Frühlingsgold', 'Maiwunder', 'Maigold'
Rosa xanthina 'Canary Bird'
Epimedium perralderianum
Iris x *barbata* Sorten
Paeonia mlokosewitschii
Trollius europaeus 'Earliest of All', 'Lemon Queen', 'Orange Globe'
Cheiranthus cheiri Sorten
Erysimum x *allionii* Sorten
Narcissus Sorten
Trillium erectum luteum
Tulipa Sorten

Rot und Rosa
Cornus florida 'Cherokee Chief'
Cytisus 'Red Wings', 'Red Favourite'
Daphne cneorum
D. x *burkwoodii*
Enkianthus campanulatus
Kolkwitzia amabilis 'Pink Cloud'
Malus coronaria 'Charlottae'
M. floribunda 'Liset', 'Van Eseltine'
Paeonia suffruticosa 'Kah'
Rhododendron Sorten
Syringa x *swegiflexa*
S. vulgaris 'Andenken an Ludwig Späth', 'Charles Joly', 'Mrs. Edward Harding'
Weigela 'Abel Carriere', 'Bristol Ruby', 'Newport Red',
Rosa pimpinellifolia 'Frühlingsmorgen', 'Frühlingszauber', 'Frühlingsduft'
Clematis montana 'Elizabeth', 'Rubens', 'Tetrarose'
Dicentra eximia
D. formosa 'Adrian Bloom', 'Bountiful', 'Luxuriant'
D. spectabilis
Iris x *barbata* Sorten
Paeonia officinalis 'Crimson Globe', 'Mollis','Rosea Plena', 'Rubra Plena'
Papaver orientale 'Aladdin', 'Ali Baba', 'Beauty of Livermere'
Podophyllum hexandrum majus
Primula japonica
P. sieboldii
Hyacinthoides hispanica 'Queen of the Pinks', 'Rosabella'
Trillium erectum
T. sessile

Duftpflanzen
Daphne x *burkwoodii*
D. cneorum
Fraxinus ornus
Malus coronaria 'Charlottae'
Rhododendron Sorten
Rosa pimpinellifolia Sorten
Skimmia japonica
S. reevesiana
Syringa x *chinensis* 'Saugeana'
S. josikaea
S. vulgaris Sorten
Viburnum Sorten
Akebia quinata
Clematis montana 'Alexander'
Lonicera periclymenum
Convallaria majalis 'Grandiflora'
Paeonia officinalis Sorten
Cheiranthus cheiri Sorten
Erysimum x *allionii* Sorten
Matthiola incana Sorten

Bienen- und Schmetterlingspflanzen
Aesculus carnea
A. hippocastanum
Cotoneaster Arten
Fraxinus ornus
Malus Arten
Rosa Arten
Alyssum saxatile
Aster alpinus
Aubrieta Sorten
Nepeta x *faassenii*
Veronica Sorten
Iberis sempervirens
Dianthus gratianopolitanus Sorten
D. plumarius Sorten
Cheiranthus cheiri Sorten

WICHTIGE ARBEITEN

Bäume und Sträucher

Pflege neu gepflanzter Bäume

Eine Trockenperiode im Frühling kann junge Bäume schädigen oder sogar eingehen lassen, wenn sie zuvor nicht genügend Wurzeln entwickelt haben, um sich selbst zu versorgen. In solchen Fällen wenigstens einmal die Woche die Erde gründlich wässern!

Auch sollte man die Pflanzscheiben von Unkraut frei halten, insbesondere von Dauerunkräutern und Gras, die dem Boden viel Feuchtigkeit und Nährstoffe entziehen. Die Erde muß möglichst feucht, warm und locker gehalten werden; günstig ist eine 5-7 cm starke Mulchschicht auf der Pflanzscheibe.

Blüten ausputzen bei Rhododendron und Flieder

Rhododendren brauchen normalerweise keinen Schnitt, allerdings ist es ratsam, die Blüten gleich nach dem Verblühen vorsichtig auszubrechen. Denn genau an der Stelle, an der die Blüten sitzen, entstehen sogleich die neuen Triebe, die nächstes Jahr die Blüten tragen sollen. Ähnlich ist es auch beim Flieder.

Ausputzen von Rhododendron
Man nimmt die verwelkten Blütendolden zwischen Zeigefinger und Daumen und bricht sie vorsichtig ab. Gartenscheren könnten die zarten Knospen, die unter der Blüte sitzen, verletzen. Mit dem Ausputzen sollte man fertig sein, bevor sich die kraftraubenden und unansehnlichen Samenkapseln bilden.

Ausputzen von Erika und Heidekraut

Das Ausputzen der Blüten ist normalerweise der einzige Schnitt, um diese Pflanzen gesund und kräftig zu erhalten. Die Blüten der winterblühenden Erika sollte man jetzt, gleich nach dem Verblühen entfernen. Sie wächst recht kompakt und braucht deshalb selten mehr.

Ähnlich schneidet man Lavendelbüsche. Manche Gärtner entfernen im Frühherbst die alten Blütenstiele, um den Pflanzen im Winter ein schöneres Aussehen zu verleihen. In Gegenden mit kalten Wintern ist es jedoch besser, man läßt die alten Blütenrispen bis zum Frühjahrsbeginn stehen. Sie schützen die Blätter vor der Kälte. Auf jeden Fall sollte man jetzt im Vollfrühling die abgestorbenen Blütenteile wegschneiden, zusammen mit 2-3 cm oberhalb der Triebe des letzten Jahres.

Schnitt von Erika und Heidekraut
Mit einer Garten- oder Küchenschere schneidet man die verwelkten Blütenzweige direkt unter den untersten Blüten ab. Die verholzten Teile sollten dabei nicht verletzt werden.

Pflanzen von Containerbäumen und -sträuchern

Bevor der Sommer beginnt, sollte man alle geplanten Bäume und Sträucher gepflanzt haben, so daß die Wurzeln und Zweige jetzt gut anwachsen und treiben können. Der Vorteil von Containerpflanzen besteht darin, daß ihr Wurzelsystem beim Einsetzen nicht verletzt wird und daher besser anwachsen kann. Doch selbst dann müssen junge Pflanzen schnell neue Wurzeln entwickeln, um genügend Feuchtigkeit und Nährstoffe für die neuen Blätter und Zweige aufnehmen zu können. Wer mit dem Pflanzen nicht rechtzeitig fertig geworden ist, sollte es lieber auf den Spätsommer oder Frühherbst verschieben. Dann brauchen die Pflanzen weniger Wasser und Nährstoffe.

Sproßstecklinge
Jetzt kann man von den meisten Sträuchern Stecklinge schneiden. Geschnitten werden die Stecklinge am frühen Morgen, bevor sie zu assimilieren beginnen und Wasser verlieren. Man sollte dabei nur einige Triebspitzen auf einmal abschneiden und sie in Plastikbeutel oder Wasserbehälter stecken. Welke Triebe können keine Wurzeln mehr bilden. Wurzelhormone sind überflüssig; es reicht, wenn man die Stecklinge an der Schnittstelle in ein Fungizidmittel taucht. Man pflanzt sie in ein Substrat und stülpt eine Polyäthylentüte über den Topf, damit sie viel Luftfeuchtigkeit haben (s. im einzelnen S. 156).

Rosen

Schnitt
Beim Rosenschneiden muß die Mitte der Büsche für Licht und Luft zugänglich gemacht werden, da dies Krankheiten und Schädlingen vorbeugt. Herausgeschnitten werden vor allem zu dicht stehende, nach innen wachsende oder sich überkreuzende Zweige. Diesen Pflegeschnitt kann man die ganze Vegetationsperiode über anwenden.

Düngen
Spätestens jetzt sollte man die Rosen düngen. Geeignet dafür ist jeder gute Rosendünger, der viel Kalium, aber nicht mehr als 7-9 Prozent Stickstoff enthält. Wichtig ist, die Gebrauchshinweise genau zu befolgen und keinesfalls mehr zu düngen, als empfohlen wird. Den Dünger leicht in den Boden einarbeiten und danach gut wässern. In bunten Blumenbeeten oder dort, wo Rosen unterpflanzt sind, sollte man einen flüssigen Dünger einsetzen.

Kletterpflanzen

Anbinden von Pflanzen
Um den vorhandenen Platz besser ausnutzen zu können, ist es bei vielen Kletterpflanzen notwendig, sie zu trimmen und anzubinden. Durch das Schneiden und Aufbinden kann man Richtung und Form des Wachstums beeinflussen. Neue Triebe sollte man immer gleich an der richtigen Stelle anbinden, solange sie noch flexibel sind. Wenn sie einmal zu lang gewachsen und holzig geworden sind, besteht die Gefahr, daß sie brechen, wenn man sie in die gewünschte Richtung lenkt.

Damit die Zweige ausreichend Platz haben, um sich zu entwickeln, wählt man die stärksten aus und befestigt sie; zugleich lichtet man die schwachen Triebe aus. Die übriggebliebenen Seitentriebe werden in derselben Weise dirigiert und angebunden. Kletterpflanzen sollten immer an ihrem Gerüst entlang wachsen; dazu schneidet man die nach außen wachsenden Zweige ab – die Haupttriebe wachsen dann umso stärker.

Zum Anbinden der Zweige verwendet man eine kräftige Schnur oder einen mit Plastik überzogenen Draht; man bindet sie von unten beginnend fest, mit einigem Spielraum zum Wachsen. Damit sich die Zweige nicht am Klettergerüst wundreiben, macht man Achterschlaufen.

Schnitt
Früh blühende Clematis und ihre Hybriden müssen nun ausgeputzt werden. Wenn sie im unteren Teil schwach wachsen oder unansehnlich werden, dann sollte man Arten wie Clematis *alpina*, *C. montana* und *C. macropetala* nun zurückschneiden; ebenso einige der früh blühenden, großblumigen Hybriden, sobald sie verblüht sind. Die Triebe werden etwa um ein Drittel zurückgenommen, d.h. bis auf 60-90 cm zurückgeschnitten (s. S. 17).

Gießen
Kletterpflanzen, die an Wänden wachsen, müssen viel eher als andere Pflanzen gegossen werden, denn der Boden am Fuß einer Mauer ist immer besonders trocken. Trockenheit verbunden mit Sonne und austrocknendem Wind, vor allem aus Ost und Nordost, kann junge, neu gepflanzte Kletterpflanzen eingehen lassen – und zwar leider viel schneller als man denkt. Deshalb sollte man Mauerpflanzen kräftig gießen. Hat sich der Boden genügend vollgesaugt, sollte man ihn an der Oberfläche etwas abtrocknen lassen und dann eine dicke Mulchschicht als Verdunstungsschutz rund um die Pflanze auslegen.

Einjährige Kletterpflanzen
Alle einjährigen Kletterpflanzen kann man nun an Ort und Stelle im Freien aussäen. Alle mehr oder weniger frostempfindlichen, einjährigen Kletterpflanzen, die im Haus ausgesät worden sind, werden ins Freie gepflanzt, sobald die Eberesche oder der Weißdorn blüht. Dabei ist notwendig, daß man sie behutsam abhärtet und sie langsam an die Verhältnisse im Freien gewöhnt (s. S. 48-49).

Es lohnt sich, wenn man vor dem Säen oder dem Auspflanzen der Kletterpflanzen soviel Kompost wie möglich in den Boden einarbeitet; ebenso nützlich ist es, organischen Dünger, wie Horn- und Knochenmehl, unterzuziehen. Die Pflanzen werden es Ihnen danken.

Stauden

Teilen
Grundsätzlich empfiehlt es sich, die meisten Stauden alle vier oder fünf Jahre auszugraben und zu teilen, da sie ansonsten schwach

werden und unter Umständen sogar eingehen. Das Teilen gibt den Stauden ihre ursprüngliche Kraft wieder.

Der beste Zeitpunkt ist kurz nach dem Verblühen. Zunächst schneidet man die welken Blüten ab; ein paar Tage später gräbt man die Staude aus und teilt sie. Jeder Teil sollte zwei oder drei Haupttriebe haben. Die kräftigsten jungen Pflanzen erhält man aus den äußeren Teilen der alten Pflanze; die verholzten inneren Teile der Staudenpflanze kann man wegwerfen. Dann sofort die jungen Pflanzen in nährstoffreiche Erde einsetzen und kräftig wässern! (Näheres dazu s. S. 161).

Unkraut jäten und mulchen in Staudenbeeten

Zwischenräume zwischen den Stauden, besonders in neu gepflanzten Beeten, sollten jetzt frei von Unkraut sein und die Erde gelockert werden. Später wird das Unkraut zu groß und überwuchert die kleineren Pflanzen. Nach dem Hacken und Lockern des Bodens läßt sich organischer Dünger einarbeiten. Schließlich brauchen die Pflanzen ausreichend Nährstoffe, um in den nächsten Monaten neue Triebe, Blätter und Blütenknospen zu entwickeln.

Wenn sich der Boden genügend erwärmt hat, ist es ratsam, zwischen den Pflanzen eine dicke Mulchschicht auszubringen. Sie hindert das Unkraut am Keimen und erspart das Hacken und Jäten für den Rest der Vegetationsperiode (näheres dazu s. S. 152).

Abstützen von Stauden

Stauden, die leicht umknicken könnten, sollte man stützen und anbinden. Wichtig dabei: Die Stäbe oder andere Stützhilfen werden angebracht, bevor die Pflanzen ihre maximale Höhe erreicht haben. Denn die Pflanzen sollten möglichst ihr natürliches Erscheinungsbild bewahren (s. die Beschreibung S. 31).

Einjährige und zweijährige Pflanzen

Aussaat von einjährigen Pflanzen

Es ist immer noch früh genug im Jahr, um einjährige winterharte (und auch etwas empfindlichere) Pflanzen im Freien an Ort und Stelle auszusäen. Einjährige Sommerblumen sind ideal für bunte Blumenbeete; sie eignen sich aber auch hervorragend, um Lücken in neu gepflanzten Hecken oder Staudenbeeten zu schließen oder die Farbskala in Beeten abzurunden. Sie sind sehr vital und erreichen sehr schnell ihr Blütenstadium, wenn sie genügend Sonne bekommen. Oft ist es besser, die Blumen direkt ins Freie zu säen, vor allem bei den schneller wachsenden Arten. Denn erspart man ihnen den Schock, verpflanzt zu werden, bleiben die Pflanzen gesünder und blühen früher und länger. Auch spart man sich damit viel Arbeit: Säen ist viel leichter als Pikieren. Voraussetzung ist nur ein unkrautfreies Beet mit gut vorbereiteter Erde. Ein kleiner Nachteil dieser Methode: wo direkt gesät wird, fehlen während der etwa 6 Wochen, in denen die einjährigen Pflanzen heranwachsen, die Blütenfarben. Dieses Manko läßt sich jedoch leicht ausgleichen, wenn man im Garten sonst geschickt plant und pflanzt.

Aussäen von zweijährigen Pflanzen

Wenn der Flieder blüht, ist der ideale Zeitpunkt erreicht, die ersten Zweijährigen auszusäen. Zunächst werden all jene Zweijährigen ausgesät, die etwas langsamer wachsen. Dazu gehört die Stockmalve zum Beispiel *(Alcea)*, Marienglockenblumen *(Campanula)*, Bartnelken *(Dianthus)*, Fingerhut *(Digitalis)*, der Silberling *(Lunaria)* und auch die Königskerzen *(Verbascum)*. Die Pflanzen sollten bis zum Ende des Herbsts gut herangewachsen sein, aber nicht so groß werden, daß sie noch im Herbst zu blühen beginnen; auch dürfen sie nicht zu üppig und saftig stehen, damit ihnen die Winterkälte nicht schadet.

Zweijährige werden nie dort ausgesät, wo sie später blühen sollen. Sie wachsen schlecht, wenn sie als Jungpflanzen zwischen anderen Pflanzen stehen. Ausgesät werden die Zweijährigen genauso wie Einjährige.

Abhärten von einjährigen Pflanzen

Ein bis zwei Wochen lang, bevor man die vorgezogenen einjährigen Pflanzen auspflanzt, sollte man sie abhärten. Denn bis jetzt waren sie geschützt vor trockenen Winden, Temperaturschwankungen

Einjährige im Freien säen

1 Das Beet wird gejätet und gelockert; dann arbeitet man einen langsamfließenden oder organischen Dünger und Humus gleichmäßig unter, in eine Tiefe bis 15-20 cm.

2 Zunächst sollte man sich überlegen, wie man die Einjährigen je nach Blütenfarbe und Höhe anordnen will. Die einzelnen Felder kann man mit weißem Sand, Kalkoder Mehl markieren.

und starker Sonneneinstrahlung. Sie müssen erst allmählich, Schritt für Schritt, an ihre neue Umgebung im Freien gewöhnt werden.

Ideal ist es, wenn man die Pflanzen zunächst aus dem warmen und feuchten Gewächshaus in einen kühleren, aber immer noch geschützten Frühbeetkasten bringt. Nach ein paar Tagen kann man den Kasten stufenweise immer länger öffnen, anfänglich nur tagsüber, später auch nachts. Sobald sich die Pflanzen an das direkte Sonnenlicht gewöhnt haben, kann man sie ins Freie bringen. Auf diese Weise sind die Pflänzchen genügend abgehärtet, um sich von den Wurzelverletzungen beim Auspflanzen schnell zu erholen.

Wenn die Pflanzen im Haus vorgezogen worden sind, stellt man sie draußen zunächst an einen schattigen, windgeschützten Platz, auf die Terrasse oder in den Schutz eines Baumes. Wird es nachts kalt, sollte man sie wieder ins Haus zurückstellen. Nach zwei oder drei Tagen kann man sie einen halben Tag, später den ganzen Tag der Sonne aussetzen. Dabei immer genügend gießen!

Auspflanzen von einjährigen Pflanzen

Sind sie abgehärtet, kann man die Pflänzchen winterharter Einjähriger endgültig in die Beete pflanzen. Mit dem Auspflanzen der nicht ganz so winterharten einjährigen Pflanzen sollte man auf jeden Fall warten, bis der Goldregen und der Weißdorn voll in Blüte stehen.

Als Faustregel für die idealen Temperaturen zum Auspflanzen kann man sagen, daß die Bodentemperaturen tagsüber mindestens 10 Grad, die Lufttemperaturen zwischen 15 und 20 Grad erreichen sollten; in der Nacht darf es nicht kälter als 5 Grad Celsius werden. Einen Tag vor dem Aussetzen sollte man die Pflanzen kräftig wässern, um dem Schock beim Verpflanzen vorzubeugen. Am besten pflanzt man sie bei wolkigem Himmel oder kurz nach einem Regenfall. Die Erde im Pflanzbeet sollte feucht sein, aber nicht naß. Wässern Sie die Pflanzen sofort nach dem Aussetzen. Eine Woche lang jeden Tag gießen. Später kann man sich bei den Einjährigen grundsätzlich das Gießen sparen, es sei denn, es wird sehr trocken.

Blumenzwiebeln und -knollen

Düngen

Frühjahrszwiebelblüher müssen mit Nährstoffen versorgt werden, solange die Blätter noch richtig grün sind. Man verwendet einen schnell wirkenden, ausgeglichenen Volldünger, der wenig Stickstoff, aber viel Kalium und Phosphor enthält.

Pflege von Zwiebelblumen

Bei einigen kleineren Zwiebelblühern wie *Scilla*, *Leucojum*, *Galanthus*, *Muscari* und *Chionodoxa* reifen nun die Samen. Wenn man die Samenstände nicht wegschneidet, entstehen innerhalb weniger Jahre wunderschöne kleine Blumenfelder. Die Samen fallen nicht weit, da die Pflanzen so niedrig sind; ihre Vermehrung kann also die Ordnung anderer Blumenbeete kaum durcheinanderbringen und

3 Man sät den Blumensamen auf den Feldern aus. Man recht ihn behutsam unter oder bedeckt ihn mit einer dünnen Schicht Kompost. Sehr feiner Samen sollte nicht bedeckt werden.

4 Vorsichtig gießen mit einem Sprühkopf, in einer kreisförmigen Bewegung. Achten Sie darauf, daß der Samen nicht weggespült wird und keine Kuhlen entstehen. Halten Sie die Erde feucht.

5 Wenn sich mindestens zwei Paar Blättchen entwickelt haben, dünnt man das Beet aus. Dann schließt man die entstandenen Lücken wieder, indem man Keimlinge entfernt oder versetzt.

6 Bis sich die Blütenknospen bilden, düngt man alle zwei Wochen mit einem stickstoffreichen Flüssigdünger. Hinterher besprüht man die Pflanzen, um ihn abzuwaschen.

stören. Bei größeren Zwiebeln wie Tulpen, Narzissen, Hyazinthen und anderen großen Frühlingsblühern sollte man die Samenstände jedoch nach dem Verblühen abschneiden, damit sie keine Samenkapseln bilden können. Denn diese Arten benötigen alle Energie, um im Boden neue Zwiebeln zu bilden. Alle Nährstoffe im Boden sollten diesen neuen Zwiebeln zur Verfügung stehen. Denn die Samenproduktion entzieht den Zwiebeln immer Nährstoffe.

Vortreiben von Begonien, Canna und Dahlien

Nun sollte man, sobald sie zu grünen beginnen, die vorgetriebenen Knollenbegonien, Kanna und Dahlien eintopfen. Wenn die Knollen oder Rhizome schon kräftig in den Töpfen wachsen, empfiehlt es sich, sie langsam abzuhärten, bevor man sie auspflanzt. Keinesfalls dürfen vorgetriebene Dahlien, Knollenbegonien und Canna ins Freie gepflanzt werden, bevor die Frostgefahr vorbei ist. Man sollte damit warten, bis der Goldregen und der Weißdorn in voller Blüte stehen.

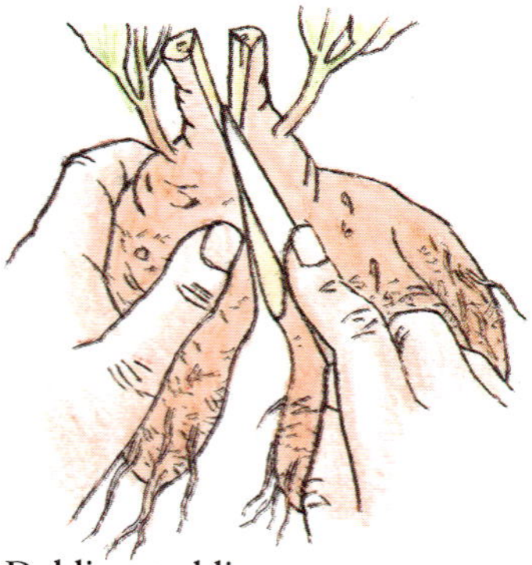

Dahliensteckllinge
Man teilt mit einem scharfen Messer die alten Knollen so, daß jeder Teil einen Trieb hat.

Dahlien pflanzen
Man setzt die Knolle so in ein 15 cm tiefes Loch, daß der Trieb dicht an der Stütze ist.

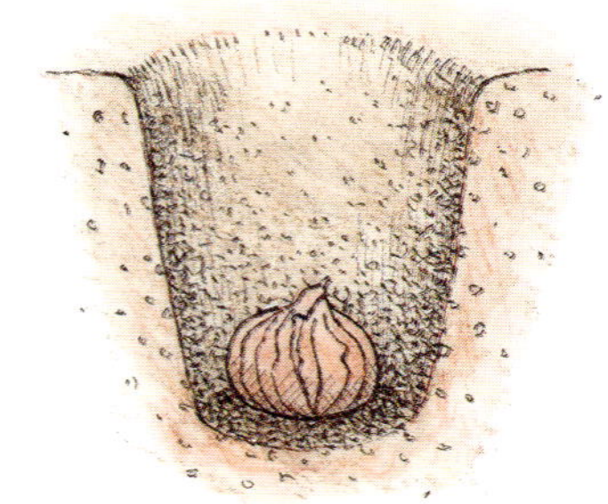

Gladiolen einsetzen
In gemischten Blumenbeeten setzt man mehrere Knollen in 12-15 cm tiefen Löchern mit einem ebenen Boden. Will man sie als Schnittblumen, setzt man sie einzeln in genauso tiefe Löcher.

Auspflanzen von Dahlien und Gladiolen

Nun ist der richtige Zeitpunkt, Gladiolenzwiebeln und Dahlien mit Knollen auszupflanzen. Beide lassen sich sehr leicht kultivieren: Sie fühlen sich wohl an sonnigen und warmen Plätzen, die keinen rauhen Winden, aber frischer Luft ausgesetzt sind. Sie bevorzugen gut bearbeiteten Boden mit hohem Humusanteil. In der Tat gedeihen sie am besten in Böden, in denen Salat und Gemüse gut wachsen – deshalb sind Dahlien und Gladiolen auch so oft in Bauerngärten zu finden. Will man sie vor allem als Schnittblumen ziehen, ist der Gemüsegarten sicher der beste Standort; in ordentlichen Reihen gepflanzt, liefern sie Blumen bis in den Herbst.

Obwohl Gladiolen genauso viel Wärme benötigen wie Dahlien, um sich gut zu entwickeln, sind sie nicht ganz so empfindlich gegen Kälte. Man kann Gladiolen also etwas früher pflanzen, wenn die Apfelbäume und Fliederbüsche zu blühen beginnen. Mit dem Auspflanzen der Dahlien sollte man sich Zeit lassen, bis der gewöhnliche gelbe Besenginster, der Goldregen oder der Weißdorn zu blühen beginnt. Damit vermeidet man, daß die jungen Triebe durch späte Frosteinbrüche geschädigt werden.

In gemischten Blumenbeeten sollte man die Gladiolen unregelmäßig zwischen sonnenliebende Stauden plazieren. Ihre spitzen Blätter und Blüten kontrastieren hübsch mit behäbigeren Stauden. Pflanzt man die Zwiebeln in vierzehntägigem Abstand bis zum Hochsommer, hat man die ganze Zeit über blühende Gladiolen.

Andere empfindliche Zwiebelblumen

Für den Gärtner bietet sich noch eine andere Gruppe sommerblühender Zwiebelblumen an, die ähnliche Ansprüche an den Standort stellen wie Gladiolen und Dahlien. Auch sie sind auf eine trockene, frostfreie Ruheperiode angewiesen; sie werden im Frühjahr ausgepflanzt und spätestens nach dem Absterben der Blätter im Herbst ausgegraben und ins Haus gebracht. Sie bevorzugen die wärmsten und am besten geschützten Stellen im Garten.

Acidanthera oder Sterngladiole hat große weiße Blüten mit einem kastanienbraunen Auge in der Mitte. Pflanztiefe 10-15 cm.

Galtonia oder Sommerhyazinthe; ihre cremefarbenen Blütenglocken hängen an langen Stielen. Pflanztiefe 10-15 cm.

Homeria, die Homerie, ein Irisgewächs, das man am besten in dichten Gruppen pflanzt. Die rosafarbenen Blüten halten nur einen Tag, sind aber sehr zahlreich und duften süß. Pflanztiefe 5-7 cm.

Hymenocallis festalis, ein Amaryllisgewächs, das während der Wachstumsphase gut mit Wasser versorgt werden muß und einen fruchtbaren, lehmigen Boden braucht. Pflanztiefe 8 cm.

Ornithogalum, ein Zwiebelblüher, der viele 15-30 cm lange Blütentrauben hervorbringt. Pflanztiefe 5-8 cm.

Sprekelia, eine äußerst dekorative Pflanze aus Mexiko, auch Jakobslilie oder Aztekenlilie: sie hat große, dunkelkarmesinrote Blüten. Sie gedeiht am besten an einem warmen Platz, etwa am Fuß einer Südwand. Pflanztiefe 4-6 cm.

Tigridia, die Mexikanische Tigerblume, die man in verschiedenen Farbvariationen von Weiß über Gelb, Orange und Karmesinrot erhält. Die großartigen Blüten öffnen sich eine nach der anderen, sie halten in der Regel jedoch nur einen Vormittag lang. Pflanztiefe 5-8 cm.

Eintopfen von Wasserpflanzen

1 LINKS Man schlägt einen Korb mit sauberem Sackleinen oder Zeitungspapier aus, damit die Erde nicht durchsikkert.

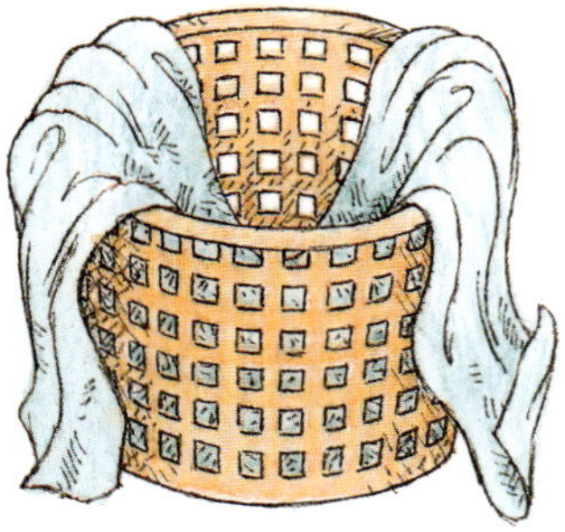

2 RECHTS Der Korb wird mit Erde gefüllt, bis 2,5 cm unter den Rand. Überstehendes Material umstülpen.

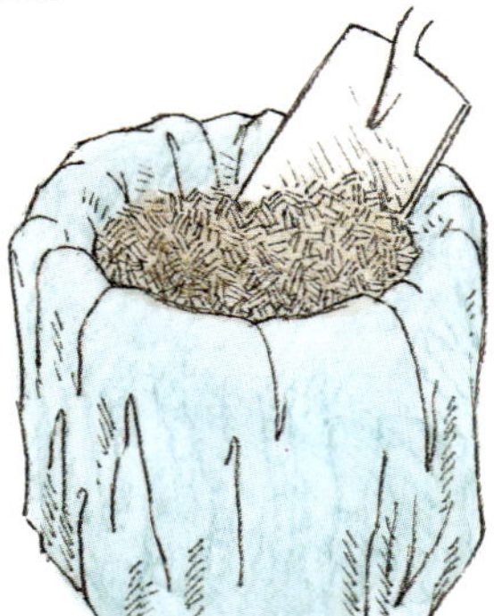

3 LINKS Die Wurzeln müssen nach allen Seiten Platz haben und der Wachstumspunkt frei liegen.

4 RECHTS Auf die Erde kommen Kies oder kleine Steine, damit sie nicht weggespült wird. Man taucht den Korb in Wasser: so wird die Erde fest.

Der Wassergarten

Pflanzen

Sobald die Temperaturen steigen, beginnt die Hauptzeit für das Pflanzen von Teichrosen und anderen Wasser- und Sumpfpflanzen. Denn jetzt beginnen die Pflanzen zu wachsen.

Besonders reizvoll an einem Teich ist sein spiegelndes Wasser. Deshalb sollte man wenigstens die Hälfte der Oberfläche frei lassen und nicht zu viele Teichrosen und andere großblättrige Pflanzen einsetzen. Es ist viel besser, wenn man die Teichpflanzen in Kübeln einsetzt, anstatt direkt in die Erde auf dem Teichboden. Nur im betonierten Teich kann man auch direkt pflanzen. Im Folienteich verwendet man am besten spezielle Plastikcontainer für Wasserpflanzen. Der Vorteil dieser Methode: wuchernde Arten werden gezügelt und bedrängen schwachwachsende Arten weniger. Die Pflege reduziert sich dann darauf, daß die Erde in den Containern hin und wieder erneuert werden muß. Container- oder Korbpflanzen lassen sich viel leichter herausnehmen und pflegen als Pflanzen, die im Teichboden eingesetzt werden.

OBEN Ein 30 x 30 x 20 cm großes Gefäß faßt 18 l Erde - das reicht für die meisten Wasserpflanzen und kleineren Wasserlilien. Jede gute ungedüngte Gartenerde eignet sich dafür. Größere Gefäße ernähren die Pflanzen zwar länger, aber mit Wasser vollgesogene Erde ist schwer, und alle Gefäße müssen ab und zu hochgeholt werden.

Unterschiedliche Pflanzzonen
Man schüttet die Ufer mit Erde auf, um in den verschiedenen Zonen unterschiedliche Pflanzenarten ziehen zu können. Das Wasser läßt man langsam einlaufen, damit es nicht trübe wird und sich die Pflanzen daran gewöhnen können. Fische sollte man frühestens nach einer Woche einsetzen.

Ist der Teich noch nicht mit Wasser gefüllt, wenn man die Seerosen kauft, kann man sie sofort an den vorgesehenen Stellen einpflanzen. Aber man darf nur soviel Wasser einlaufen lassen, daß die Wurzelballen nicht mehr als 10 cm unter dem Wasserspiegel liegen. Ein paar Tage muß man sich dann gedulden, bis sich das Wasser erwärmt und die Pflanzen zu wachsen anfangen. Denn man sollte Seerosen und andere Wasserpflanzen nie einem Kälteschock aussetzen. Erst wenn Wachstum zu beobachten ist, läßt man noch einmal etwas Wasser ein. Wieder muß man warten, bis es sich erwärmt; dann läßt man den Teich ganz vollaufen.

Auch die anderen Wasserpflanzen sollte man so behandeln wie die Seerosen. Man pflanzt sie am besten in Container mit einer Höhe von 15-20 Zentimetern; die Oberfläche der Containererde befindet sich dann genau in der Tiefe unter dem Wasserspiegel, die den Pflanzen behagt. In einen Container in der Größe von 25 cm x 25 cm x 15 cm kann man zwei oder drei Pflanzen einsetzen. Aber man sollte nicht unterschiedliche Pflanzenarten zusammen in einen Behälter pflanzen. Vitale, stark wuchernde Arten wie *Typha, Hippuris, Butomus* und *Potamogeton* sollten auf jeden Fall in ei-nem Pflanzbehälter in den Teich eingesetzt werden, da sie sonst leicht den ganzen Teich beherrschen und alle anderen Pflanzen verdrängen.

Sauerstoff liefernde Unterwasserpflanzen

Für die Teichökologie sind Unterwasserpflanzen, die Sauerstoff erzeugen, sehr wichtig. Denn beim Wachsen binden sie Kohlendioxyd und aus dem Wasser gelöste Mineralsalze. Das hat zur Folge, daß die Algen diese für sie überlebenswichtigen Stoffe nicht mehr ausreichend im Wasser vorfinden; im Wettstreit um diese Nährstoffe können sie mit höherentwickelten Pflanzenarten wie diesen Sauerstoff erzeugenden nicht konkurrieren. Sie gehen dann einfach zugrunde.

Unterwasserpflanzen werden meist als wurzellose Stecklinge angeboten; im Wasser treiben sie schnell Wurzeln. Man setzt die Stecklinge in einer Wassertiefe von etwa 5 cm in den Teich. Am besten setzt man die Unterwasserpflanzen gruppenweise in Plastikbehälter. Ihre Wurzeln strecken sich schnell über den Behälter hinaus aus und setzen sich im Teichboden fest.

Eine Alternative dazu ist, daß man einzelne Stecklinge zusammenbindet, an einem kleinen Stein oder einem anderen Gewicht befestigt und in den Pool versenkt, wo ihre Wurzeln im Schlamm relativ schnell treiben und sich kräftig vermehren.

Die verschiedenen Arten an Unterwasserpflanzen haben unterschiedliche Bedürfnisse. Wenn man mehrere Arten einsetzt, werden sich diejenigen durchsetzen, die mit den Bedingungen Ihres Teichs am besten zurechtkommen.

Teilen von Wasserpflanzen

Etwa jedes dritte Jahr sollten Seerosen und die meisten anderen Wasserpflanzen geteilt werden. Die Blätter der Seerosen würden ansonsten zu stark wuchern und über den Teichspiegel hinausragen. Typische Anzeichen dafür sind kleiner werdende Blätter und weniger Blüten; meist haben die Wurzeln dann die Erde in den Pflanzbehältern aufgebraucht. Die richtige Zeit zum Teilen von Wasserpflanzen ist der Vollfrühling oder Frühsommer. Man nimmt die Seerosen aus dem Wasser und aus dem Pflanzbehälter, wählt die kräftigsten Triebe aus und säubert sie gründlich mit einem scharfen Messer. Um Fäulnis zu vermeiden, werden große Wunden vor dem Umpflanzen mit Holzkohlepulver bestäubt.

Rasen und Blumenwiese

Säen

Auch jetzt noch kann man einen neuen Rasen oder eine Blumenwiese anlegen; die Arbeiten sollten jedoch bis zum Frühsommer abgeschlossen sein, oder man wartet bis zum frühen Herbst. Grassamen keimt am besten bei kühlen Temperaturen; bei heißem oder trockenem Sommerwetter müßte man den Rasen öfter sprengen.

Rasenschnitt – wie kurz und wie oft?

Im Vollfrühling und im Sommer wächst der Rasen am stärksten; dementsprechend oft muß gemäht werden. Einmal pro Woche Mähen genügt normalerweise. Der Rasen wird 3 - 4 cm kurz geschnitten. Ein perfekter Rasen muß intensiver gepflegt werden: Zwei- bis dreimal Mähen pro Woche, mit einer Schnitthöhe von 2 cm. Die Rasengräser dürfen nur bis zur Hälfte ihrer Höhe zurückgeschnitten werden. Hat man längere Zeit mit dem Mähen ausgesetzt, schneidet man stufenweise auf die gewünschte Höhe herunter. Nimmt man den Gräsern auf einmal zu viel von ihrer Blattmasse weg, entsteht ein Mißverhältnis zwischen Wurzeln und Assimilationsmasse; die Gräser leiden. Lästige Unkräuter können sich dann viel besser im Rasen breitmachen. Grundsätzlich gilt: Nach dem Mähen sollte die Rasenfläche genauso grün sein wie zuvor.

Unkräuter im Rasen

Die Grundregel für einen gesunden Rasen heißt: Regelmäßig und fachgerecht mähen, ausreichende Wasserversorgung und wiederholt mit stickstoffreichen Nährstoffen düngen. Sind all diese Bedingungen erfüllt, dann hat Unkraut wenig Chancen. Fachgerechte Rasenpflege erspart normalerweise die chemische Keule. Denn Gräser und breitblättrige Unkräuter reagieren ganz unterschiedlich auf regelmäßiges Mähen. Der Wachstumspunkt einer Graspflanze ist dicht über dem Boden und wird von den Schneidemessern des Mähers nicht berührt. Breitblättrige Unkräuter, die noch dazu vom Rasendünger profitieren, haben ihren Wachstumspunkt über der Schnitthöhe. Regelmäßiges Mähen schwächt sie zunehmend, und schließlich gehen sie ganz ein. Den Rasengräsern hingegen tut das Mähen gut, sie werden dadurch kräftiger und bilden einen dichten Teppich, in dem Samenunkräuter schwer aufgehen können.

Leider gibt es einige lästige Wurzelunkräuter, denen das Mähen nicht schadet – gegen sie helfen letztlich nur Herbizide.

Vom Rasen zur Blumenwiese

Aus einem Rasen kann eine Blumenwiese werden. Wer dies vorhat, sollte jetzt damit anfangen. Ein Rasen besteht aus ganz wenigen Grasarten und stellt insofern eine Monokultur dar. Eine Blumenwiese dagegen enthält ein breites Spektrum breitblättriger Blütenpflanzen, aber auch eine ganze Reihe verschiedener Horstgräser.

Bei der Pflege einer Blumenwiese muß man nur die Regeln der Rasenpflege umdrehen. So darf eine Wiese nie gedüngt werden. Das Erfolgsrezept einer möglichst bunten Blumenwiese ist: den Boden auszuhungern. Auch wird eine Wiese höchstens dreimal im Jahr gemäht; nach der ersten großen Blütenphase schneidet man sie zum ersten Mal im Frühsommer. Das Wiesenstroh sollte jedoch abgerecht werden. Gießen muß man nicht, denn die heimischen Wildpflanzen behaupten sich von allein; es sei denn, man möchte bestimmte Blumen unterstützen, die ohne Gießen nicht überleben würden.

Die Umwandlung eines Rasens zur Blumenwiese läßt sich allerdings auch etwas forcieren: Wenn die feinen Rasengräser zurückgedrängt sind und sich die Horstgräser breitmachen, setzt man behutsam einige heimische Wildpflanzen oder Blumenzwiebeln ein. Es hat wenig Sinn, die im Handel angebotenen Wiesenblumenmischungen auszusäen, bevor nicht einige kahlen Stellen im Rasen vorhanden sind. Ungeduldigen Liebhabern von Blumenwiesen sei empfohlen, Wiesenstauden in Töpfen vorzuziehen und einzupflanzen. Der Erfolg stellt sich jedoch am sichersten ein, wenn man wartet, bis die typischen Rasengräser durch die Umstellung der Pflege zurückgedrängt worden sind.

Balkon und Terrasse

Einjährige Pflanzen im Balkonkasten

Nun ist es Zeit, die Balkonkästen, Pflanzkübel und andere Gefäße für die Sommerbepflanzung vorzubereiten. Winterharte Einjährige kann man gleich pflanzen; kälteempfindliche Arten sollte man besser erst auspflanzen, wenn keine späten Fröste mehr drohen.

Balkonkästen und andere Pflanzbehälter sollten möglichst groß sein, damit sich die Wurzeln ausbreiten können. Einjährige sind nämlich begierig nach Nährstoffen und Wasser. Die Erde in den

Behältern sollte jedes Jahr weitgehend ausgetauscht werden. Man verwendet dafür gute torfhaltige Blumenerde, am besten mit Lehm und Tonanteilen. Denn Lehm verhindert, daß die Erde zu schnell zusammenschrumpft und austrocknet, wenn es einmal wenig regnet. Die Erde sollte genügend Wasser und Nährstoffe enthalten, um die Pflanzen gut zu ernähren. Außerdem sollte die Erde eine gewisse Schwere haben, damit die Pflanzen darin stabil wurzeln, aber zugleich locker genug sein, damit die Wurzeln noch atmen können. Nicht vergessen, langsam fließenden Dünger untermischen.

Frostempfindliche Pflanzen

Frostempfindliche Pflanzen wie Geranien, Fuchsien, Begonien, Canna, Heliotrop und Lantanen sollte man erst ins Freie bringen, wenn der Goldregen und der Weißdorn voll blühen. Will man sie schon eher ins Freie stellen, empfiehlt es sich, sie gegen Nachtfrost zu schützen oder sie abends ins Haus zu bringen. Alle überwinterten Balkonpflanzen sollten langsam stufenweise abgehärtet werden, bevor sie an ihren endgültigen Standort kommen.

Anlegen eines Miniaturteichs

Selbst wenn Ihr ganzer Garten nur aus einem Balkon oder einer Terrasse besteht, müssen Sie nicht auf einen Teich verzichten. Jeder noch so kleine Behälter eignet sich für einen Miniteich, wenn er mindestens 30 cm tief ist.

In einem großen halbierten Wein- oder Bierfaß oder in einem Holztrog lassen sich Wasserpflanzen halten: Zwergseerosen etwa, etliche Unterwasserpflanzen zur Wasserhygiene oder auch die ein oder andere kleine Teichpflanze. Wo genügend Platz vorhanden ist, lassen sich ohne weiteres zwei oder drei solcher Wasserbehälter aufstellen; alternativ kann man sie mit Sträuchern und Stauden bepflanzen und so eine richtige kleine Landschaft gestalten.

Kleine Wasserpflanzen für den Miniaturteich

Seerosen: *Nymphaea x daubeyana*, *N. pygmaea* 'Alba', *N.* 'Helvola'. Sumpfpflanzen: *Hydrocharis morsus-ranae* (Froschbiß), *Hydrocleys nymphoides* (Wassermohn). Schwimmblattpflanzen: *Callitriche hermaphroditica* (Wasserstern), *Crassula recurva* (Dickblatt), *Fontinalis antipyretica* (Quellmoos). Uferbepflanzung: *Acorus gramineus* (Kalmus), *Butomus umbellatus* (Schwanenblume), *Mimulus ringens* (Blaue Gauklerblume), *Typha minima* (Kleiner Rohrkolben). Schwimmpflanzen: *Azolla caroliniana* (Moosfarn).

Einen Miniaturteich anlegen Überzeugen Sie sich davon, daß der Behälter ganz sauber ist; bedecken Sie den Boden dann mit einer 8-10 cm dicken Schicht guter, lehmiger Gartenerde. Setzen Sie eine kleine Wasserlilie und eine sorgfältige Auswahl anderer Wasserpflanzen ein. Keine Pflanze sollte so stark wuchern können, daß sie die Wasserfläche bedeckt oder die anderen Pflanzen verdrängt. Nach dem Pflanzen bedeckt man die Erde mit einer dicken Schicht sauberen, groben Kieses und füllt dann langsam mit Wasser auf. Jetzt kann man ein paar Schwimmblattpflanzen nicht so schnellwuchernder Arten einsetzen oder einige wenige Schwimmpflanzen.

KAPITEL 4

FRÜHSOMMER

SIGNALPFLANZEN DES FRÜHSOMMERS

Die freundlichste aller Jahreszeiten ist sicher der Frühsommer. Die ersten Anzeichen für den Beginn des Frühsommers sind die wohlriechenden Blüten zweier Heckensträucher, des Holunders und der Hundsrose. Auch die Robinie *(Robinia pseudoacacia)* mit ihrem schweren Parfum und der süßduftende Falsche Jasmin *(Philadelphus)* beginnen zu diesem Zeitpunkt zu blühen.

Der Holunder *(Sambucus nigra)* trägt seine cremefarbenen Blüten in großen flachen Dolden; ihr intensiver süßer Geruch lockt unzählige Insekten an, besonders Fliegen und Käfer, die den Pollen weitertragen. Kein anderer einheimischer Strauch wächst so schnell in den ersten Jahren; an einem geeigneten Standort kann er bis zu 7 m hoch werden.

Die wunderschönen einfachen, 4-5 cm großen Blüten der Hundsrose *(Rosa canina)* erscheinen in kleinen Büscheln. Sie variieren in vielen Farbtönen von fast Weiß bis zu Rosa und Dunkelrot. Sobald die Blüten völlig geöffnet sind, verlieren sie ihren Duft. Die Hundsrose ist ein robuster Busch, der bis zu 3,5 m hoch wird, mit starken, geschwungenen Ästen und kräftigen Dornen. Sie ist für den gepflegten Garten etwas zu wild, auch wenn sie der Vorfahre vieler herrlicher Gartenrosen ist; vielen dieser Rosen hat sie ihren süßen Duft vererbt. Über zwei andere Signalpflanzen des Frühsommers, den Gemeinen Liguster *(Ligustrum vulgare)* und die Winterlinde *(Tilia platyphyllos)*, die in der Mitte der Jahreszeit ihre Blüten öffnen, freuen sich vor allem die Imker. Auch die ersten Früchte im Garten werden reif: es ist Erntezeit für die frühesten Erdbeersorten und die Süßkirschen.

DER GARTEN IM FRÜHSOMMER

Jetzt beginnt die Zeit der längsten Tage und der intensivsten Sonneneinstrahlung im ganzen Jahr, mit relativ hohen Temperaturen und hoher Bodenfeuchtigkeit - genau das ideale Wetter für das Wachstum aller Gartenpflanzen. An den sonnigen Plätzen im Garten erreichen die Rosen jetzt ihren Höhepunkt, mit ihrer Blütenfülle tauchen sie den Garten in ein Meer von Farbe und Duft. Viele von ihnen blühen später noch einmal oder sogar mehrmals; gerade die zweite Blüte (s. Frühherbst) macht diese Rosen so wertvoll, besonders für den kleinen Garten.

Gefällt es ihnen an ihrem Standort, dann blühen die Rhododendren jetzt am schönsten. Am besten gedeihen sie im Schutz alter, hoher Bäume, die sie vor dem austrocknenden Wind und der prallen Sonne abschirmen. Der Boden sollte tiefgründig sein, kühl, feucht und reich an saurem Humus. Besonders wichtig für Rhododendren ist ein feuchter Boden; ideal ist ein Standort in Wassernähe. Denn ein Teich oder ein See gleichen extreme Temperaturen im Sommer oder Winter aus und schaffen ein günstiges Kleinklima. In der Nähe eines Gartenteichs ist die Luftfeuchtigkeit zudem immer etwas höher, was sich günstig auf das Wachstum von Rhododendren und anderen Waldpflanzen auswirkt.

Wenn man Rhodendron für den eigenen Garten aussucht, wird man oft von der Blütenpracht und der Intensität der Farben überwältigt und vergißt darüber, wie sie nach der Blüte aussehen werden. Sind die Rhododendren verblüht, bieten sie den Anblick von etwas formlosen Sträuchern; doch mit Hilfe von Pflanzen mit anderen Konturen und Formen läßt sich das ausgleichen. Je nachdem wie groß der Garten ist, kann z.B. bereits eine einzelne schlanke Konifere oder eine kleine Gruppe Weißbirken den Rhododendren einen vertikalen Akzent entgegensetzen; mit einer ganzen Reihe anderer Bäume und Sträucher kann man dagegen mehr die Horizontale optisch betonen.

PFLANZEN MIT HORIZONTALEM AKZENT

Es gibt einige Laubbäume und -sträucher, deren Konturen einen kräftigen horizontalen Akzent im Garten setzen können und die unter denselben Bedingungen wie der Rhododendron gedeihen. Einige, wie z.B. die verschiedenen Cornusarten, bieten den hübschesten Anblick im Frühsommer. Als Solitärpflanze an einem feuchten Standort eignet sich vor allem die Wildform von *Cornus alternifolia*, die bis zu 6 m groß wird. Die kleinen, cremefarbenen Blüten, die an den waagrecht wachsenden Ästen im Frühsommer aufbrechen, sind nicht sehr auffällig. Die Blätter der Cornus-Wildform sind hellgrün, im Herbst färben sie sich dunkelviolett und rot, bevor sie abfallen und den Blick auf die glänzend rotbraune Rinde freigeben. Ihre streng horizontale Silhouette kann im Winter sehr effektvoll sein. Weit auffallender als die Wildform ist die Sorte 'Argentea' mit ihren kleinen silbrig-varigierten Blättern. Sie wächst zu einem dichten Busch von etwa 3 m Höhe heran. Ihre Blätter sind schmäler als die der Wildform, aber die Wuchsform ist sehr ähnlich. Die weitausladenden Äste sind in Etagen angeordnet und bilden eine flache Krone.

Das glitzernde Wasser ist die perfekte Ergänzung zu den kräftigen Farben der Rhododendren; einen formalen Kontrast bilden Gartenlilien und Irisblätter.

Ebenfalls fast waagrecht wachsen die Äste des Etagen- oder Pagodenhartriegels, *Cornus controversa.* Seine in gleichmäßigen Abständen angeordneten Äste verleihen ihm die Silhouette einer chinesischen Pagode. Obwohl dieser *Cornus* in gutem Gartenboden schnell wächst, wird er nicht größer als 10-12 m. Wenn der *Cornus* groß genug ist, bringt er im Frühsommer unzählige kleine cremefarbene Blüten hervor. Sie hängen in Büscheln von 10-15 cm Länge herab und heben sich gut von dem kräftig grünen Blattwerk der Äste ab. Aus den Blüten entwickeln sich leuchtend blauschwarze Beeren, die ziemlich rasch von den Vögeln aufgefressen werden. Im Herbst verfärben sich die Blätter sanft gelb, rosa, purpur oder glühend rot. Auch die Wintersilhouette von *C. controversa* ist auffallender als die von *C. alternifolia.*

Bei der Wahl des Standorts muß man darauf achten, daß der Stamm und die Hauptäste von *C. controversa* vor intensiver Wintersonne geschützt sind, da ihm große Temperaturunterschiede zwischen Tag und Nacht schaden können. Ansonsten gilt der Pagodenhartriegel als robuste und winterharte Pflanze. Am wohlsten fühlt er sich, wenn man ihn im Schutz großer, alter Nadelbäume pflanzt; um ihn voll zur Geltung zu bringen, sollte man ihn jedoch nicht zu eng zwischen andere Sträucher setzen. Als Blickfang im Garten eignet sich *C. controversa* 'Variegata', ein herrlicher kleiner Baum, mit langen, schmalen, merkwürdig verwachsenen Blättern mit ungleichen Hälften, die mit einem ungewöhnlichen gelblich-weißen Rand wundervoll gezeichnet sind.

Aus den Blüten des Japanischen Blumenhartriegels werden im Herbst rote Früchte, die wie große Erdbeeren an den Zweigen hängen; zusammen mit den lebhaften Farben des bunten Herbstlaubs bieten sie einen grandiosen Anblick. Auch ohne Laub sind die weitausladenden, waagrecht wachsenden Äste den ganzen Winter über hübsch anzusehen. Alle Japanischen Blumenhartriegel, besonders die 'Chinensis'-Sorten, bevorzugen einen mäßig sonnigen Platz im Garten. Es sind Gehölze von bemerkenswerter Schönheit und für den Garten deshalb so wertvoll, weil sie zu einer Zeit blühen, in der es nur sehr wenige erlesene Blütensträucher gibt.

Ähnlich wertvoll ist die Japanische *Magnolia sieboldii*, eine der wenigen asiatischen Magnolien, die erst nach der Laubentfaltung blühen. Ihre Blüten öffnen sich eine nach der anderen bis weit in den Sommer hinein. Die Blüten sind von einer geradezu betörenden Schönheit: duftende, nickende, alabasterweiße Tassen, die sich nach außen hin öffnen und einen Ring von hochroten Staubbeuteln zeigen, die einen aufregenden Kontrast zu den Blütenblättern bilden. *M. sieboldii* wird 3-4 m hoch, genauso breit und läßt sich entweder als weitausladender kleiner Baum oder als großer Strauch ziehen.

Ein anderes besonders erlesenes, aber wenig bekanntes Gehölz ist der Storaxbaum, ein schmalwachsender und winterharter Baum. Es gibt zwei Arten, die sich gut für eine lockere Pflanzung mit Gehölzen eignen, in der man einen horizontalen Akzent setzen möchte. Ihre Ausmaße passen zu einem kleinen wie zu einem großen Garten, man kann sie sowohl einzeln pflanzen als auch in Pflanzengruppen integrieren. Auch wenn ihre Blüten kein Blickfang sind, geben die Gehölze doch ein anmutiges Bild.

Eine von den zwei Arten, *Styrax japonica*, ist besonders unempfindlich gegen Frost. Ihre dunkelgrünen Blätter stehen schräg noch oben von den waagrechten Ästen ab; die wächsernen weißen Blüten hängen nach unten, in Dreier- bis Sechserbüscheln, und erzeugen einen hübschen Effekt von parallelen grünen und weißen Streifen, den man sonst nur noch bei *Viburnum plicatum* 'Mariesii' beobachten kann, das ebenfalls im Frühsommer blüht. *S. japonica* wächst zu einem weitausladenden Baum mit einem schlanken Stamm heran und wird bis zu 9 m hoch. Am besten wächst sie an einem warmen Platz, geschützt vor der Morgensonne und vor späten Frösten. Die engverwandte *S. obassia*, der Großblättrige Storaxbaum, sieht dagegen ganz anders aus: ihre Blätter haben einen Durchmesser von 20 cm, sind beinah rund und laufen am Ende spitz zu. Die Sorte wächst stärker in der Form einer Pyramide als *S. japonica* und wird größer als sie. Ihre weißen duftenden Blüten hängen in 15 cm langen Büscheln am Ende der Zweige herunter. Die glockenartigen Blüten sind 2 cm lang. Frisch gepflanzt, braucht der Storaxbaum längere Zeit, bis er richtig anwächst, doch dann fängt er kräftig zu treiben an. Er ist dankbar für etwas Frostschutz im Winter. Ansonsten ist er anspruchslos.

Der wohl wertvollste aller ausladend wachsender Sträucher ist *Viburnum plicatum* 'Mariesii', ein herrliches laubabwerfendes Blütengehölz aus dem Orient. Die großen weißen Blütendolden sitzen in Zweierreihen auf den äußeren Zweige und heben sich gut von den Blättern ab. Sie sind so dicht aneinander gereiht, daß der Eindruck entsteht, die Zweige wären mit weißen Spitzendeckchen behängt. Dieser Schneeball blüht bis zu sechs Wochen. Der weitausladende Strauch wird bis zu 3 m hoch und kann eine Breite von 4,5 m erreichen. Die Herbstfärbung des dunkelgrünen Laubs reicht von Dunkelrot bis Violettbraun. Er ist äußerst widerstandsfähig gegen Schädlinge und Krankheiten; das einzige, was er benötigt, ist ein ausreichend feuchter Boden. Der ideale Standort ist das Ufer eines Bachlaufs oder eines Gartenteichs.

Kontraste in Struktur und Farbe

Auf dem farbenprächtigen Höhepunkt der Rhododendronblüte im Frühsommer sollte man daran denken, welche Pflanzen dazu geeignet sind, mit ihren leichten, luftigen Strukturen und den frischen Farben ihres Laubs einen Kontrast zu der Blütenfülle dieser Jahreszeit zu bilden. Die Freilandfarne, die sich gut für feuchte Plätze im Garten eignen, passen z.B. ideal zu Rhododendren. Sie brauchen sauren Boden, viel Humus, Halbschatten und einen kühlen Standort, geschützt vor Wind und Sonne. Farne können selbst die dunkelste Bepflanzung aufhellen. Ihre filigrane Anmut macht sie sehr gut geeignet für schattige Plätze. Ihr Blattwerk weist die unterschiedlichsten grünen Farbtöne auf, und die vielfältigen Formen der Farnwedel sind immer eine Freude für das Auge. In wärmeren Regionen behalten Farne wie *Blechnum*, *Polypodium* und *Polystichum* den ganzen Winter über ihr Grün bis zum Austrieb der neuen Wedel im Frühling. Einige Farne eignen sich gut als Bodendeckerpflanzen. Andere dagegen, wie die horstbildenden Farne *Athyrium*, *Dryopteris* und *Polystichum*, sollte man besser einzeln pflanzen, damit ihre Schönheit besser zur Geltung kommen kann.

Einer der zierlichsten und hübschesten aller Freilandfarne ist *Adiantum pedatum*, der Pfauenradfarn, eine Staude mit mattgrünen Blättern. Er gedeiht hervorragend in schattigen, geschützten Ecken in ständig feuchtem, aber gut drainiertem Boden. Er wird zwar langsam wachsen, aber ohne weitere Ansprüche an Pflege. Im Winter braucht er eine Kälteperiode; warmes Klima behagt ihm überhaupt nicht. Er muß im Schatten stehen, da die Sonne die hauchdünnen Blätter leicht versengt. Aus den kurzen kriechenden Rhizomen treiben im Erstfrühling zarte, hellbronzene Wedel hervor. Die Blattstengel sind dünn und drahtig; sie nehmen bald ein dunkles, glänzendes Braun oder Schwarz an. Die Wedel sind fächerartig und wachsen bis zu 30 cm in die Breite und 40 cm in die Höhe.

Der Frauenfarn, *Athyrium filix-femina*, ist eine sehr variable Farnart, die gerne in lichtem Halbschatten wächst. Er gehört zu den Farnen, die am leichtesten zu pflegen sind, und am richtigen Standort wächst er zwar langsam, aber immer hübsch. Seine Wedel sind von einem frischen Grün und werden gewöhnlich bis zu 90 cm lang; sie haben eine Schwertform und sind durchbrochen wie Spitze. In einem großen Garten kann man ohne weiteres mehrere Frauenfarne in einer Gruppe zusammenpflanzen, in kleineren Gärten wirken sie dagegen besser als Solitärpflanzen. Hält man den Boden vor allem in den heißen Sommertagen stets feucht, bleibt der Frauenfarn bis weit in den Herbst hinein grün; erst dann werden die Wedel dürr.

Auf einer sonnigen Lichtung ist das sanfte Grün der Farne, wie u.a. des Straußfarns (Matteuccia struthiopteris), *kontrastiert mit der farbigen* Primula japonica.

Einzigartig in seinen Farben ist der Japanische Regenbogenfarn, *Athyrium goeringianum* 'Pictum': seine schwertförmigen Wedel sind von einem wunderschönen weichen Graugrün, mit weinroten Flecken entlang der Blattrippe in der Mitte. Sie werden bis zu 60 cm lang und 20 cm breit. Versorgt man ihn während der trockenen Jahreszeit ausreichend mit Wasser, dann behält er seine Schönheit bis weit in den Herbst hinein, bis seine Blätter beim ersten, starken Nachtfrost absterben.

Die wohl eleganteste Art der Freilandfarne ist *Polystichum aculeatum*, der Glanzschildfarn. Seine zierlichen, gefiederten Wedel werden bis 60 cm lang und maximal 15 cm breit. Die

Das Laub und die anmutig gebogenen Zweige des Salomonssiegels (Polygonatum x hybrida) *erzeugen einen verblüffend räumlichen Eindruck. Es gedeiht gut im Schatten, wo seine blassen Blütenglocken am besten wirken.*

jungen Wedel treiben zunächst gelbgrün aus und verfärben sich dann zu einem kräftigen, glänzenden Grün. Der Glanzschildfarn ist der letzte Farn im Jahr, der seine Wedel entfaltet. Hat er den richtigen Standort und ist er einmal angewachsen, bilden alte Pflanzen Horste mit einem Durchmesser von 120 cm. Die Wedel halten den ganzen Winter über.

Blühende Stauden

Es gibt eine ganze Reihe von Stauden, die mit ihrem ausdrucksvollen und schön strukturierten Blattwerk viel für den sommerlichen Garten bieten. Im Frühsommer entfalten einige dieser Stauden attraktive und manchmal sogar elegante Blüten, die willkommene Abwechslung in Strauch- und Gehölzanpflanzungen bringen. Meist blühen sie weiß oder in sehr blassen Farben, die einen guten Farbkontrast zu den kräftigeren Tönen der Rhodendren bilden.

Ein gutes Beispiel ist das Salomonssiegel *(Polygonatum)*, eine elegante Pflanze für halbschattige Plätze in fruchtbarem, tiefgründigem und mäßig feuchtem Erdreich. Unter Bäumen und Sträuchern erweckt sein herrliches Blattwerk den Eindruck eines natürlichen Waldes. Die gebogenen Blattstengel treiben aus den Rhizomen im Boden hervor, und sie kommen besonders zur Geltung, wenn sie aus einem Teppich von Bodendeckerpflanzen herausragen. Die Blüten sind kleine, weiße Glöckchen mit grünen Spitzen. Die breiten, hellgrünen Blätter sprießen zu beiden Seiten der Stengel, in einer fast horizontalen Ebene; sie formen so ein grünes Dach über den hängenden Blütenbüscheln. Nur wenige Pflanzen lassen sich so leicht ziehen wie das Salomonssiegel; wenn sie nicht gestört werden, wachsen und blühen sie viele Jahre lang an ein und demselben Platz.

Am häufigsten findet man in den Gärten eine Hybridform, *Polygonatum* x *hybridum*. Diese graziöse und wunderschöne Pflanze wächst sehr stark und wird bis zu 90 cm groß. *P. multiflorum* ist vielleicht nicht ganz so auffällig, aber dennoch eine reizvolle Pflanze. Ihre erbsengrünen Stengel wachsen sehr schnell, sie erreichen im Nu eine Höhe von 60-80 cm. Die weißen, glöckchenförmigen Blüten sind 2 cm lang und hängen in Büscheln zu zweit bis zu fünft herab. *P. odoratum* ist eine Staude für Liebhaber von Duftpflanzen. Sie wird bis zu 45 cm groß und trägt ihre hängenden Blüten einzeln oder zu zweit an der Unterseite der starkabstehenden Stiele.

Wie sein Name schon sagt, zählt das Schaublatt (Rodgersie) zu den Pflanzen mit besonders attraktivem Blattwerk. Es bevorzugt moorigen Boden, am besten unmittelbar am Wasser, es wächst aber auch in tiefgründiger, fruchtbarer, feuchter Erde, in der prallen Sonne oder im Halbschatten. Wenn es am richtigen Standort steht, können seine herrlichen Blätter und die langen Blütenrispen den Eindruck von räumlicher Weite und Tiefe hervorrufen. *Rodgersia aesculifolia* wird 60-150 cm groß und trägt meist siebenfingrige, runde Blätter von einem Durchmesser bis zu 45 cm, die den Roßkastanienblättern täuschend ähnlich sehen. Die langgestielten, in, pyramidenförmigen Rispen locker verzweigten Blüten sind cremefarben und heben sich wirkungsvoll gegen den dunklen Hintergrund ab.

Eine sehr variable Sorte ist *Rodgersia pinnata*. Sie wird ohne weiteres bis 100 cm groß, ihre handförmigen, dunkelgrün glänzenden Blätter sind sechs- bis neunmal geteilt. *R. pinnata* bringt ihre Blüten an einer reich verzweigten Rispe hervor, die bis zu 1 m hoch wird. Die Blüten sind hellrosa, aber es gibt auch Sorten mit anderen Farben, von Weiß bis fast Rot. Die Sorte 'Superba' z.B. hat hellrosa Blüten und dunkelgrünes Blattwerk. Der *R. pinnata* ähnelt die *R. sambucifolia* sehr, sie ist nur etwas kleiner, mit dunklem Laub und elegantem, cremeweißem Blütenschmuck. Sie ist leicht an den drei- bis fünfpaarigen Fiederblättern mit ihren lanzenförmigen, glanzlosen Blättern zu erkennen. Eine dem Salomonssiegel ähnliche, wundervoll duftende Pflanze ist *Smilacina racimosa*, die auch als Schattenblume bekannt ist. Nur die Blüten unterscheiden sich von denen des Salomonssiegels. Die Blüten, die am Ende der Äste in gefiederten, cremefarbenen Dolden hervorbrechen, verströmen einen wohlriechenden Duft. Wenn er etwas Schatten und sauren Boden hat, wird dieser Strauch in dichten Kolonien wachsen. Seine gebogenen Zweige werden 45-90 cm lang und tragen zwei Reihen glänzender, dunkelgrüner Blätter.

Eine hübsche Gruppe von Hemerocallis lilioasphodelus *und cremefarbene 'Buff-Beauty'-Rosen erheben sich über einem Beet mit* Euonymus fortunei. *Stauden mit ausdrucksvollem Laub sind wichtig für sonnige Plätze.*

Kräftigere Farben in ein Beet mit Stauden, die feuchten Boden lieben, bringen einige wundervolle Primelarten und -sorten. Sie sind gleichermaßen für sonnige Standorte und Halbschatten geeignet. Von der Etagenprimel gibt es etliche sehr wertvolle Arten, die gut in feuchtem Boden und im Halbschatten gedeihen: die karmesinrote *Primula beesiana* und *P. japonica*, die orange blühende *P. bulleyana*; gelb blüht *P. helodoxa* und in den Farben Rot, Rosa und Weiß die *P. pulverulenta*. Herrlich duftende Arten gibt es in der Sikkimensis-Gruppe der Primeln, wie z. B. die gelbe *P. sikkimensis*, die weiß und gelb blühende *P. alpicola* und die schwefelgelbe *P. florindae*. Die kleine *P. sieboldii* blüht in vielen Farben, ihre Blüten haben meist einen leicht rosa Schatten. Aber bitte darauf achten, daß Primeln feuchten, eher neutralen Boden schätzen.

DIE FARBPALETTE DES FRÜHSOMMERS

Blau und Lila

Buddleja alternifolia
Clematis x *durandii*
Hydrangea macrophylla 'Blue Wave'
Rhododendron Sorten
Syringa josikaea
Clematis 'Lasurstern', 'Perle d'Azur', 'Mrs. Cholmondely'
Anchusa azurea 'Loddon Royalist', 'Royal Blue', 'Little John'
Aster alpinus 'Dunkle Schöne'
A. tongolensis 'Berggarten', 'Leuchtenburg', 'Napsbury'
Campanula carpatica 'Blaue Clips', 'Karpatenkrone'
C. persicifolia 'Grandiflora coerulea'
Centaurea montana 'Grandiflora', 'Parham'
Erigeron 'Adria', 'Schwarzes Meer'
Geranium himalayense 'Gravetye'
G. 'Johnson's Blue'
Iris x *barbata* Sorten
Linum narbonense
Lupinus Hybriden
Polemonium foliosissimum
P. reptans 'Blue Pearl'
Salvia nemorosa 'Ostfriesland', 'Mainacht', 'Blauhügel'
Scabiosa caucasica 'Blauer Atlas', 'Clive Greaves', 'Nachtfalter'
Thalictrum aquilegiifolium
Veronica spicata incana
Allium giganteum
Iris sibirica Sorten
Myosotis palustris

Weiß und Cremefarben

Chionanthus virginicus
Cornus alternifolia und *C.a.* 'Argentea'
C. controversa und *C.c.* 'Variegata'
Cornus kousa und *C.k chinensis*
Crataegus crus-galli
Delphinium Sorten
C. persimilis 'Prunifolia'
Deutzia x *magnifica*
D. x *rosea* 'Campanulata', 'Grandiflora'
D. scabra 'Candidissima', 'Watereri'
Erica cinerea 'Alba Minor'
E. tetralix 'Alba Mollis'
Hydrangea macrophylla 'White Wave'
H. petiolaris
Lonicera maackii
Magnolia sieboldii
Philadelphus 'Albatre', 'Belle Etoile', 'Avalanche', 'Beauclerk', 'Virginal', 'Manteau d'Hermine'
Photinia villosa
Potentilla fruticosa 'Abbotswood'
Rhododendron Sorten
Viburnum plicatum 'Mariesii'
Rosa Arten und Sorten
Actinidia arguta
A. deliciosa (A. chinensis)
Clematis 'Mme LeCoultre', 'Henryi'
Lonicera periclymenum
Aconitum septentrionale 'Ivorine'
Armeria maritima 'Alba'
Aruncus dioicus
Aster alpinus 'Albus'
Astrantia major
Campanula carpatica 'White Clips', 'White Star'
C. persicifolia 'Grandiflora alba'
Cerastium tomentosum columnae
Crambe cordifolia
C. maritima
Delphinium Sorten
Dianthus plumarius Sorten
Dicentra eximia alba
D. spectabilis alba
Dictamnus albus
Erigeron Hybriden
Gypsophila repens
Iris x *barbata* Sorten

Linum narbonense

Lupinus Hybriden
Monarda 'Snow Maiden'
Paeonia lactiflora Hybriden
Polygonatum multiflorum
P. odoratum
Primula sieboldii 'Snowflakes'
Rodgersia aesculifolia
R. pinnata 'Alba'
R. sambucifolia
Scabiosa caucasica 'Miss Willmott'
Smilacina racemosa
Tiarella wherryi
Trillium grandiflorum
Eremurus himalaicus
Aponogeton distachyos
Hottonia palustris
Menyanthes trifoliata
Sagittaria latifolia
S. sagittifolia

Gelb und Orange

Cytisus decumbens
Genista lydia
G. tinctoria
Potentilla fruticosa Sorten
Rhododendron Sorten
Rosa Arten und Sorten
Clematis tangutica
Lonicera caprifolium
L. x *heckrotti*
Achillea 'Golden Plate', 'Moonshine', 'Schwefelblüte'
A. tomentosa
Alchemilla mollis
Anthemis tinctoria 'E.C.Buxton', 'Grallagh Gold', 'Wargrave'
Corydalis lutea
Digitalis grandiflora
Helianthemum 'Golden Queen', 'Praecox', 'Wisley Primrose'
Hemerocallis Sorten
Iris x *barbata* Sorten
Linum flavum 'Compactum'
Lysimachia nummularia
L. punctata
Eremurus stenophyllus bungei
Iris pseudacorus
Orontium aquaticum
Primula alpicola
P. bulleyana
P. florindae
P. prolifera (P. helodoxa)
P. sikkimensis
Trollius europaeus 'Superbus'

Rot und Rosa

Cytisus purpureus
Daphne x *burkwoodii* 'Somerset'
Deutzia x *elegantissima*
D. 'Mont Rose'
D. x *kalmiiflora*
D. x *rosea*
Erica cinerea 'Eden Valley', 'P.S.Patrick', 'Smith's Variety', 'Velvet Knight'
E. tetralix 'Con Underwood', 'Hookstone Pink'
Rhododendron Sorten
Syringa reflexa
S. x *swegiflexa*
Rosa Arten und Sorten
Clematis 'Bees Jubilee', 'Kardynal Wyszynski', 'Nelly Moser', 'Comtesse de Bouchaud'
Lonicera x *brownii* 'Dropmore Scarlet'
Armeria maritima Sorten
Aster alpinus 'Happy End'
Astrantia major 'Rosea'
Centranthus ruber und *C.r.* 'Coccineus'
Dianthus carthusianorum
D. gratianopolitanus Sorten
D. plumarius Sorten
Dicentra eximia
D. spectabilis
Dictamnus albus purpureus
Digitalis x *mertonensis*
Dodecatheon meadia
Erigeron 'Foersters Liebling', 'Rotes Meer'
Geranium endressii 'Wargrave Pink'
G. macrorrhizum 'Ingwersen's Variety'
G. x *oxonianum* 'Rose Clair'
Geranium psilostemon 'Bressingham Flair'
Helianthemum 'Cerise Queen', 'Fire Dragon', 'Henfield Brilliant', 'Rose Queen'
Hemerocallis Sorten
Heuchera Sorten
Incarvillae delavayi
Iris x *barbata* Sorten
Lupinus Hybriden
Lychnis chalcedonica
Monarda 'Cambridge Scarlet', 'Croftway Pink', 'Morgenröte', 'Prairie Glow'
Paeonia lactiflora Hybriden
Papaver orientale 'Beauty of Livermere', 'Catharina', 'Carnival'
Rodgersia pinnata 'Superba'
Thalictrum diptocarpum 'Hewitt's Double'
Allium cernuum
A. christophii
A. oreophilum
Eremurus robustus
Butomus umbellatis
Primula beesiana
P. japonica
P. pulverulenta
P. sieboldii

Duftpflanzen

Buddleja alternifolia
Calycanthus floridus
Chionanthus virginicus
Daphne x *burkwoodii* 'Somerset'
Deutzia x *elegantissima*
D. x *magnifica*
Lonicera maackii
L. caprifolium
L. periclymenum
L. x *heckrottii*
Magnolia sieboldii
Philadelphus Sorten
Photinia villosa
Rhododendron Sorten
Rosa Arten + Sorten
Actinidia arguta
Crambe cordifolia
Dianthus plumarius Sorten
Dictamnus albus
Paeonia Hybriden
Polygonatum odoratum
Smilacina racemosa
Tiarella wherryi
Aponogeton distachyos
Primula florindae
P. sikkimensis

Bienen-und Schmetterlingspflanzen

Buddleja alternifolia
Crataegus crus-galli
C. persimilis 'Prunifolia'
Erica cinerea Sorten
E. tetralix Sorten
Lonicera Arten
Philadelphus Sorten
Photinia villosa
Rosa einfach blühende Arten und Sorten
Armeria Sorten
Astrantia major
Aster alpinus Sorten
A. tongolensis
Centaurea montana
Dianthus Sorten
Dictamnus albus
Digitalis Arten
Erigeron Sorten
Geranium Sorten
Helianthemum Sorten
Lysimachia Arten
Polemonium foliosissimum
P. reptans
Salvia nemorosa Sorten
Scabiosa caucasica Sorten
Thalictrum Arten
Allium Arten
Butomus umbellatus
Primula Arten

WICHTIGE ARBEITEN

Bäume und Sträucher

Schnitt von Blütensträuchern

Viele Gartenarbeiten, die man im Frühjahr begonnen hat, werden im Frühsommer fortgesetzt; so das Zurückschneiden von Sträuchern wie Flieder, Rhododendren und natürlich Rosen, die im Frühling geblüht haben und jetzt verwelkt sind. Sobald man Zeit dafür findet, sollte man mit diesen Arbeiten fortfahren.

Auch müssen jetzt viele laubabwerfende Sträucher, die an ihren letztjährigen Trieben blühen, unmittelbar nach der Blüte geschnitten werden. Wartet man mit dem Schnitt bis zum Winter, dann besteht die Gefahr, daß man nächstjährige Blütenknospen wegschneidet. Auch sollte man alle laubabwerfenden Sträucher schneiden, die Anzeichen von Ermüdung, Überalterung zeigen oder zu dicht wachsen. Schneidet man sie gleich nach dem Verblühen, dann werden sie es mit einer üppigen Blüte im nächsten Jahr danken.

Relativ einfach ist der Rückschnitt bei Sträuchern wie *Deutzia*, *Exochorda* und *Spiraea*, die von unten sofort wieder nachtreiben: man schneidet die abgeblühten Zweige bis zur untersten kräftigen Astgabelung zurück. Dabei sollte man auf die natürliche Form und einen gleichmäßigen Schnitt achten. Bei älteren Sträuchern schneidet man jedes Jahr ein Viertel der ältesten Stämme herunter bis auf den Boden. So bleiben sie jung und blühen jedes Jahr.

Besenginster, *Cytisus scoparius*, und andere Sträucher, die sich nur schwer vom alten Holz verjüngen, sollte man nicht so stark zurückschneiden. Schon die jungen Pflanzen müssen geschnitten werden. Man kappt die Blütentriebe bis zu der Stelle, an der sich die jungen Triebe entwickeln.

Heckenschnitt

Frühsommer ist auch die richtige Zeit zum Schneiden der geometrisch geformten Hecken; wenn Vögel in der Hecke nisten, muß man jedoch mit dem Schnitt warten, bis die Jungen das Nest verlassen haben. Berberitzen, Hainbuchen, Felsenmispeln, Buchen, Liguster und Schlehen sind Beispiele für Sträucher, die den ersten Schnitt in dieser Jahreszeit erhalten. Schnellwachsende Arten werden dichter, wenn man sie zweimal oder öfter im Jahr schneidet.

Geometrisch geformte Hecken werden entweder gerade oder trapezförmig geschnitten; bei einem Trapezschnitt wird die Hecke auf jeden Meter Höhe 10 cm schmäler. Die Hecke soll nach dem Schnitt gleichmäßig grün sein.

Düngen von Bäumen
Die meisten Wurzeln befinden sich unterhalb der Astspitzen.

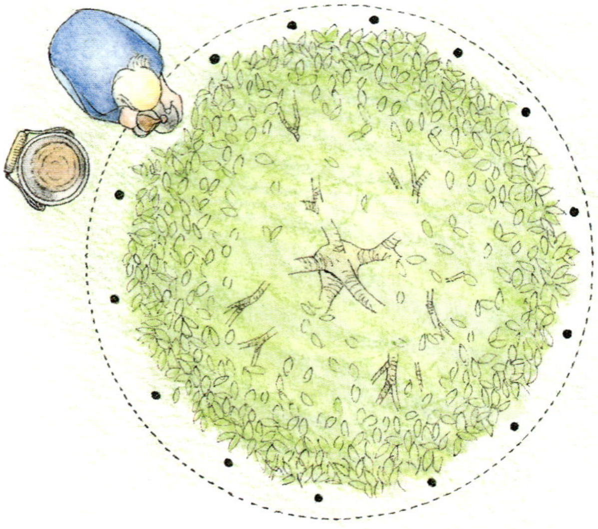

Im Abstand von 45-60 cm bohrt man 30-45 cm tiefe Löcher rings um den Baum.

Mit einem schnellfließenden Dünger füllen und gründlich gießen.

Ausputzen von verwelkten Pflanzenteilen

Welke Blüten von Rhododendren und Flieder müssen ausgeputzt werden (s. S. 46), damit die Sträucher im nächsten Jahr wieder üppig blühen. Bei den meisten anderen Blütensträuchern ist dies überflüssig. Sträucher, die dekorative Früchte tragen oder deren Beeren Nahrung für die Vögel sind, sollte man nicht schneiden.

Düngen von Bäumen

Einmal angewachsene Zierbäume brauchen bis auf einige Ausnahmen keine regelmäßige Düngung mehr. Große Bäume, die mitten im Rasen, dicht an einer Straße oder an einer anderen ungünstigen Stelle stehen, müssen gelegentlich gedüngt werden. Ebenso brauchen alle Bäume, die an Nährstoffmangel leiden oder nicht richtig wachsen, sobald wie möglich eine Düngergabe. Die Düngung von Gehölzen sollte bis zur Mitte des Frühsommers, jedoch spätestens dann, wenn Winterlinde und Liguster blühen, abgeschlossen sein. Denn düngt man die Pflanzen zu spät, dann verlängert sich die Produktion von neuen, frischen Trieben bis weit in den Sommer hinein, und das Holz hat zuwenig Zeit, um auszureifen. Beim Düngen von Bäumen im Frühsommer kommt es vor allem darauf an, daß die wertvollen Stoffe schnell an die Baumwurzeln gelangen, durch den Rasen hindurch und vorbei an Stauden und anderen gierigen Nährstoffräubern.

Gießen und mulchen

Frisch gepflanzte Bäume und Sträucher müssen in einer sommerlichen Trockenphase einmal pro Woche gut gegossen werden.

Jetzt sollte man auch die Pflanzscheiben der neuen Bäume und Sträucher mit einer Mulchschicht versehen. Wichtig ist, das organische Mulchmaterial nur auf gut feuchtem Boden auszubreiten. Trockene Erde sollte zunächst gründlich gewässert werden; einen Tag später lockert man die Bodenoberfläche und mulcht.

Stecklinge von weichem Holz

Jetzt lassen sich viele Sträucher und Halbsträucher leicht auch durch Stecklinge vermehren. Dafür eignen sich Arten wie *Berberis, Caryopteris, Cornus, Corylopsis, Cotinus, Cotoneaster, Deutzia, Euonymus, Exochorda, Hibiscus, Kolkwitzia, Laburnum, Lavandula, Lespedeza, Ligustrum, Lonicera, Potentilla, Ribes, Rosmarinus, Salix, Santolina, Syringa, Viburnum, Weigelia.* Man kann bereits beim normalen Heckenrückschnitt genügend Stecklinge für eine neue Hecke gewinnen (s. S. 156)

Oder man gräbt mit einem Spaten unterhalb der Astspitzen ringsum Trichter, um die Wurzeln nicht zu verletzen. Hinter dem Spatenblatt füllt man den Dünger ein.

Eine Düngerlanze, die man ca. 60 cm tief in den Boden steckt, bringt den Dünger direkt an die Wurzeln. Die Lanze wird an einen Schlauch angeschlossen.

Rosen

Ausputzen von Teehybriden und Floribunda-Rosen
Man schneidet die Zweige zurück bis zu einer kräftigen Knospe oder einem jungen Trieb, jedoch nicht mehr als um ein Drittel.

Ausputzen von Kletterrosen
Man schneidet verblühte Blütenzweige zurück bis zu einer Knospe, aber nicht mehr als um die Hälfte.

Düngen

Rosen müssen in der Regel nur zwei- oder dreimal im Jahr gedüngt werden. Dies gilt aber nicht, wenn die Rosen in nährstoffarmem oder sandigem Boden stehen, in dem die Mineralstoffe schnell ausgewaschen werden. Wichtig ist auch der Zeitpunkt: man sollte düngen, wenn die Pflanzen den höchsten Bedarf an Nährstoffen haben, d.h. alle Knospen für die erste Blütengeneration gebildet sind und schon die Triebe für die nächste Blüte wachsen. Wenn die ersten Rosen wenige Wochen danach blühen, wird zum zweitenmal gedüngt. Der Boden muß vor dem Ausbringen eines Trockendüngers leicht gelockert werden und feucht sein, damit die Wurzeln nicht leiden. Das Beste ist, man gießt die Rosen einen Tag vor dem Düngen kräftig. Am nächsten Tag wird rund um die Büsche gedüngt, am besten mit einem speziellen Rosendünger. Man sollte mit dem Dünger nicht zu nah an den Stamm kommen, sondern die Erde unterhalb der Zweigspitzen düngen. Dann noch einmal gründlich gießen.

Gießen

Rosen zählen zu den Tiefwurzlern und brauchen, wenn sie einmal angewachsen sind, viel weniger Wassser als die meisten anderen Zierpflanzen. Frisch gepflanzte Rosen, deren Wurzeln noch nicht voll entwickelt sind, leiden jedoch schneller unter Wassermangel. Wassermangel bremst die Vitalität der Rosen und behindert die Blütenbildung. Deshalb sollte man Rosen in der Blütezeit bei länger andauernden Trockenperioden gießen.

Am besten gießt man am Morgen, so daß die Blätter bis abends wieder trocken sind. Überhaupt sollte man beim Gießen die Blätter nicht naß machen und keinesfalls mit Schlamm beschmutzen, da sie sonst leicht von Sporenkrankheiten befallen werden. Beim Gießen kommt es darauf an, daß sich die Erde bis zu den Wurzeln der Pflanze vollsaugen kann, also bis in eine Bodentiefe von 40-45 cm. Es ist besser, einmal kräftig zu gießen. Gießt man öfters und oberflächlich, führt das dazu, daß sich die Faserwurzeln vor allem in der oberen feuchten Erdkrume ausbreiten. Das hat den Nachteil, daß sie beim Bodenlockern leicht verletzt, beim Düngen schneller verbrannt werden und sehr gefährdet sind, wenn der Boden einmal richtig austrocknet.

Es gibt einen einfachen Test, um herauszufinden, wie tief das Wasser in den Boden eindringt. Man gibt einer Rose eine bestimmte Menge Wasser; einen Tag später prüft man mit dem Spaten, wie weit das Wasser eingedrungen ist. Wenn man feststellt, daß der Boden bei dieser Wassermenge z.B. nur 20 cm tief feucht ist, dann bedeutet dies, daß man doppelt so viel bzw. lange wässern muß.

Wie schnell das Wasser in die Erde eindringt, hängt von der Art des Bodens ab. Bei sandigem Boden muß man die Rosen einmal pro Woche gießen, da sandiger Boden schneller austrocknet. Bei schwerem, lehmigem Boden muß man kräftiger gießen, aber nur alle 10 Tage. Rosen in lehmigem Tonboden brauchen sogar nur alle zwei Wochen Wasser. Eine Rolle spielen natürlich auch die Temperatur, der Wind oder ob das Rosenbeet gemulcht ist.

Ausputzen von Rosen

Schneidet man Rosen für die Vase ab, so ist das eigentlich eine Art Pflegeschnitt. Macht man es richtig, dann hat beides denselben Effekt, nämlich den Rosenbusch jung und vital zu halten und ihn zu neuer Blüte anzuregen. Doch sollte man von einem Rosenbusch nicht mehr als ein oder zwei Schnittrosen zur selben Zeit abschneiden. Denn die Energie und die Nährstoffe stecken in den Blättern. Deshalb sollte man die einzelnen Rosenzweige auch nie mehr als um ein Drittel kürzen. Auf jeden Fall trägt es sehr viel zur Vitalität der

Beetrosen bei, besonders von Floribundarosen und Teehybriden, wenn man verwelkte Blüten regelmäßig ausputzt. Das hindert die Rosen daran, Früchte zu bilden, und alle Kraft konzentriert sich in den neuen Blüten. Außerdem beseitigt man mit dem regelmäßigen Ausputzen mögliche Ansteckungsquellen für Pilzkrankheiten. Wichtig beim Schneiden verwelkter oder vertrockneter Blüten ist, daß man so wenige Blätter wie möglich wegnimmt. In der Regel beschränkt sich der Sommerschnitt auf das Ausputzen und das Schneiden von Blumen für die Vasen. Macht man beides konsequent, erübrigt sich jeder weitere Rosenschnitt bis zum Winter.

Zu beachten ist, daß Wildrosen, *Rosa-rugosa*-Sorten und andere Rosensträucher, die wegen ihrer schönen Herbstfrüchte gepflanzt werden, natürlich nicht ausgeputzt werden dürfen.

Kletterpflanzen

Anbinden

Man sollte nicht vergessen, die neuen Triebe von Kletterpflanzen in die gewünschte Richtung zu lenken und anzubinden.

Schneiden von Clematis

Clematis, die im Frühling blühen, schneidet man, sobald die Blüten verwelkt sind. Clematissorten, die im Frühling an kurzen, im letzten Sommer gebildeten Zweigen blühen, wie etwa *Clematis montana*, *C. alpina* und *C. macropetala*, kommen mehrere Jahre ohne Schnitt aus - vorausgesetzt, sie wuchern nicht zu sehr. Wenn ausgewachsene Clematispflanzen alles zu überwachsen drohen, dann schneidet man die Seitentriebe unmittelbar nach der Blüte bis auf wenige Zentimeter zurück, läßt aber ein oder zwei Triebe stehen, die im nächsten Frühjahr kräftig austreiben und blühen werden. Eine andere Möglichkeit ist, diese Clematissorten alle paar Jahre zu verjüngen.

Die großblühenden Clematis-Hybriden, wie etwa 'Lasurstern', 'Nelly Moser','Henryi' und 'Mme LeCoultre', blühen ebenfalls im Frühjahr am vorjährigen Holz. Da sie oft noch einmal im Spätsommer oder Herbst blühen, erfordert der Rückschnitt etwas Geschick. Am besten ist es, man schneidet nach der Frühjahrsblüte ein Viertel oder ein Drittel der alten Triebe bis auf 30-60 cm über dem Boden zurück. Die neuen Triebe werden im nächsten Frühjahr sehr üppig blühen, während die ungeschnittenen Zweige im selben Jahr ein zweites Mal blühen.

Einjährige Kletterpflanzen

Da keine gefährlichen Fröste mehr drohen, können die einjährigen Kletterpflanzen ruhig ins Freie gebracht werden. Selbst empfindliche tropische und subtropische Arten wie *Cobaea scandens*, *Ipomoea tricolor* 'Heavenly Blue' und *Calonyction album* wachsen kräftig, da die Temperaturen am Tag und, ebenso wichtig, auch nachts ansteigen. Besonders schnellwachsende Kletterpflanzen lassen sich jetzt noch direkt ins Freie säen, die Feuerbohne *Phaseolus coccineus* z. B. und der Japanische Zierhopfen *Humulus scandens*. Im Nu werden sie alle Flächen überwuchern: Pergolas, Klettergerüste oder Zäune.

Anfangs brauchen die einjährigen Kletterpflanzen etwas Starthilfe. Denn die rasch wachsenden Triebe sind sehr dünn und verletzlich. Haben sie ihre Kletterhilfe aber erobert, müssen sie nur noch hin und wieder in die gewünschte Richtung gelenkt werden.

Gießen von Kletterpflanzen

Kletterpflanzen an Hauswänden sollte man nun gut beobachten,da sie leicht unter Wassermangel leiden; an Mauern und Hauswänden trocknen Pflanzen schneller aus als an ungeschützten Plätzen. Sehr wichtig ist, daß das Wasser tief genug in den Boden eindringt und die Wurzeln mit Feuchtigkeit und Nährstoffen versorgt. Häufiges und oberflächliches Gießen schadet mehr als es nützt, denn die Wurzeln breiten sich dann im oberen Bodenbereich aus, wo sie nur schneller austrocknen.

Stauden

Unkraut jäten und mulchen

Die Stauden in den Beeten wachsen und blühen besser, wenn man jetzt einige Regeln beachtet: einmal ist es wichtig, den Boden zwischen den Pflanzen locker und frei von Unkraut zu halten. Denn Unkraut nimmt den Stauden Wasser, Nährstoffe und Licht weg. Das Jäten fällt leichter, wenn man die Beete so früh wie möglich im Frühsommer hackt und das Unkraut jätet. Es reicht, wenn man den Boden 1-2 cm tief lockert: die einjährigen Unkräuter werden beseitigt, ohne daß die Wurzeln der Zierpflanzen verletzt werden. Das Hacken der Staudenbeete hat noch einen anderen Vorteil: der Boden wird besser belüftet, und das Regenwasser bahnt sich leichter seinen Weg zu den Pflanzenwurzeln. Außerdem werden beim Hacken die Kapillarröhrchen im Boden, durch die das Wasser bei trockenem Wetter verdunstet, geschlossen.

Auch eine Schicht organischen Mulchmaterials vermindert die Verdunstung und hält zudem den Boden im Sommer kühler; sie verhindert, daß das Erdreich durch das Gießen verdichtet wird oder ein Regen Erde wegschwemmt. Eine Mulchschicht ist vor allem dann wichtig, wenn der Boden nach einem starken Regen verkrustet und mit der Hacke aufgerissen werden muß. Man sollte erst mulchen, nachdem sich das Erdreich genügend mit Feuchtigkeit vollgesogen hat.

Mulchen hilft auch gegen Unkraut: die Schicht muß nur so dick sein, daß die Unkrautsamen nicht aufgehen können. Deshalb sollte die Mulchschicht wenigstens 5-10 cm stark sein; das Licht kann dann nicht mehr zum Boden vordringen und die Unkrautsamen zum Keimen bringen. Mit einer gleichmäßigen Mulchschicht in den Staudenbeeten bekommt man zumindest die einjährigen Unkräuter innerhalb von zwei bis drei Jahren in den Griff.

Stützen anbringen

Alle mehrjährigen Stauden, die so stark wachsen, daß sie umzukippen drohen, sollte man den ganzen Sommer über stützen und aufbinden (s. S. 31). Umgeknickte oder gar gebrochene Triebe schneidet am besten gleich ab.

Zurückschneiden von Stauden

Manche Stauden, die in der Regel nur einmal im Jahr blühen, können dazu gebracht werden, zweimal zu blühen. Rittersporn etwa kann man nach der Blüte bis auf 30 cm zurückschneiden. Beginnen die neuen Triebe zu wachsen, schneidet man die alten Triebe noch einmal stärker zurück, bis auf 10 cm über dem Boden. Gut versorgt mit Dünger und Feuchtigkeit, blüht der Rittersporn im Herbst noch einmal genauso schön.

Auf dieselbe Weise läßt sich eine ganze Reihe von anderen Stauden, die im Frühjahr und Frühsommer blühen, zu neuer Blüte anregen: zum Beispiel die Bergflockenblume *(Centaurea montana)*, die bunten Frühlingsmargeriten *(Chrysanthemum coccineum)*, Feinstrahl *(Erigeron)*, Lupinen *(Lupinus)* und die Katzenminze *(Nepeta)*. Auch wenn die zweite Blüte einmal ausbleibt, bildet sich doch hübsch anzusehendes frisches Laub.

Eine längere Lebensdauer läßt sich auf diese Weise bei einigen nur zweijährigen Gartenpflanzen wie dem Fingerhut *(Digitalis purpurea)* erreichen; man schneidet sie nach dem Blühen bis dicht über dem Boden zurück. Im Wildgarten oder zwischen Gehölz kann man ein paar Blütenrispen des Fingerhuts auch zum Samen reifen lassen.

Staudenpflege

Das Ausputzen von verwelkten Blüten regt viele Stauden zur Bildung neuer Blüten an und hält die Pflanzen attraktiv. Welke Blüten sollte man aber auch dann abschneiden, wenn keine neuen Blüten mehr zu erwarten sind; es kommt der Gesundheit und der Vitalität der Pflanzen zugute.

Mit einer kleinen Schere schneidet man die Blüten exakt über einem Blatt oder einem Blattpaar ab. Das Abschneiden von Blumen für die Vase bringt den gleichen Effekt. In einem naturnahen Garten, in dem sich die Pflanzen selbst fortpflanzen, empfiehlt es sich, einige Samenstände der schönsten Pflanzen, etwa der Akelei, stehen zu lassen, damit der Samen ausreifen kann.

Verlängerung der Blütenperiode

Die Blühdauer von einigen besonders beliebten und farbenprächtigen Stauden wie dem *Phlox paniculata* z. B., die nur einmal im Spätsommer blühen, läßt sich oft durch einen simplen Trick verlängern: man schneidet vor dem Aufgehen der Blütenknospen ein Drittel der Triebe um 10 cm zurück und regt damit die Bildung neuer, kräftiger Zweige an. Während der Blüte der stehengebliebenen Triebe entstehen an den neuen Zweigen Knospen, die drei Wochen später blühen. Ist der Sommer lang, läßt sich Phlox sogar zu einer dritten Blühperiode anregen: man schneidet die ursprünglich nicht gekürzten Triebe nach der ersten Blüte um ein Drittel zurück - und meist erscheint eine dritte Blütengeneration. Auch Chrysanthemen, Sonnenhut und *Coreopsis* können so behandelt werden.

Nachpflanzen im Staudenbeet

Tränendes Herz *(Dicenta spectabilis)*, Orientalischer Mohn *(Papaver orientale)*, Blauglöckchen *(Mertensia virginica)* und andere Stauden, die sich nach der Blüte einziehen, hinterlassen unschöne Lücken im Beet. Um nicht beim Jäten oder Hacken die im Boden ruhenden Pflanzenteile zu verletzen, sollte man den Standort markieren, solange die Pflanzen noch grün sind.

Die Lücken in den Beeten lassen sich schließen, indem man spätaustreibende Stauden rechtzeitig vor oder hinter diese Stauden setzt. Dafür eignen sich Pflanzen gut, die in die Breite wachsen, wie das Schleierkraut *Gypsophila*, der Tataren-Blauschleier *Limonium* oder die Hohe Veronika, Astern oder Chrysanthemen.

Einjährige und zweijährige Pflanzen

Letzte Aussaat von einjährigen Pflanzen

Noch ist Zeit, schnellwachsende Einjährige direkt ins Beet zu säen; Lücken im Garten lassen sich ohne weiteres ausfüllen mit einjährigen Pflanzen wie Zinnien, Tagetes, *Calendula*, Californischem Mohn, der Schleifenblume *(Iberis umbellata)*, dem Sommervergißmeinnicht *(Anchusa capensis)* oder der Kornblume *(Centaurea cyanus)*.

Pflanzen

Will man vorhandene Lücken in den Beeten rasch schließen, sollte man die Einjährigen in einer Gärtnerei kaufen. Kräftige Pflanzen sind ohne weiteres in der Lage, leere Zwischenräume in kurzer Zeit vollkommen auszufüllen.

Alle Einjährigen, die unter Glas vorgezogen wurden, sind nun so schnell wie möglich auszupflanzen – für die meisten dieser Pflanzen ist der Frühsommer die letzte Gelegenheit dazu. Sie werden sich im Freien schnell entwickeln.

Düngen von Ein- ujnd Zweijährigen
Einjährige und zweijährige Blumen, die geschwächt aussehen, Anzeichen von Nährstoffmangel zeigen und nicht so recht blühen wollen, sollte man jetzt mit einem schnellwirkenden, vorzugsweise flüssigen Dünger versorgen. Geeignet sind mineralische Volldünger mit einem hohen Anteil von Phosphor, da dieser Nährstoff die Blütenbildung unterstützt. Bei der Dosierung sollte man die Gebrauchshinweise, die in der Regel auf der Packung aufgedruckt sind, beachten.

Aussaat von Zweijährigen
Im Frühsommer sollte man das Säen und Vorziehen von Zweijährigen langsam beenden, damit die jungen Pflanzen rechtzeitig im Herbst gepflanzt werden können. Jetzt ist die beste Zeit zum Aussäen für Stockmalven, Marienglockenblumen, Silberling, Vergißmeinnicht, Islandmohn und Stiefmütterchen. Gesät werden die Zweijährigen in Anzuchterde; nach einigen Wochen kann man die pikierten Sämlinge in 10-12 cm große Töpfe setzen.

Blumenzwiebeln und -knollen

Gladiolen
Wenn man es geschickt anstellt, kann man die Gladiolenblüte sehr verlängern. Man pflanzt die Zwiebeln nicht auf einmal, sondern im Abstand von 10 bis 14 Tagen aus. Sobald sie austreiben, werden sie gedüngt, am besten mit einem Volldünger mit viel Phosphor. Gladiolen sind relativ anspruchslos; es reicht, wenn man hin und wieder hackt und bei Trockenheit gießt.

Eine zweite Düngergabe ist fällig, wenn sich die Blätter voll entfaltet haben; denn zugleich beginnen die Zwiebeln kleine Brutzwiebeln im Boden zu entwickeln. Großwachsende Sorten sollte man stützen und anbinden, wenn die Blütenstiele zu wachsen anfangen. Blühen die Gladiolen, sind die alten Zwiebeln ausgelaugt; es wird Zeit für eine dritte Düngergabe, um die Brutzwiebeln zu unterstützen.

Die heranwachsenden neuen Zwiebeln können sich besser entwickeln, wenn man die Blütenstiele sehr bald abschneidet und so viele Blätter wie möglich stehen läßt. Und die verwelkten Blüten von Stielen, die nicht zurückgeschnitten werden, müssen unbedingt ausgeputzt werden.

Dahlien
Dahlienknollen, die noch nicht gepflanzt sind, müssen jetzt so schnell wie möglich in den Boden kommen. Wenn sie zu wachsen beginnen, bindet man großwüchsige Dahlien gleich an Stäben an. Außerdem müssen wachsende Dahlien alle 2 Wochen flüssig gedüngt werden.

Wasser- und Teichgarten

Pflanzen
Solange die Tage noch länger werden, kann man Teichrosen und anderen Wasserpflanzen einsetzen. Von Vorteil ist auch, daß das Wasser allmählich wärmer wird. Das fördert das Wachstum, und frisch gepflanzte Teichrosen bringen im ersten Jahr schon Blüten hervor. Die Teichbepflanzung sollte bis zum Ende des Frühsommers abgeschlossen sein, da die Pflanzen sonst nicht genügend Zeit haben, um bis zum Winter einzuwachsen (s. S. 51).

Belüftung
Die Fische im Teich brauchen ausreichend Sauerstoff. Wenn nicht zu viele Fische im Teich schwimmen, produzieren die Unterwasserpflanzen genug Sauerstoff. Wird das Wasser wärmer, wird jedoch der Anteil des im Wasser gelösten Sauerstoffs knapper, so daß die Fische ab und zu auftauchen und nach Luft schnappen müssen.

Hier hilft eine kleine Pumpe, die Luft ins Wasser pumpt, oder eine Umwälzpumpe, die einen Springbrunnen oder einen Wasserfall betreibt und das Wasser immer in Bewegung hält. Springbrunnen und Wasserfall haben einen doppelten Vorteil: Sie belüften den Teich und sind zugleich hübsch anzusehen.

Schnelle Hilfe an heißen Tagen bringen auch spezielle Pumpen, die über einen Belüftungsstein große Mengen Luft in den Teich blasen. Man kann sich zur Not auch damit behelfen, daß man die Teichoberfläche solange, wie es notwendig ist, mit einem Rasensprenger besprüht.

Säubern
Von nun an ist es besonders wichtig, abgestorbene Blätter der Wasserpflanzen regelmäßig zu entfernen. Aber nicht herausreißen, sondern abschneiden - man verletzt sonst die ganze Pflanze. Nützlich sind dabei Gartenscheren mit langen Griffen.

Wichtig ist auch, daß man die Unterwasserpflanzen etwas ausdünnt, wenn sie zu dicht wachsen. Ansonsten besteht die Gefahr, daß die im Winter absterbenden Unterwasserpflanzen die Algen zu gut ernähren und diese überhandnehmen.

Algen
Algen lassen sich nie ganz aus dem Teich heraushalten, sie sind im vielfältigen Ökosystem eines Teichs immer vorhanden. Wichtig ist nur zu verhindern, daß sie überhandnehmen. Fadenalgen, die auftauchen, sollte man mit der Hand oder mit einem Stock herausziehen, bevor sie unter Wasser zu wuchern beginnen. Macht man das regelmäßig, bleibt einem eine Algenplage erspart.

Weit lästiger als die Fadenalgen können die mikroskopisch kleinen Algen sein. In einem Teich mit natürlicher Artenvielfalt werden sie von anderen Kleinlebewesen verzehrt. Den schlimmsten

Fehler, den man bei einer Algenplage machen kann, ist, das Wasser auszuwechseln. Die neuen Nährstoffe im frischen Wasser führen zu einer explosiven Vermehrung der Algen.

Rasen und Blumenwiese

Rasen mähen

Der Zierrasen wächst jetzt besonders schnell nach, man muß also nun öfter mähen. Wie oft genau, hängt unter anderem vom Rasentyp, von der Bodenfruchtbarkeit und der -feuchtigkeit ab. Am besten hält man sich jedoch an die Rasenhöhe: gemäht wird der Rasen immer dann, wenn er 1,5-2 cm länger ist als die optimale Höhe. Für einen gut gepflegten Intensivrasen bedeutet das bis zu zweimal Mähen wöchentlich, während ein Gebrauchsrasen nur einmal in der Woche oder alle 10 Tage gemäht werden muß. Wenn der Rasen bei trockenem Wetter nur schwer regelmäßig gewässert werden kann, läßt man die Gräser etwas höher wachsen und mäht seltener. Auch mit der Faustregel, nie mehr als die Hälfte der Rasenlänge abzuschneiden, fährt man gut.

Rasen düngen

Helle gelbe Flecken und ein ungleichmäßiges Rasengrün ist zu dieser Jahreszeit ein Zeichen für Stickstoffmangel. Wer seinen Rasen bereits mit einem schnellwirkenden Spezialdünger versorgt hat, sollte jetzt ein zweites Mal düngen. Während der Sommermonate eignet sich am besten ein stickstoffreicher Volldünger. Ein Dünger, der in seinen Nährstoffen auf die Bedürfnisse des Rasens ausgerichtet ist, hat den Vorteil, daß er die Rasensode so dicht werden läßt, daß Unkräuter keine Chance haben, zu keimen und Wurzeln zu schlagen.

Nach dem Ausbringen des Düngers muß kräftig gewässert werden. Wenn der Rasen bei trockenem Wetter gesprengt werden muß, sollte das Wasser mindestens 15 cm tief eindringen.

Ausbessern des Rasens

Zur Ausbesserung brauner oder gelber Flecken im Rasen ist jetzt die beste Zeit. Es gibt zwei Möglichkeiten: man sät Rasen nach oder verlegt Rasensoden. Wer sich für Nachsäen entscheidet, sollte auf jeden Fall wieder dieselbe Samenmischung verwenden, mit der der Rasen angelegt wurde (s. S. 120 und 161).

Mähen von Blumenwiesen

Im Frühsommer blühen in der Blumenwiese die Margarite *(Chrysanthemum leucanthemum)*, der Wiesensalbei *(Salvia pratensi)*, Vogelwicke *(Vicia cracca)* und der Storchschnabel *(Geranium pratense)*. Sie sollte man in Ruhe blühen und Samen bilden lassen. Grundsätzlich mäht man eine Gartenwiese nur zwei-, höchstens dreimal im Jahr. Aber nicht nur die Häufigkeit, auch der Zeitpunkt des Mähens ist entscheidend; davon hängt ab, aus welchen Pflanzenarten sich die Wiese zusammensetzen wird. Will man den Artenreichtum der Wiese erhalten, ist es ratsam, jedes Jahr zur selben Zeit zu mähen. Unregelmäßiges Mähen nützt nur den Gräsern. Deshalb ist es gut, einen bestimmten Rhythmus beizubehalten.

Normalerweise mäht man eine Wiese nach den beiden Hauptblütephasen: wenn die erste große Gräserblüte vorbei ist und wenn die Margeriten und der Wiesensalbei verblüht sind. Man kann sich dann auch sicher sein, daß die Zwiebelblumen ihr Grün vollends eingezogen haben und die Narzissen, Krokusse und Fritilarien im nächsten Frühjahr wieder blühen werden.

Wenn man eine große Vielfalt von Wiesenblumen haben möchte, die den ganzen Frühling und Sommer über blühen, sollte man die Wiese in verschiedene Flächen aufteilen und diese jeweils zu verschiedenen Zeiten mähen. Auch muß man dann nicht alles auf einmal mähen, und es fällt weniger Mähgut an.

Balkon und Terrasse

Pflanzen

Es ist höchste Zeit, nun die Balkonkästen, Kübel und andere Behälter zu bepflanzen. Das Frühsommerwetter eignet sich zum Auspflanzen selbst der empfindlichen Gewächse. Falls man die Pflanzen in einer Gärtnerei kaufen will, sollte man sie schnell besorgen, denn die Auswahl ist jetzt am größten.

Beim Bepflanzen der Balkonkästen und anderer Pflanzenkübel lohnt es sich, die Farbenkombinationen zu planen und dabei auch die Farbe des Hintergrunds zu beachten. Vor einer roten Ziegelmauer wirken blaue Farbtöne sehr hübsch, vom hellsten Blau bis zum kräftigen Dunkelblau; dazu passen weiße Blüten, die man mit silbergrauen oder bunten Blattpflanzen kombinieren kann. Eine graue Wand verträgt dunkelblaue und purpurne Farben, kräftiges Rot und Rosa, während eine weiße Hauswand eher scharlachrote und gelbe Blütenfarben verlangt, verbunden mit dunkelgrünem Blattwerk. Zu dunklen Ziegeln passen eher pastellfarbene Rosa- und Blautöne, vermischt mit Weiß oder Gelb.

Es zahlt sich aus, einen langsamfließenden Depotdünger in die Erde für Balkonpflanzen zu mischen. Für die nächsten sechs bis acht Wochen muß dann nicht mehr gedüngt werden.

Pflanzen umtopfen und ins Freie stellen

Frostempfindliche Kübelpflanzen, die den Sommer über im Freien stehen, müssen nun so schnell wie möglich auf den Balkon oder die Terrasse gestellt werden, damit sie sich gut erholen. Man sollte dazu einen Tag mit bewölktem Himmel abwarten und die Pflanzen

Umtopfen
Kleine Pflanzen

1 Mit den Fingern der einen Hand hält man die Pflanze.

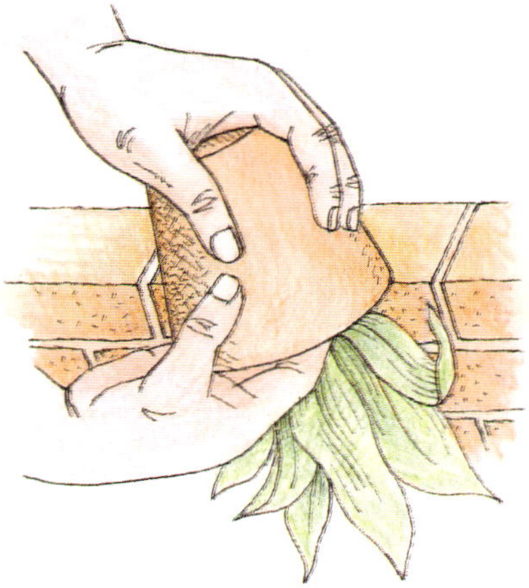

2 Man dreht den Topf um und schlägt ihn gegen eine harte Fläche, um den Wurzelballen zu lockern.

3 Während man die Pflanze und den Wurzelballen festhält, zieht man den Topf herunter.

Große Pflanzen läßt man etwas austrocknen und legt sie auf die Seite. Man packt die Pflanze am Stamm, schützt den Topf mit einem Tuch und schlägt ihn mit einem Hammer nach unten, während man an der Pflanze zieht.

Oder man steckt einen Gartenschlauch in das Drainageloch: der Wasserstrahl treibt den Wurzelballen heraus, wenn man zugleich zieht.

zunächst in den windgeschützten Schatten stellen. Dann können sie von der Sonne nicht verbrannt und die zarten Triebe und Blätter vom Wind nicht geknickt werden.

Der beste Zeitpunkt zum Umtopfen ist dann, wenn die Pflanzen zu wachsen beginnen. Kleine Pflanzen, die noch stark wachsen, müssen jedes Jahr umgetopft werden. Größere, einigermaßen ausgewachsene Exemplare können ruhig zwei, drei oder mehr Jahre in einem Kübel bleiben, bevor man sie wieder umtopft.

Ob eine Pflanze umgetopft werden muß, erkennt man am Zustand der Wurzeln. Wenn sie den Behälter ausfüllen und die Ballenoberfläche zu überziehen beginnen, ist es Zeit zum Umtopfen. Wenn man damit zu lange wartet, dann verlangsamt sich das

Wiedereintopfen
1 Man schneidet mit einem scharfen Messer 2-3 cm vom Wurzelballen ringsherum weg, um alte Erde zu entfernen und die Wurzeln zu verjüngen.

2 Den Boden bedeckt man mit wasserdurchlässigem Material; darauf kommt neue Erde. Man setzt die Pflanze so ein, daß die Oberseite des Wurzelballens 5 cm unter der Topfkante liegt.

3 Nach und nach füllt man den Topf mit neuer Erde, indem man sie mit einem Stab zwischen den Wurzelballen und das Gefäß drückt.

4 Die Oberfläche bedeckt man mit einer dünnen Schicht Erde. Man gießt sehr gründlich und läßt das überflüssige Wasser ablaufen. Ein bis zwei Tage in den Schatten stellen.

Wachstum, und die Pflanze geht womöglich ein. Wenn die Wurzeln aus dem Drainageloch des Behälters herauswachsen, ist dies ein ebenso sicheres Anzeichen dafür, daß die Pflanze einen größeren Topf braucht. Man nimmt einen Behälter, dessen oberer Rand einen 2-5 cm größeren Durchmesser hat als der alte Topf. Beim Umtopfen großer Gehölze in schwere Gefäße sollte man sich unbedingt von jemandem helfen lassen. Wenn große Pflanzen ausgewachsen sind, topft man sie in einen Behälter um, der genauso groß wie der alte ist; nur schneidet man vom Wurzelballen ringsherum 2-3 cm weg.

Da es sehr aufwendig ist, große ausgewachsene Kübelpflanzen umzutopfen, sollte man das Substrat so lange wie möglich in einem optimalen Zustand halten. Eine gute Alternative zum Umtopfen ist das Auswechseln der obersten Erdschicht. Man trägt 5-7 cm ab und ersetzt sie durch frische Erde. Erde, die jahrelang in einem Behälter bleibt, muß besser sein als Erde, die jährlich ausgewechselt wird. Denn die organischen Bestandteile von Kompost, Torf oder Lauberde zersetzen sich im Laufe der Zeit, das Substrat schrumpft und wird weniger durchlässig für Luft und Wasser. Erde für große Kübelpflanzen sollte deshalb höchstens 10 Prozent organisches Material enthalten. Der Anteil der mineralischen Elemente (scharfer Sand oder noch besser poröse Materialien wie Ziegelsplitt, Lava oder Perlit) darf entsprechend höher sein. Das Manko, daß diese Mischung Nährstoffe nicht sehr gut aufnehmen kann, gleicht ein Vorratsdünger aus.

Düngen und gießen von Kübelpflanzen

Pflanzen in Kübeln und Töpfen müssen öfter und regelmäßiger gedüngt werden als Freilandpflanzen. Mäßig, aber regelmäßig düngen, lautet die Grundregel. Kübelpflanzen, die gerade kräftig wachsen, brauchen in der Regel einmal pro Woche einen geeigneten Volldünger.

Damit sich durch das ständige Gießen und Düngen keine Salzrückstände bilden, muß immer so kräftig gegossen werden, daß etwas Wasser durch das Drainageloch unten abfließen und die überschüssigen Salze mitnehmen kann.

Kübelpflanzen brauchen deshalb mehr Wasser als Pflanzen im Gartenbeet, weil ihr Wurzelraum sehr beengt ist. Überlegtes und richtiges Gießen ist deshalb die wichtigste Arbeit des Balkon- und Terrassengärtners. Dazu gehört das tägliche Beobachten der Pflanzen und das Überprüfen der Erde in den Gefäßen, ob sie zu trocken ist. Es ist erstaunlich, wie rasch das Wasser in den Töpfen bei warmem Wetter verdunstet. Und weil die Pflanzen im Frühsommer besonders kräftig wachsen, müssen sie an warmen Tagen ein- bis zweimal gegossen werden.

Eine sehr gute Alternative ist eine automatische Bewässerung. Es gibt eine ganze Reihe von Systemen, angefangen von einfachem Schwellholz oder Tonkopffühlern bis hin zur vollautomatischen, computergesteuerten Bewässerungstechnik. Die einfachen und billigeren Systeme sind meist sehr sicher und wirkungsvoll; sie reichen völlig aus, um die Pflanzen mit genügend Feuchtigkeit zu versorgen.

KAPITEL 5

HOCHSOMMER

SIGNALPFLANZEN DES HOCHSOMMERS

Wenn im Hochsommer die wärmsten Tage kommen, beginnt die kleinblättrige, nach Honig duftende Winterlinde *Tilia cordata* zu blühen. Sie entfaltet ihre Blüten normalerweise etwas später als die breitblättrige Sommerlinde, *T. platyphyllos*, deren erste Blüten das Ende des Frühsommers anzeigen. Die Winterlinde trägt etwa 6 cm große, herzförmige Blätter, die an der Oberseite dunkelgrün und an der Unterseite graugrün schimmern. Die gelbweißen Blüten setzen sich deutlich vom Laub ab und gehören zu den auffälligsten, die man bei Linden wohl finden kann. Sie sehen wirklich prächtig aus und machen den Lindenbaum zu einem der attraktivsten Hochsommerblüher.

Tilia cordata wird bis zu 30 m hoch und wächst pyramidenartig; ihre dichte Krone bietet einen hervorragenden Schatten. Sie wächst gut auf jedem leicht sauren bis neutralen Boden, der nicht zu trocken ist. Die Winterlinde ist eine wichtige Nektarquelle, und an einem warmen, feuchten Tag kann man beobachten und hören, wie sich die Honigbienen auf sie stürzen. Wie die meisten anderen Linden hat auch *Tilia cordata* den Nachteil, daß die Blattläuse sie sehr gern mögen; sie sondern klebrige Tropfen ab, die die Blätter schwarz färben und auf die Pflanzen unter der Linde heruntertropfen können.

Die warme Luft im Hochsommer kann eine enorme Menge an Feuchtigkeit speichern. Wenn es zum Regnen kommt, entlädt sich die schwüle Luft oft in örtlichen Gewittern oder Hagel. In dem einen Gebiet kann es trocken bleiben, und ein paar Kilometer weiter schüttet es wie aus Kübeln. Für den Gärtner bedeutet dies: er sollte Tag für Tag beobachten, ob seine Pflanzen genügend Wasser erhalten.

DER GARTEN IM HOCHSOMMER

Ein hochsommerlicher Garten strahlt einen ganz eigenen Zauber aus; er rührt von den Kindheitserinnerungen an die sorglosen Sonnentage her, die von einer geheimnisvollen Abenddämmerung abgelöst werden, in dem unscheinbare Pflanzen, die man tagsüber kaum beachtet, plötzlich rätselhaft leuchten. Der Garten im Hochsommer – da fallen einem unwillkürlich altmodische Bauerngärten ein, duftend, üppig blühend und romantisch. Die berühmten Maler des 19. Jahrhunderts haben es eingefangen, das flirrende Licht und die Hitze der hochstehenden Sonne, die dem Garten dieser Jahreszeit ein doppeltes Antlitz verleiht. Einmal ist das Licht grell und intensiv, dann wiederum läßt die Hitze die Farben verschwimmen und taucht die Landschaft in dunstiges Licht. Grüne Bäume in der Ferne erscheinen milchigblau; und der Himmel verliert sein tiefes Blau und nimmt einen Farbton an, der von einem bläulichen Weiß oder Grau zu einem trüben Gelb changiert. Auch die Farben der Blumen im Garten wirken wie verwandelt.

Der geschickte Gärtner berücksichtigt bei der Auswahl der Pflanzen und bei der Planung des Hochsommergartens die Lichtverhältnisse dieser Jahreszeit. Er stellt sich darauf ein, daß unterschiedliches Licht die Farben der Blumen verändert und wählt die Farben seiner Gartenblumen danach aus. Leuchtendes Rot, feuriges Orange, kräftige Gelbtöne und intensives Blau passen im Hochsommer gut in einen mediterranen Garten; in nördlichen Regionen dagegen, wo das Licht weniger intensiv und strahlend ist, sollte man eher pastellfarbene Blüten auswählen und sie mit einem Hintergrund silbergrauen Blattwerks kontrastieren.

So passen in den Hochsommergarten der hellviolette Feinstrahl *(Erigeron)*, Lavendel und die lavendelblauen Glokkenblumen, das Rosa der Präriemalve *(Sidalcea)* und die rosarote Spornblume *(Centranthus)*; oder die rosa und weißen Blüten von *Acanthus* und *Liatris*, unterstützt und abgerundet durch wogende Wolken der weißen *Gysophila*. Mit den Farben Weiß und Creme und einem Hauch von hellem Gelb läßt sich leicht verhindern, daß der Farbeindruck kitschig wirkt. Setzt man zwischen die Farben oder als Hintergrund Wollziest, so mildern seine leicht wolligen und silbrig leuchtenden Blätter zu harte Übergänge zwischen den einzelnen Farben ab.

Alle Pflanzen des Hochsommergartens brauchen volle Sonne und bevorzugen gut drainierten Boden; die meisten von ihnen lieben leicht kalkhaltige Erde.

Blau blühende Pflanzen

Ein Garten mit einer breiten Palette sanfter Blautöne, durchzogen von hellem Violett, erweckt immer einen friedvollen, harmonischen Eindruck. Blau blühende Sträucher gibt es relativ wenige in dieser Jahreszeit, aber eine Ausnahme ist der Schmetterlingsstrauch, *Buddleja davidii*, manchmal auch Sommerflieder genannt, der mit seinem intensiven Honigduft Schmetterlinge

Die lauten Farben des Hochsommergartens, wie z.B. der gelben Achillea *und der roten* Rudbeckia *hier, umgibt man am besten mit sanften Tönen und Strukturen, mit zartem Laub und schattigem, tiefem Hintergrund.*

anlockt. *Buddleja* ist sehr leicht zu pflegen und paßt wunderbar in gemischte Rabatten, insbesondere in Kombination mit mehrjährigen Stauden.

Lavendelblaue Blüten hat *B.*'Empire Blue'; ihr Blau ist wohl das kräftigste, das man bei den *Buddleja*-Sorten finden kann (deren Farbskala von Violett bis zu Weiß reicht). Das reine Blau der Blüten bildet einen hübschen Kontrast zu den silbergrünen Blättern und fügt sich hervorragend in ein Hochsommerbeet mit kleineren Pflanzen ein. Ähnlich gut kombinierbar ist *B.* 'Fascination', die als die beste der rosa blühenden Sorten gilt. Ihre Blütenrispen können bis zu 80 cm lang werden. Beide Sorten können bis zu 2,5 m groß werden. Damit sie eine attraktive Form behalten, *B. davidii* jedes Jahr im Erstfrühling kräftig zurückgeschnitten werden (s. S. 29).

Zu den blau blühenden Sträuchern zählen auch die *Ceanothus*-Hybriden. Auch sie machen sich ähnlich wie die *Buddlejas* gut in gemischten Blumenbeeten. *Ceanothus*, auch Säckelblume oder Californischer Flieder genannt, stammt aus den Küstengebieten des westlichen Nordamerika. Leider sind die meisten immergrünen Sorten zu empfindlich für Mitteleuropa; selbst die widerstandsfähigsten Sorten überleben strenge Winter nur im Schutz einer Mauer. Die laubabwerfenden Sorten sind dagegen weit unempfindlicher gegen Kälte. Wenn sie in einem kalten Winter zurückfrieren, schneidet man sie im Vorfrühling einfach bis zum Boden zurück.

Die verschiedenen Sommerflieder und die laubabwerfenden *Ceanothus*-Hybriden bieten fast die ganze Palette von Blau über Violett bis Purpur. C. 'Gloire de Versailles' ist eine der häufigsten Sorten. Er hat dunkelblaue, große Rispen und blüht wochenlang im Hochsommer. Er ist ein idealer Strauch für pastellfarbene Beete. Er wird bis zu 120 cm groß. Hybriden mit noch dunklerer Blaufärbung sind 'Topaz', mit kräftig indigoblauen Blüten, und 'Henri Desfosse', der ähnliche Blüten wie 'Gloire de Versailles' hat. Kein anderes Gehölz übertrifft den *Ceanothus* an Farbintensität und Fülle der blauen Blüten. *Ceanothus*-Sträuchern machen trockene Sommer keine Probleme; ihre Lebensdauer ist sogar länger, wenn sie etwas trockener gehalten werden. Deshalb sollte man *Ceanothus* nicht neben Pflanzen setzen, die im Sommer viel gegossen werden müssen.

Wer kleine blau blühende Alpinpflanzen oder Beetstauden in Blau oder Rosa pflanzen möchte, sollte an die sehr vielseitigen Glockenblumen denken, an die Mitglieder der *Campanula*-Gattung. Es gibt über 300 Sorten, die vom Erstfrühling bis in den Herbst hinein blühen; *C. lactiflora* zum Beispiel, die Riesen-Doldenglockenblume, war früher eine der beliebtesten Pflanzen des Bauerngartens. Die Wildform hat sternenartige Blüten in hellstem Blau, die sie in dichten Büscheln an bis zu 120 cm großen Stielen trägt. Es gibt eine Reihe von Sorten in allen möglichen Blauschattierungen, aber auch in Rosa und Weiß; sie sind alle sehr zu empfehlen. Unter den lavendelblauen Züchtungen hat sich im Laufe der Jahre eindeutig 'Prichard's Variety' als die beste herausgestellt; manchmal wird sie in Katalogen auch nur 'Prichard' genannt. Sie wird nur 60 cm hoch. Mehr an die Wildform der Glockenblume erinnert die charmante 'Loddon Anna'; sie blüht hellrosa und wird fast 1 m groß. *C. l. alba* hat dieselbe Wuchsform, ihre Blüten sind von einem kühlen, reinen Weiß. Alle diese drei Glockenblumensorten sind sehr elegant und lassen sich gut kombinieren mit Lilien, Rittersporn und Rosen, vor allem mit den nur einmal im Jahr blühenden historischen Rosen.

Campanula lactiflora braucht viel Platz im Garten; pflanzt man eine Gruppe von mindestens fünf, dann wirken sie wie eine Nebelwolke, die einen wunderschönen Hintergrund für Blumen mit schärferen und dramatischeren Konturen abgibt, wie zum Beispiel für *Lilium regale*. Mit einem silbergrauen Teppich von *Stachys byzantina* im Vordergrund, vermittelt dies ein friedliches und zugleich erfrischendes Bild, ein willkommener Anblick in heißen Hochsommertagen. Eine *Campanula* kann ohne weiteres drei bis vier Jahre an einem Platz stehen, bevor man sie teilt und verpflanzt.

Im Hochsommer blüht auch der Lavendel, und es gibt keine andere Pflanze, die so sehr an die alten Bauerngärten erinnert. Die Lavendelsorte 'Hidcote' hat die dunkelsten Blüten, sie sind von einem intensiven Violett. Ähnlich beliebt ist 'Munstead' mit ihren violettblauen Blüten, die zuverlässig jedes Jahr kommen. Eine andere Sorte, 'Nana Alba', blüht weiß. Alle drei Sorten sind kräftige, dichtwachsende Sträucher und werden etwa 40 cm hoch. Für den kleinen Garten eignen sie sich besser als die Wildform *Lavandula angustifolia*, da sie weit größer und ungleichmäßiger wächst. Obwohl der einfache Lavendel *(L. angustifolia)* den Namen Englischer Lavendel trägt, stammt er aus dem Mittelmeergebiet; diese Herkunft sollte man bei der Wahl des Standorts im eigenen Garten nicht vergessen. Niedrige Lavendelsorten eignen sich hervorragend als kleine Hecke zum Einfassen von Blumenbeeten; eine Lavendelhecke ist als Rahmen für ein Rosenbeet geradezu ideal. Sie grenzt es ab und harmoniert zugleich farblich bestens mit den Rosen.

Eine manchmal unterbewertete, aber sehr charmante, blau blühende Staude ist *Stokesia laevis*, auch Stoke's Aster genannt. Sie stammt aus dem Südosten der USA, wo sie in warmen, sonnigen Pinienwäldern wächst. Obwohl sie keine richtige Aster ist, ähneln ihre Blüten den Kornblumen. Die beste Gartensorte ist 'Blue Star' mit hellblauen, innen creme-weißen Blüten. Die 10 cm großen Blumen blühen vom Hochsommer bis weit in den Herbst hinein. Sie sind schon als Knospen sehr hübsch. Die großen, hellen, kornblumenähnlichen Blüten stehen auf bis zu 45 cm hohen Stielen, die aus einer Rosette von engstehenden, überlappenden, immergrünen Blättern hervorgehen. Die glatten, kräftigen Rosettenblätter sind auch im Winter hübsch anzusehen, sie sind allerdings empfindlich gegen Nässe und extreme Kälte.

Stokesia macht sich gut neben anderen Stauden mit dekorativem Winterblattwerk. Im Sommer paßt sie besonders gut zu graublättrigen Pflanzen, wie zum Beispiel *Achillea* 'Moonshine', die ein silbernes Blattwerk trägt und hellgelb blüht. *Stokesia* ist auch geeignet als Vordergrund für Staudenbeete; sie verträgt sich dort gut mit niedrigen, sonnenliebenden Arten. Die robuste, gegen Krankheiten und Schädlinge sehr widerstandsfähige Pflanze ist äußerst genügsam und gedeiht gut in eher trockenem, fruchtbarem, wasserdurchlässigem Boden an einem sonnigen Standort. Für *Stokesia* nicht geeignet ist ein Boden mit stauender Nässe.

Violett blühende Blumen

Violett oder Fliederfarben ist bei den Wildblumen eine häufige Farbe; sie ist auch typisch für Bauerngartenpflanzen. Wohldosiert kann dieser Farbton den Kontrast zwischen hellblauen und rosa Blumen überbrücken.

Ein gutes Beispiel dafür ist die nordamerikanische Staude *Erigeron*, Feinstrahl, die im Aussehen sehr den Astern ähnelt, jedoch lange vor ihnen zu blühen beginnt. Von *Erigeron* werden auch auf dem deutschen Markt eine ganze Reihe guter Hybridsorten angeboten, einfach blühende, halb- und ganzgefüllte. Am besten trifft man seine Wahl erst dann, wenn man sie hat blühen sehen. Eine der schönsten ist die 75 cm hoch werdende, hellviolett blühende Sorte 'Strahlenmeer'. Nur halb so groß wird die ebenfalls violett blühende 'Mrs. F. H. Beale'. Halbgefüllt und blaßrosa sind die Blüten von 'Märchenland' und 'Foerster's Liebling', ähnlich wie 'Charity'. Ein helles Himmelblau zeigt 'Prosperity', und das dunkelste Lavendelblau entfaltet die Sorte 'Dunkelster Aller' . Feinstrahl-Pflanzen lassen sich leicht kultivieren und blühen üppig in jedem fruchtbaren, gut wasserdurchlässigen Boden.

Für die hochsommerliche Blumenrabatte eignen sich auch einige wertvolle Zierlaucharten. Einige von ihnen haben kühne geometrische Formen, wie zum Beispiel Blütenköpfe von einer vollendet kugelförmigen Gestalt; andere entwickeln dagegen lockerhängende Blüten. Die mediterrane Art *Allium carinatum pulchellum* hat helle fliederfarbene Blüten, die zunächst aus den Knospen nach oben wachsen und nach der Bestäubung den Kopf etwas hängen lassen. Vom Boden bis zu den obersten Blüten können sie bis zu 30 cm hoch werden; sie wirken hübsch unter Pflanzen mit grauem oder silbrigem Blattwerk. *A. c. pulchellum* blüht sehr üppig und vermehrt sich, ringsum um die Pflanze, durch seinen Samen von allein, sogar in den Ritzen von Plattenwegen.

Rosa und weiß blühende Blumen

Ein helles Rosa ist eine besonders typische Blütenfarbe in den traditionellen Bauerngarten – und welche Blume könnte die

Die stattliche Lilium Regale *ist eine der Lilien, die sehr leicht zu ziehen sind. Am besten wirken sie, wenn sie in Gruppen zu fünft oder auch noch mehr stehen.*

Farbe Rosa besser vertreten als die Gartenfedernelke, mit ihrem schweren, würzigen Duft, der nach Nelkenöl riecht? In Bauerngärten wird diese Pflanze, die fast schon Legende ist, seit Jahrhunderten gepflanzt.

Die Bauernnelken stammen alle von der Europäischen *Dianthus plumarius* ab. Die graublättrigen Stauden werden 25-30 cm hoch, tragen rosafarbene, weinrote oder weiße Blüten, die oft ausgefranst, spitz und elegant gemustert sind. Es gibt unzählige Sorten der Gartenfedernelke, 'Dad's Favourite' zum Beispiel, mit gefüllten, kastanienbraun umrandeten Blüten oder 'Mrs. Sinkins' mit ebenfalls gefüllten, gefiederten Blüten, die sehr stark duften. Daneben gibt es eine Reihe moderner, gut bewährter Hybridsorten, die bis zu zwei Monate lang blühen. An erster Stelle der rosa blühenden Gartennelken stehen 'Maggie', 'Pike's Pink' und 'Altrosa'. Man kann sie als Saatsamenmischung kaufen; sie lassen sich hervorragend aus Samen ziehen. Eine dieser Saatgutmischungen, die unter der Bezeichnung 'Highland Hybriden' verkauft wird, enthält einfach blühende Nelken von weiß bis dunkelrosa, die manchmal ein kastanienbraunes Auge haben.

Bei der Auswahl von Nelken sollte man nicht nur nach den Blütenfarben und dem Duft auswählen, sondern auch darauf achten, daß sie kräftig und schön gefärbte Blätter besitzen. Denn gerade das blaugraue, immergrüne Blattwerk der Gartennelken ist ein hübscher Anblick in pastellfarbenen Blumenbeeten. Man kann sie als Beetbegrenzung pflanzen oder als Teppich zwischen Rosen.

Cremefarbene Töne bringen zu dieser Jahreszeit die trichterförmigen Blüten von *Lilium regale* in den Garten. Die Mitte der Blüte ist schwefelgelb, die Rückseite der Blütenblätter schimmert leicht rosarot. Diese Lilie paßt zu hellrosa, blau oder violett blühenden Stauden. Im Durchschnitt öffnen sich an einer Lilie acht trichterförmige Blüten; eine große und gut gepflegte Knolle bringt jedoch bis zu 25 Blüten hervor, jede 10 bis 15 cm lang. Sie duften sehr angenehm. *L. regale* ist sehr winterhart und leicht zu kultivieren; gut drainierter und während der Wachstumsperiode regelmäßig mit reifem Kompost versorgter Boden behagt ihr am meisten. Sie braucht Sonne, einen windgeschützten Platz und Schutz vor späten Frösten. Sie schätzt die Nachbarschaft von anderen Beetstauden wie *Artemisia, Gypsophila* oder großen Katzenminzen, da diese ihre Zwiebeln und jungen grünen Triebe schützen. Es sieht einfach wundervoll aus, wenn Lilien aus dem silbergrauen Blattwerk der Unterpflanzung hervorkommen; der Teppich aus Blättern läßt die Lilienblüten in ihrem Reiz deutlich hervortreten. Und sind sie verblüht, verdeckt die Unterpflanzung die nicht gerade attraktiven nackten Lilienstiele.

Langblühende Pflanzen

Die Spornblume, *Centranthus ruber*, übertrifft die meisten anderen Stauden an Blütenreichtum. Ein trockener Standort macht ihr überhaupt nichts aus, sie wächst in ärmster, kalkhaltiger Erde, an jedem Standort außer im Schatten. Sie ist eine 50-60 cm große Beetstaude mit fleischigen, blaugrünen Blättern, ihre duftenden Blüten trägt sie in dichten Büscheln über dem Blattwerk. Die Wildform der Spornblume, die sich hauptsächlich für den Bauerngarten eignet, blüht rosa; die Form *Coccineus* blüht dunkelrosa bis rot, *Albus* milchig weiß. *Centranthus* sollte man nicht länger als fünf Jahre an einem Platz stehen lassen; wenn sie zu groß wird, muß man sie verpflanzen. Gut bewährt hat sich auch die regelmäßige Vermehrung über Stecklinge, aber *Centranthus* samt sich auch leicht von allein aus.

Das Sonnenröschen *(Helianthemum)* kann man über Stufen oder eine niedrige Mauer herunterhängen lassen; seine Blüten werden wie Juwelen in der Sonne glitzern. Zwar halten sich die einzelnen Blüten nur einen Tag, aber über viele Wochen hinweg entfalten sich immer wieder neue. An bedeckten und bewölkten Tagen bleiben sie allerdings verschlossen.

Die Sonnenröschen sind meist niedrigwachsende, immergrüne, strauchartige Stauden, die nicht höher als 30 cm, aber 60 cm und mehr in die Breite wachsen. *Helianthemum* gibt es in Weiß, Rosa, Gelb, Orange und Bronze. Die Art *H. appenninum* blüht weiß, während *H. roseum* leuchtend rosa Blüten hervorbringt. Beide haben ein hübsches graues Blattwerk. Unter den Hybridsorten entfalten 'Rosa Königin' und 'Wisley Pink' schöne rosa Blüten und graue immergrüne Blätter. Eine wunderschöne hellgelbe Züchtung ist 'Wisley Primrose', und unter den weißen Züchtungen haben sich 'Wisley White' und 'The Bride' ('Snow Queen') bewährt. Ein Teppich weißblühender Sonnenröschen neben 'Hidcote'-Lavendel oder ein Meer von rosa *Helianthemum*, durchzogen mit kleinen Inseln der silberglänzenden *Artemisia*, schafft eine kühle Nische in einem sonnendurchglühten Innenhof. *Helianthemum* bevorzugt leichten, kalkreichen Boden. Unabdingbar ist ein sonniger Standort; im Schatten leidet es und geht ein.

Äußerst wertvoll für den Hochsommergarten sind die winterharten Geranien, auch Storchschnabel genannt. Diese vielseitigen

Der angenehm warme Farbton des rosaroten Centranthus ruber *'Coccineus' wird durch die blasse* Lavatera thuringiaca *'Barnsley' und das kühle blasse Violett des kräftigen immergrünen Hornveilchens* Viola cornuta *'Lilacina' sehr zu seinem Vorteil verstärkt.*

Die rosa Blüten des Geranium sanguineum striatum *mit ihren zarten karmesinroten Adern stehen über den hübschen Blättern. Es blüht lange, bis zum Spätsommer.*

Gartenstauden bringen über viele Wochen, bis zum Ende des Sommers, ihre Blüten hervor. Manche von ihnen sind hervorragende Bodendecker, die unter ihrem dicken Blätterteppich alle einjährigen Unkräuter unterdrücken können. Einer der charmantesten Storchschnäbel, *Geranium sanguineum striatum (G. s. lancastrense)*, trägt hellrosa Blüten mit karmesinroten feinen Adern und hat stark gezackte, dunkelgrüne Blätter. Diese rein natürliche Auslese des Blutstorchschnabels entfaltet an ihren 20-30 cm langen Stielen zahllose Blüten, die sich hübsch vom dichten Laub abheben. Auch nach der Blütenperiode sind die Geranien oft noch dekorativ, wenn sich im Herbst ihr Laub verfärbt.

Die *Sidalcea malviflora*-Hybride 'Elsie Heugh' blüht ausdauernd und ist ideal im Vordergrund eines pastellfarbenen Hochsommerbeetes. Die hübschen Stockrosenblüten erheben sich in ihrem blaßschimmernden Rosa über den wohlgeformten Büscheln attraktiver Blätter. Die Pflanzen gedeihen in jeder guten, aber möglichst kalkarmen Gartenerde. Sie mögen es sonnig, aber nicht trocken. Sobald die Blüten zu welken beginnen, sollte man die Stiele auf halbe Höhe zurückschneiden; das regt die Pflanzen zu einer zweiten Blüte an. Man sollte sie alle vier oder fünf Jahre, spätestens jedoch, wenn sie im Wachstum nachlassen, teilen und verpflanzen.

Einige wenige gelbe Blumen ergeben einen erfrischenden Kontrast zu lavendelblauen und violetten Pflanzen, z. B. die Schafgarbe *Achillea* 'Moonshine', die helle schwefelgelbe Blüten mit weichem, silbergrauem, federigem Blattwerk kombiniert. 'Moonshine' trägt kecke flache Blütenköpfe an eleganten, über 60 cm hohen Stielen, hübsch abgesetzt vom Blattwerk, das für sich allein genommen die Schafgarbe schon zu einer wertvollen grauen Blattpflanze macht.

Weiß blühende Pflanzen

Manchmal stimmen zwei Farben in einer Blumenrabatte nicht recht zusammen. Die Lösung sind weiße Blumen. Und Felder von Weiß sind auch der beste Rahmen für dramatische Blütenakzente. In beiden Fällen eignet sich die Glockenblume *Campanula lactiflora alba* ganz gut; die beste Lösung stellt jedoch *Gypsophila* oder Schleierkraut dar, mit seinem hauchzarten Gewebe weißer Blüten.

Gypsophila paniculata, das Riesenschleierkraut, ist eine winterharte Staude aus Sibirien. Im Winter friert sie immer vollständig zurück, treibt jedoch im Vollfrühling schnell wieder aus und entwickelt sich zu einem dicken Busch von 1 m Höhe und Breite. Es eignet sich gut für Plätze, an denen zuvor Frühlingszwiebelblüher oder der orientalische Mohn standen, die nach der Blüte völlig einziehen und verschwinden. Eine empfehlenswerte Sorte ist *G.* 'Bristol Fairy'; sie hat gefüllte Blüten, die sehr lange blühen. Zum Auflockern der Ränder von Blumenrabatten eignet sich die kompakte, rosablühende Form 'Rosenschleier'.

Alle *Gypsophilas* haben Pfahlwurzeln und können deshalb nicht mehr umgesetzt werden. Also sollte man von vornherein daran denken, daß sie tiefgründigen, fruchtbaren, sehr kalkreichen Boden brauchen. Schneidet man sie nach der ersten großen Blüte zurück, dann blüht *Gypsophila* ein zweitesmal im Frühherbst.

Akzente setzen mit Pflanzen

Mit einigen kühnen hochwachsenden Pflanzen lassen sich gute Kontraste zur etwas verschwommenen, blassen Wirkung

Die zarte Gypsophila paniculata *'Bristol Fairy' hebt sich von der* Potentilla *'Monsieur Rouillard' und leuchtend blauen* Polemonium foliosissimum *effektvoll ab.*

pastellfarbener Pflanzen herstellen. Diese Pflanzen stechen durch kräftige vertikale Konturen oder auffälliges ornamentales Blattwerk ins Auge. Eine Beetstaude, die beide Eigenschaften besitzt, ist *Acanthus hungaricus*, eine stattliche, 60-90 cm große Pflanze mit tiefgekerbten Blättern. Aus einem eindrucksvollen Berg von dunkelgrünen Blättern ragen weiße oder hellrosa Blumen hervor, jede einzelne von einem zierlichen, purpurnen Hochblatt geschützt. Eine so auffällige Pflanze wie *Acanthus* sollte möglichst ungestört im Vordergrund des Blumenbeetes stehen. Er ist dankbar für einen sehr sonnigen Platz und tiefgründigen, fruchtbaren, wasserdurchlässigen Boden.

Eine andere stark lineare Pflanze ist *Liatris spicata*, die Prachtscharte. Im Gegensatz zu *Acanthus*, der gern allein steht, kann man *Liatris* gruppenweise pflanzen. Im Hochsommer wachsen aus dem Inneren der Pflanzen schlanke Stiele mit schmalen Blättern hervor, die in kleinen, spitzen, bürstenartigen Köpfen enden. Diese sind mit unzähligen kleinen, purpurrosa oder weißen Blüten besetzt. Die ausgezeichnete Sorte *L.* 'Floristan Violett' blüht violett und wird wie die weiß blühende 'Floristan Weiss' 90 cm hoch. Beide zeichnen sich durch ihre hervorragenden, lange haltenden Schnittblumen aus. Die etwas kürzere Sorte 'Kobold' wird höchstens 45 cm groß und hat lilarosa Blüten. An einem trockenen Standort wird *Liatris* nicht so hoch, sie blüht jedoch genauso attraktiv. Will man senkrecht nach oben wachsende Blütenkolben, muß man ihnen einen sehr sonnigen Standort geben. *L. spicata* ist eine langlebige Pflanze, um die man sich viele Jahre kaum kümmern muß. Ihr einziges Problem: Wühlmäuse und Maulwürfe finden die fleischigen Wurzeln sehr appetitlich.

Eine der schönsten, aber im Garten nicht immer sehr langlebigen Edeldisten ist *Eryngium* und seine verschiedenen Arten. Die Blätter und die distelartigen Blüten haben scharfe Konturen, eine hübsche Form und interessante Farben. Sie bilden einen guten Kontrast zu den bunt gemischten Farben eines Beets. Die meisten Edeldisteln erreichen ihren Blütenhöhepunkt im Hochsommer. *E. alpinum* ist mit seinen doppelt gefiederten Hüllblättern und seinem filigranen bläulichen Laub die schönste Art, überlebt aber in den Gärten oft nicht sehr lange. An seinen bis zu 70 cm langen Stielen trägt es stahlblaue zylindrische Blütenköpfe, die mit einer großen, metallblauen Halskrause umgeben sind. *E.a.* 'Opal' blüht in einem exquisiten Silbergrau und eine andere Sorte, *E. bourgatii*, trägt ein herrliches tief gekerbtes Blattwerk. Die graugrünen Blätter sind mit kräftigen weißen Adern durchzogen. Die im Durchmesser bis zu 2,5 cm großen Blütenköpfe sind stahlblau. Sie sind umgeben von einem filigranen, silberblauen Blütenkragen. Die Sorte ist nicht besonders langlebig und wird selten größer als 40 cm.

Wenn sie einmal angewachsen sind und sich wohl fühlen, benötigen Edeldisteln wenig Pflege; allerdings sind sie empfindlich gegen Verpflanzen. In kälteren Gegenden ist *Eryngium* im Winter dankbar für eine Abdeckung mit Nadelzweigen.

Pflanzen mit grauen und silbernen Blättern

Pflanzen mit grauem und silbrigem Blattwerk rahmen die hochsommerlichen Staudenrabatten ein und stellen zugleich die Verbindung zur Umgebung her. Auch beißt sich Grau und Silber fast nie mit anderen Farben. Im Gegenteil, sie lassen andere Farben noch kräftiger und reiner erscheinen.

Dicht am Boden wächst der silberblättrige Wollziest, *Stachys byzantina*. Die nichtblühende Sorte 'Silver Carpet' hat dicke, weiche, wollweiße Blätter, die bis in den Herbst hinein schön sind. Sie wächst sehr schnell und bildet eine undurchdringliche, immergrüne Bodenbedeckung. Sobald die krautigen Stiele den Boden berühren, bilden sie Wurzeln; sie werden nicht höher als 20 cm. Da *Stachys* empfindlich ist gegen Mehltau, muß sie unbedingt in gut drainiertem Boden stehen und an einem sonnigen Platz. Bekommt ihr filziger Teppich kahle Stellen, sollte man sie ausgraben und teilen. Verpflanzt man dann die kräftigsten Teile, bedeckt sie den Boden bald wieder mit ihrem Blattwerk.

Die wertvollste und am vielfältigsten einzusetzende silber- und graublättrige Pflanze für die Hochsommerrabatte ist die fiederblättrige Eberwurz *(Artemisia abrotanum)*. Sie trägt silbergrüne, aromatisch duftende Stiele und Blätter und wächst buschig. Ihr Blattwerk ist wie ziseliert; sie bringt etwas unscheinbare kleine, gelbliche Blütenbälle hervor. Der ärmste Boden ist gerade gut für sie, nur warm und wasserdurchlässig muß er sein. *Artemisia abrotanum* wird bis zu 1 m groß und muß jedes Jahr im Erstfrühling kräftig zurückgeschnitten werden.

Auch wächst jetzt *A. absinthium* 'Lambrook Silver', ein Wermutstrauch mit etwas stechendem Geruch. Er hat silbergraues, fein gefiedertes Blattwerk. An den 75 cm hohen Stielen entfalten sich im Hochsommer winzigkleine graue Blüten. Die silberfarbenen Blätter werden zur Blütezeit dunkler. Der immergrüne kleine Wermutstrauch 'Lambrook Silver' behält seine attraktive Wuchsform, wenn man ihn geschickt formt und im Erstfrühling leicht zurückschneidet. Die Hybridform *A.* 'Powis Castle' hat von ihm die Widerstandskraft gegen Winterkälte geerbt. Da sie kaum blüht, behält sie die ganze Vegetationsperiode über ihre wunderschöne Wuchsform. *A.* 'Powis Castle' wächst mehr strauchartig; sie wird 60-70 cm groß.

Ziergräser

Was wäre ein Hochsommergarten und eine Blumenrabatte im Hochsommer ohne die Ziergräser. Für die pastellfarbenen Rabatten eignet sich am besten das wunderbare *Helictotrichon sempervirens*. Es bildet dichte Horste mit eleganten schmalen, blaugrünen Blättern, sieht immer gut aus und breitet sich nicht sehr stark aus. Abgesehen von den wertvollen immergrünen Blättern ist dieses Ziergras auch sehr elegant gebaut. Die Blütenstiele sollte man zurückschneiden, sobald sie herunterzuhängen beginnen. *Helictotrichon* steht am besten frei.

DIE FARBPALETTE DES HOCHSOMMERS

Blau und Lila

Buddleja davidii
'Empire Blue', 'Black Knight', 'Ile de France' 'Dartmoor'
Ceanothus Hybriden
'Gloire de Versailles', 'Henri Desfosse', 'Topaz'
Hibiscus syriacus
'Ardens', 'Oiseau Bleu' ('Blue Bird')
Hydrangea aspera sargentiana
H. macrophylla
'Blue Wave'
Lavandula angustifolia
'Hidcote', 'Munstead'
Aconitum Hybriden
'Newry Blue', 'Bressingham Spire'
Campanula carpatica
'Blue Clips', 'Chewton Joy', 'Karpatenkrone'
C. lactiflora 'Prichard's Variety', 'Pouffe'
Clematis Sorten
C. heracleifolia + *C.h. davidiana*
Delphinium Hybriden
Echinops bannaticus
'Taplow Blue'
E. ritro 'Veitch's Blue'
Eryngium alpinum + *E.a.*
'Blue Star', 'Opal'
E. bourgatii
E. x *oliverinum*
E. x *zabelli* 'Jewel', 'Violetta'
Hosta fortunei Sorten
Liatris spicata
'Kobold', 'Floristan Violett'
Linum narbonense
Nepeta x *faassenii*
Salvia nemorosa Hybriden
'Superba', 'Ostfriesland', 'Blauhügel'
Scabiosa caucasica Sorten
Stokesia laevis 'Blue Star'
Thalictrum dipterocarpum
Veronica longifolia
'Blauer Riese' ('Blue Giant'), 'Blauer Sommer'
V. spicata 'Saraband', 'Blaufuchs', 'Blaubart'
V. spicata incana
Allium christophii
A. giganteum
Gladiolus Sorten
Iris laevigata Sorten
Pontederia cordata

Weiß und Cremefarben

Buddleja davidii 'Peace'
Calluna vulgaris Sorten
Catalpa bignonioides
Ceanothus americanus
Clethra barbinervis
Deutzia scabra
'Candidissima', 'Watereri'
Erica tetralix Sorten
E. vagans Sorten
Hibiscus syriacus 'Totus Albus', 'Diana', 'Red Heart', 'W.R.Smith'
Holodiscus discolor
Hydrangea aspera sargentiana
H. paniculata
H. quercifolia
Philadelphus Hybriden
Potentilla fructiosa 'Manchu', ' Abbotswood'
Yucca filamentosa
Y. flaccida
Rosa Sorten + Arten
Clematis Sorten
Hydrangea petiolaris
Lonicera periclymenum
'Serotina'
Anaphalis triplinervis
'Sommerschnee'
Aruncus dioicus
Astilbe Hybriden
'Brautschleier', 'Professor van der Wielen', 'Bergkristall'
Astrantia major
Campanula carpatica
'Weisse Clips', 'White Star'
C. lactiflora alba

Rosa *'Alister Stella Gray'*

Rosa *'Fantin Latour'*

Centranthus ruber albus
Leucanthemum x *superbum* *(Chrysanthemum maximum)* 'Alaska', 'Beethoven', 'Christine Hagemann', 'Gruppenstolz', 'Julischnee', 'Wirral Supreme', 'Saturn'
Clematis recta 'Grandiflora'
Delphinium Hybriden
Dianthus plumarius Sorten
Echinops sphaerocephalus 'Niveus'
Erigeron Hybriden
Gypsophila paniculata + *G.p.* 'Bristol Fairy'
Helianthemum Hybriden
Hemerocallis Hybriden
Hosta sieboldiana 'Elegans'
Liatris spicata 'Floristan Weiss'
Lysimachia clethroides
Macleaya cordata
Monarda 'Schneewittchen'
Phlox paniculata Früh- + Hochsommersorten
Scabiosa caucasica Sorten
Veronica spicata 'Icicle'
Galtonia candicans
Gladiolus Sorten
Lilium Arten + Sorten
Tigridia pavonia Sorten
Tritonia Sorten
Aponogeton distachyos
Hydrocharis morsus-ranae
Iris laevigata Sorten
Nymphaea alba
Nymphaea Hybriden
'Marliacea Albida', 'Gladstoniana',
N. tuberosa 'Richardsonii'
Ranunculus aquatilis
Sagittaria graminea
S. latifolia
S. sagittifolia

Gelb und Orange

Genista tinctoria 'Royal Gold'
Hypericum calycinum
H. 'Hidcote'
H. x *moserianum*
H. forrestii
Koelreuteria paniculata
Potentilla fructiosa 'Elizabeth', 'Katherine Dykes', 'Goldfinger', 'Goldteppich', 'Klondike', 'Primrose Beauty'
Santolina chamaecyparissus
Rosa Sorten
Campsis radicans 'Flava'
Lonicera acuminata
L. x *heckrottii* 'Goldflame'
Achillea 'Coronation Gold'
A. filipendulina 'Parker's Variety', 'Gold Plate', 'Neugold'
A. 'Moonshine'
A. x *taygetea*
Coreopsis grandiflora 'Badengold', 'Tetragold', 'Sunray'
C. verticillata 'Grandiflora', 'Moonbeam', 'Zagreb'
Digitalis grandiflora
Gaillardia Hybriden 'Mandarin', 'Goldkobold', 'Kobold'

Helenium bigelovii
'The Bishop'
Helenium Hybriden
'Bressingham Gold', 'Waltraut', 'Goldene Jugend'
Helianthemum Hybriden
Hemerocallis Hybriden
H. citrina
Ligularia x *palmatiloba*
L. przewalskii + *L.p.*
'The Rocket'
Gladiolus Sorten
Lilium Arten + Sorten
Tigridia pavonia Sorten
Tritonia Sorten
Lysimachia nummularia
L. punctata
Nymphaea Hybriden
'Aurora', 'Sunrise', 'Moorei', 'Sioux', 'Sulphurea'
Nymphoides peltata
Ranunculus lingua
'Grandiflora'

Rot und Rosa
Buddleja davidii 'Cardinal', 'Fascination', 'Purple Prince', 'Royal Red'
Calluna vulgaris Sorten
Ceanothus x *pallidus*
'Marie Simon'
Deutzia x hybrida
'Contraste', 'Mount Rose'
Erica tetralix Sorten
E. vagans Sorten
Fuchsia magellanica
'Gracilis'+ 'Mrs. Popple'
Hibiscus syriacus
'Hamabo', 'Woodbridge'
Rubus odoratus
Weigela 'Eva Rathke', 'Eva Supreme'
Rosa Sorten + Arten
Campsis radicans
Clematis Sorten
C. 'Kermesina'
Lonicera x *heckrottii*
x *brownii*
'Dropmore Scarlet'
Acanthus hungaricus
Astilbe Hybriden
'Bressingham Beauty', 'Hyazcinth', 'Fanal', 'Spinell'
Astrantia major Rosea
Campanula lactiflora
'Loddon Anna'
Centranthus ruber + *C.r. Coccineus*
Dianthus plumarius Sorten
Erigeron Hybriden
Gaillardia Hybriden
'Bremen', 'Burgunder', 'Fackelschein'
Geranium endressii + *G.e.*
'Wargrave Pink',
G. x *oxonianum*
'A.T.Johnson', 'Russel Prichard'
G. sanguineum + *G.s. striatum (G.s.* var *lancastrense)*
Gypsophila paniculata
'Flamingo', 'Rosenschleier'
Helenium 'Crimson Beauty', 'Moerheim Beauty'
Helianthemum Hybriden
Hemerocallis Hybriden
Lychnis chalcedonica
Lythrum salicaria
'Brightness', 'Robert', 'The Beacon'
L. virgatum 'Rose Queen', 'The Rocket'
Monarda 'Adam', 'Cambridge Scarlet', 'Prärieglut' 'Prärienacht'
Phlox paniculata Früh- + Hochsommersorten
Sidalcea 'Brilliant', 'Elsie Heugh'
Veronica spicata
'Barcarolle', 'Minuet', 'Heidekind', 'Rotfuchs'
Allium carinatum pulchellum
A. sphaerocephalon
Gladiolus Sorten
Lilium Arten + Sorten
Tigridia pavonia Sorten
Tritonia Sorten
Alisma lanceolatum
A. plantago-aquatica
Butomus umbellatus
Eupatorium maculatum
'Atropurpureum'
E. purpureum
Filipendula palmata 'Nana'
Iris laevigata Sorten
Iris versicolor 'Kermesina'
Nymphaea
'Charles de Meurville', 'Conqueror', 'Escarboucle', 'William B.Shaw', 'James Brydon', 'Rosennymphe'

Duftpflanzen
Buddleja davidii Sorten
Calycanthus floridus
Ceanothus x *delilianus*
'Gloire de Versailles'
Clethra barbinervis
Holodiscus discolor
Lavandula Sorten
Philadelphus Hybriden
Rubus odoratus
Tilia cordata
T. platyphyllos
Yucca filamentosa
Rosa Sorten + Arten
Lonicera heckrottii
L. periclymenum
Clematis heracleifolia
Clematis recta 'Grandiflora'
Dianthus plumarius Sorten
Hemerocallis citrina
Nepeta x *faassenii*
Phlox paniculata Sorten
Galtonia candicans
Lilium Arten + Sorten
Aponogeton distachyos
Nymphaea alba
Nymphaea Hybriden
'Escarboucle', 'William B.Shaw', 'Marliacea Albida', 'Moorei'
N. tuberosa 'Richardsonii'

Bienen- und Schmetterlingspflanzen
Buddleja davidii Sorten
Calluna vulgaris Sorten
Clethra barbinervis
Erica Arten + Sorten
Euodia dainielii
E. hupehensis
Genista tinctoria
Hibiscus syriacus Sorten
Koelreuteria paniculata
Lavandula angustifolia Sorten
Potentilla Sorten
Rubus odoratus
Tilia cordata
T. platyphyllos
Weigela
'Eva Rathke', 'Eva Supreme'
Rosa einfach blühende Arten + Sorten
Lonicera Arten + Sorten
Astrantia major
Campanula Arten + Sorten
Centranthus ruber Sorten
Coreopsis Sorten
Echinops bannaticus
E. ritro
E. sphaerocephalus
Erigeron Hybriden
Eryngium Arten + Sorten
Gaillardia Sorten
Geranium Arten + Sorten
Gypsophila Arten + Sorten
Helenium Hybriden
Helianthemum Hybriden
Liatris spicata Sorten
Ligularia Arten + Sorten
Lysimachia Arten
Lythrum Arten + Sorten
Nepeta x *faassenii*
Phlox paniculata Sorten
Salvia nemorosa Sorten
Scabiosa caucasica Sorten
Sidalcea Hybriden
Stokesia laevis
Veronica Arten + Sorten
Allium Arten
Butomus umbellatus
Eupatorium maculatum
'Atropurpureum'
E. purpureum

WICHTIGE ARBEITEN

Bäume und Sträucher

Heckenschnitt

Wann eine Hecke geschnitten werden muß, hängt von der Pflanzenart ab. Stark wachsende Hecken aus Weißdorn oder Liguster müssen während der Wachstumsphase alle vier bis sechs Wochen geschnitten werden, oder spätestens dann, wenn sie schlampig aussehen. Langsamwachsende Heckenpflanzen brauchen in der Regel nur einen Schnitt jährlich. Dazu zählen Buchsbaum *(Buxus)*, Hainbuche *(Carpinus)*, Buche *(Fagus)*, Stechpalme *(Ilex)* oder die Lorbeerkirsche *(Prunus laurocerasus)*.

Einmal im Jahr werden auch Nadelgehölze wie Eiben *(Taxus)*, Thujen *(Thuja plicata)* oder Scheinzypressen *(Chamaecyparis lawsoniana)* geschnitten, entweder im Hochsommer oder im Spätsommer, je nachdem, wie es ihr Aussehen erfordert.

Wässern und Mulchen neuer Pflanzen

Alle neu gepflanzten Bäume und Sträucher müssen aufmerksam daraufhin beobachtet werden, daß sie nicht zu wenig Wasser haben. Wenn sie zu trocken werden – gründlich gießen. Wer in dieser Jahreszeit verreist, sollte frisch Gepflanztes vorher kräftig wässern. Die Verdunstung läßt sich auch durch eine dicke Mulchschicht auf der Pflanzscheibe reduzieren.

Stecklinge

Der Hochsommer eignet sich vorzüglich für die Vermehrung von Gehölzen durch Stecklinge. Man nimmt entweder die kräftigsten von den neuen Trieben oder, etwas später, noch nicht ganz verholzte von diesem Jahr. Stecklinge von weichen Hölzern, wie von *Caryopteris*, Lavendel, *Santolina*, *Buddleja* etc., schneidet man jetzt. Die ersten Stecklinge von den halbreifen Trieben schneidet man Ende des Hochsommers, sobald die Triebe zu verholzen beginnen. Die Stecklinge von den reiferen Trieben gedeihen meist besser, weil sie mehr Nährstoffe eingelagert haben als die frischen, weichen Triebe. Man sollte den Steckling dicht am Ast abschneiden. Er wächst besser an, wenn man ihn in Wurzelhormone taucht (s. S. 156).

Blattdünger gegen Chlorose

Zu hoher Kalkgehalt im Boden behindert manche Pflanzen, die sauren Boden lieben, bei der Aufnahme des lebenswichtigen Eisens. Die Folge ist Chlorose: die Blätter werden gelb, während die Blattadern grün bleiben. Am schlimmsten betroffen davon sind oft die ganz jungen Blätter. Unter Chlorose leiden vor allem Rhododendren, Kamelien, Hortensien oder *Ceanothus* und *Chaenomeles*.

Spurenelemente- oder Eisenmangel läßt sich am schnellsten durch eine Blattdüngung kurieren. Die Blätter werden schnell wieder grün, wenn man sie mit einem Eisenpräparat einsprüht. Die Behandlung wird in wöchentlichem Rhythmus wiederholt, bis die Blätter wieder gesund aussehen. Allerdings ist es ratsam, zugleich den Boden untersuchen zu lassen, um die Ursache des Übels zu beseitigen (s. S. 130).

Rosen

Ausbrechen und Ausputzen

Das Ausputzen der verwelkenden Rosenblüten setzt man auch im Hochsommer fort. Die erste große Blühphase der Rosen geht ihrem Ende zu; doch bieten die Sträucher noch viele Schnittrosen für die Vase. Ein Tip für jene Gärtner, die zur Zeit der Rosenblüte in Urlaub fahren: verschenken Sie die gerade knospenden oder aufgehenden Rosen. Nach ihrer Rückkehr werden die geschnittenen Büsche erneut voll blühen.

Wässern

Nur in länger anhaltenden Trockenperioden müssen Rosen gegossen werden. Dabei ist es wichtig, daß sich die Wurzeln richtig mit Wasser vollsaugen können (s. S. 66).

Entfernen von Wildtrieben

Die meisten Rosen sind auf wilden Rosen veredelt. Zweige, die unterhalb der Pfropfstelle austreiben, bezeichnet man als Wildtriebe.

Wildtriebe bei Rosen entfernen
Man gräbt vorsichtig bis zum Wurzelstock und schneidet alle Triebe des Wurzelstocks weg.

Die Wildrose versucht, eigene Zweige und Blätter auszutreiben. Wenn man nichts dagegen unternimmt, schwächt der Wildling die Edelrose und drängt sie soweit zurück, daß sie eingeht. Deshalb müssen wilde Rosentriebe entfernt werden, sobald man sie entdeckt.

Es gibt keine allgemeinen Merkmale, an denen man die wilden Triebe erkennen kann, denn es werden sehr unterschiedliche Veredelungsunterlagen verwendet. Aber der Wildtrieb sieht immer etwas anders aus als die Zweige der Edelrose.

Rosen düngen

Auch wenn der Boden fruchtbar ist, brauchen mehrmals blühende Gartenrosen jetzt zusätzlich Dünger, am besten, wenn die erste Blütenphase beendet ist. Die zweite Rosenblüte ist dann umso üppiger. In Gegenden mit Wintertemperaturen unter minus 10 Grad sollte man 8-12 Wochen vor der ersten Frostgefahr mit dem Düngen aufhören. Gibt man nämlich spät im Sommer einen stickstoffreichen Dünger, so regt man die grünen Zweige wieder zum Wachsen an. Das Holz kann nicht genügend ausreifen und leidet unter den ersten Herbstfrösten; der Rosenbusch hat dann wenig Chancen, gut über den Winter zu kommen.

Blattdüngung

Auch Rosen können bei kalkreichem Boden Eisenmangel und Chlorose haben. Man erkennt diese Mangelerscheinung am Gelbwerden der ganz jungen Blätter. Dagegen hilft die Behandlung mit einem flüssigen Eisenpräparat. Rosenspezialisten verwenden auch kompletten Blattdünger, der gleichzeitig das Wachstum der Pflanzen fördert. Die Pflanzen nehmen den Blattdünger über die Blattporen auf und machen ihn damit sofort für die Pflanze verfügbar. Beim Einsprühen sollte man darauf achten, daß die Blattunterseite den größeren Teil der Nährstoffe aufnimmt.

Bitte beachten: Blattdünger kann bei heißem Wetter die Blätter verbrennen - also nur bei Temperaturen unter 30 Grad einsetzen!

Kletterpflanzen

Gießen

Bei Kletterpflanzen, die dicht an der Hauswand stehen, sollte man nun auf Anzeichen von Wassermangel achten. An den heißesten Tagen im Jahr brauchen sie als erste mehr Wasser. Zu überprüfen sind auch frisch gesetzte Pflanzen, die noch nicht eingewurzelt sind.

Anbinden

Die neuen Zweige einer *Clematis* oder einer Kletterrose sollten immer angebunden und in die erwünschte Richtung gelenkt werden. Ansonsten sieht man sich bei dem schnellen Wachstum der Kletterpflanzen bald einem unentwirrbaren Geflecht von Zweigen gegenüber, dessen man kaum mehr Herr wird.

Selektiver Rückschnitt bei Clematis
Man schneidet die Triebe jedes Jahr nach der ersten Blüte um ein Viertel bis ein Drittel zurück, auf eine Höhe von 30-60 cm über dem Boden. Man entfernt auch die verletzten Zweige, gießt und düngt die Clematis – sie dankt es meist mit einer zweiten Blüte.

Schnitt von Clematis

Verschiedene großblumige *Clematis*-Hybriden haben bis zum Hochsommer neue Seitentriebe entwickelt. Wenn die erste Blüte gerade ihrem Höhepunkt zustrebt, bereiten sich die neuen Triebe auf die nächste Blühphase im Spätsommer und im Frühherbst vor. Dementsprechend schwierig ist es, diese *Clematis*-Arten zu schneiden. Dies gilt für so populäre Hybriden wie etwa 'Bracebridge Star', 'Duchess of Edinburgh', 'Lady Northcliffe', 'Lasurstern' und 'Mme LeCoultre', 'Nelly Moser', aber auch 'The President' und 'William Kennett'.

Es gibt drei Methoden, wie man diese Hybriden zurückschneiden kann: einmal der jährliche Rückschnitt fast bis zum Boden im Vorfrühling (s. S. 19); die vollständige Verjüngung im Erst- oder Vorfrühling bei Clematispflanzen, die mehrere Jahre ungehindert gewachsen sind. Beide Methoden sind nicht ganz ideal. Bei der ersten Methode geht jedes Jahr eine ganze Blühphase verloren. Und die zweite Methode nimmt der Pflanze soviel an vegetativem Grün weg, daß sie ein oder zwei Jahre ihre Blüte einbüßt. Die dritte

Sommerschnitt der Glyzine
1 Im ersten Jahr schneidet man neue Basistriebe und entfernt unerwünschte Zweige an den Seitenästen ab. Die Seitenäste werden auf 15-22 cm zurückgeschnitten. Die wichtigsten Äste bindet man in einem Winkel von ca. 45° an.

2 Im zweiten Sommer lenkt man die Haupt- und Seitentriebe in die gewünschte Richtung und bindet sie fest. Unwillkommene Seitenzweige schneidet man zurück bis auf eine Länge von 15-20 cm. Neue Basistriebe werden entfernt.

Methode erfordert alljährlich eine Teilverjüngung der Pflanze; sie ist für die Pflanze am besten; allerdings braucht man dafür einige Übung.

Schneiden von Wisteria

Wer sicher gehen will, daß sein Blauregen Jahr für Jahr das Haus in ein blau wogendes Meer einhüllt, sollte ihm zweimal im Jahr behutsam schneiden, einmal im Vorfrühling und einmal im Hoch- oder Spätsommer. Die neuen Triebe verwandeln sich dadurch in kurze Blütentriebe und werden daran gehindert, ihre Kraft in das Blatt- und Stammwachstum zu investieren. Mit dem Sommerschnitt beginnt man bereits, selbst wenn noch nicht viel Grün da ist, im ersten Jahr nach dem Pflanzen (siehe Zeichnung x). Ab dem zweiten Jahr kommt der Rückschnitt im Vorfrühling dazu.

Stauden

Ausputzen

Für den erfahrenen Gärtner gehört es zur Routine, verwelkte Blüten sofort abzuschneiden. Diese Pflege hat nicht nur zur Folge, daß die Beete gut aussehen und die Blütensaison spürbar länger wird. Für einige Stauden ist dies auch für die Gesundheit wichtig, bzw. für die Erhaltung mancher Hybridformen.

Wenn zum Beispiel eine Hybridzüchtung von *Phlox paniculata* Samen bildet und sich ringsum vermehrt, verwildert ein Beet sehr schnell. Denn die neuen Keimlinge blühen anders als die Eltern, weit

3 Nach einigen Jahren sollte die bewachsene Fläche mit horizontal geführten Zweigen ganz ausgefüllt sein; der Abstand zwischen ihnen darf nicht kleiner als 40-45 cm sein. Alle neuen Triebe werden zurückgeschnitten.

Teilen und Verpflanzen von Iris
Man gräbt das Rhizom ganz aus und schneidet die kräftigsten Stücke ab; sie sollten 10-15 cm lang sein, mit starken Wurzeln und Blätterschaften. Die Blätter kürzt man, damit kein Wasser verloren geht und der Wind keine Angriffsfläche findet. Man setzt das Rhizom auf ein Erdhäufchen und breitet die Wurzeln aus, bevor man sie mit Erde bedeckt und andrückt.

weniger attraktiv, dafür aber robuster und wuchsfreudiger. Im Laufe der Zeit verdrängen die Nachkömmlinge die nicht ganz so kräftigen Elternpflanzen. Das Ergebnis: anstatt schöner Stauden von satter Farbe hat man am Ende ein Beet mit blassem hellviolettem Phlox. Es lohnt sich also, die welken Blüten rechtzeitig vor der Samenbildung abzuschneiden.

Stauden düngen

Stauden, die in fruchtbarem und gut mit Nährstoffen versorgtem Boden wachsen, sind im allgemeinen mit einer gelegentlichen Gabe von gut verrottetem Kompost oder Handelsdünger zufrieden. Eine kräftige Kompostdüngung sollte man insbesondere Pflanzen zukommen lassen, die nach der Blüte ausgeputzt wurden und bis zum nächsten Jahr nicht wieder blühen, wie zum Beispiel die Pfingstrosen oder Pflanzen, die geteilt oder verpflanzt worden sind.

Stauden, die zurückgeschnitten oder deren Blüten ausgeputzt worden sind, um eine zweite Blüte zu fördern, sollten einen schnellwirkenden, ausgewogenen mineralischen Dünger erhalten; flüssige Dünger sind dabei vorzuziehen. Damit erreicht man, daß die Nährstoffe, die durch das Ausputzen oder den Rückschnitt verloren gingen, wieder ersetzt werden. Eine zweite Blüte vor dem Herbst wird dadurch sehr unterstützt. Andere Stauden sollten so spät im Jahr nur dann gedüngt werden, wenn deutliche Anzeichen von Nährstoffmangel zu sehen sind.

Es ist sehr wichtig beim Düngen, über die individuellen Bedürfnisse der Pflanzen in den Blumenbeeten Bescheid zu wissen, denn einige vertragen keinen Dünger.

Teilen von Stauden

Viele im Frühling blühende Beetstauden lassen sich nun herausnehmen, teilen und umpflanzen. Der beste Zeitpunkt ist zwei Wochen nach dem Verwelken der letzten Blüten. Die Bereitschaft der Pflanzen zu wachsen und neue Wurzeln zu bilden, ist dann am stärksten. Zu teilen sind jene Stauden, die zu üppig gewachsen sind und im Wurzelbereich andere Pflanzen bedrängen oder auch andere Pflanzen, die einfach nicht gedeihen wollen oder erste Anzeichen von Schwäche zeigen. Das gilt für Stauden wie *Antennaria, Arabis, Armeria, Aubrieta, Campanula carpatica, Chrysanthemum cocineum, Doronicum, Helleborus, Phlox subulata, Primula, Saxifraga* und *Trollius*. Das Blutende Herz *(Dicentra spectabilis)* und der Orientalische Mohn *(Papaver orientale)* sind ebenfalls Stauden, die sich im Hochsommer oder wenn ihre Blätter abzusterben beginnen, teilen und verpflanzen lassen (s. S. 159).

Die Erde muß mit gutem Kompost und langsam wirkendem organischen Dünger wie Hornmehl versorgt werden. Nach dem Versetzen die Pflanzen kräftig gießen, das erleichtert ihnen den Start. Einige Wochen lang müssen sie dann feucht gehalten werden. Die Erde um die jungen Stauden sollte immer locker und frei von Unkraut sein.

Teilen und pflanzen von Iris

Wenn Bartiris wachsen und treiben, verfilzen und verholzen die Rhizome in der Mitte und bringen weder Blätter noch Blüten mehr hervor. Höchste Zeit zur Verjüngung: Bartiris müssen alle drei oder vier Jahre herausgenommen, geteilt und neu gepflanzt werden. Der günstigste Zeitpunkt ist, wenn die Irisblüten verwelkt und abgefallen sind; dann bilden sich neue Wurzeln und Rhizome.

Der erste Arbeitsgang besteht darin, den Boden für die neuen Irispflänzchen aufzubessern. Ideal ist eine kräftige Lage reifen Komposts, vermischt mit Knochenmehl. Am liebsten ist der Bartiris ein Boden, in dem Salat und Gemüse gut gedeihen würden. Gut drainiert sollte er sein und pH-neutral.

Darüber hinaus ist es notwendig, daß zwischen den frisch gepflanzten Rhizomen genügend Platz bleibt, daß sie sich in den nächsten 3-4 Jahren ausbreiten können. Große Iris brauchen einen Pflanzabstand von 25 cm, mittlere 20 cm und Zwergiris 15 cm.

Der Hochsommer ist auch die beste Zeit, um neue Iris-Rhizome zu kaufen und zu pflanzen. Man setzt sie genauso ein wie die geteilten Iris. Am besten gedeihen sie an einem sonnigen, warmen Platz; Schatten und einen feuchten Fuß mögen sie überhaupt nicht.

Einjährige und zweijährige Pflanzen

Laufende Arbeiten

Die meisten Einjährigen sind jetzt in voller Blüte; auf dem Höhepunkt ihrer Entwicklung müssen sie lediglich immer wieder ausgeputzt werden, damit sie möglichst lange blühen. Einjährige, die langsam stacksig und häßlich werden, schneidet man nach der ersten Blüte behutsam zurück. Danach sind sie für eine kräftige Nährstoffgabe recht dankbar. Natürlich sollte man das Gießen nicht vergessen.

Unansehnliche oder verblühte Pflanzen lassen sich jederzeit ersetzen, durch einjährige oder auch dekorative Salat- oder Küchenkräuterpflanzen. Am besten zieht man immer einige dieser Pflanzen im voraus, um die Lücken in den Beeten zu schließen.

Zweijährige

Sämlinge von Stockrosen oder anderen Zweijährigen, die in den letzten Wochen gesät worden sind, werden nun ausgedünnt, pikiert oder umgepflanzt; das fördert ihr Wachstum, und im Herbst können sie ins Freie gepflanzt werden. Aussäen kann man jetzt noch *Myosotis*-Hybriden, *Papaver nudicaule, Erysimum* x *allionii, Onopordum acanthium* und Hybriden von *Viola* x *wittrockiana.*

Blumenzwiebeln und -knollen

Düngen von Dahlien, Gladiolen und Sommerzwiebeln

Dahlien sind wahre Nährstoffräuber. Sie benötigen von jetzt an alle 14 Tage einen schnellwirkenden ausgeglichenen Dünger. Am besten ist flüssiger Dünger, der schnell an die Wurzeln gelangt oder Blattdünger. In dieser Phase darf man die Dahlienwurzeln aber nicht mehr mit Hacken und Unkraut jäten stören. Bei trockenem Wetter gießen und mulchen.

Gladiolen und die meisten im Sommer blühenden Zwiebeln und Knollen sind ebenfalls für eine Düngergabe dankbar, möglichst mit einem schnellwirkenden kalium- und phosphatreichen Dünger.

Anbinden von Gladiolen
Gladiolen bindet man einzeln an, indem man den Stecken direkt neben der Knolle plaziert. Zieht man die Gladiolen als Schnittblumen, dann häuft man an der Basis einen Erdhügel von 10-13 cm Höhe als Stütze auf, sobald sie 20-30 cm hoch sind.

Dies fördert die Bildung neuer Zwiebeln und Knollen für das nächste Jahr.

Aufbinden von Dahlien und Gladiolen

Hochwachsende Gladiolen und großblumige Dahlien brauchen jetzt Halt und Stütze. Ihre ganze Schönheit entfalten sie nur dann, wenn sie aufrecht wachsen und blühen können. Gladiolen wachsen ohne Stütze leicht krumm und schief; bindet man sie an, behalten sie ihren geraden Wuchs. Die – möglichst unauffälligen – Stützen für Dahlien sollte man bereits beim Pflanzen (in regelmäßigen Abständen) anbringen, um die Knollen vor Verletzungen zu schützen.

Verpflanzen von Zwiebelblumen

Die meisten im Frühling blühenden Zwiebeln wachsen ohne weiteres viele Jahre an ein und demselben Platz, bevor sie versetzt werden müssen. Narzissen etwa sollten erst nach vier oder fünf Jahren verpflanzt werden. Beettulpen und -hyazinthen dagegen müssen, sobald sie ihr Grün eingezogen haben, jedes Jahr herausgenommen werden. Zwiebeln von *Muscaria* und *Scilla* werden geteilt und neu gepflanzt. Die meisten anderen Blumenzwiebeln kommen jedoch an einen kühlen und luftigen Lagerplatz und werden im Herbst neu gepflanzt.

Im Herbst blühende Zwiebeln

Zwiebeln, die im Herbst blühen, werden im Hochsommer gepflanzt. Herbstkrokusse, wie zum Beispiel die in blauen und weißen Tönen blühenden *Crocus sativus*, *C. speciosus* und *C. goulimyi* oder die gelben *Sternbergia lutea*, werden gleich wenige Wochen nach dem Einsetzen zum erstenmal blühen.

Wassergarten

Pflege

Ein Gartenteich, der ökologisch im Gleichgewicht ist, macht im Hochsommer nicht sehr viel Arbeit. Nur die ständige Pflege, mit der im Frühsommer bereits begonnen wurde, muß fortgesetzt werden.

Dazu gehört, daß man totes organisches Material herausnimmt, sobald man es erblickt. Unterwasserpflanzen, die zu üppig wachsen und überhandzunehmen drohen, werden nun zurückgeschnitten. In einem kleinen Teich ist es ratsam, die Blätter von Seerosen und anderen Pflanzen teilweise zu entfernen. Dies gilt vor allem dann, wenn die Pflanzen mehr als die Hälfte der Wasseroberfläche zu erobern beginnen.

Auch die Fadenalgen müssen weiterhin kontrolliert werden; sobald sie auftauchen, kann man sie mit einem Stock aufrollen und herausholen. Bisweilen beginnt auch die lästige Wasserlinse *(Lemna)*, den Wasserspiegel zu dominieren. Man fischt sie mit dem Netz heraus und gibt sie auf den Kompost. Achtung, nicht dabei die Fische oder andere nützliche Tiere mitnehmen! Wenn man die Wasserlinse beseitigt, bekämpft man damit indirekt auch die Algen: man entzieht ihnen die Nahrung. Erlaubt man der Wasserlinse, sich beliebig zu vermehren, handelt man sich später große Probleme ein. Ebenso kontrollieren sollte man freischwimmende Pflanzen wie *Azolla*, *Hydrocharis* und *Eichornia*, auch wenn sie selten so lästig wie die Wasserlinse werden.

Die Pflanzen in den Sumpf- und Randzonen sollte man ebenfalls in Schach halten, bevor sie die schwächeren Nachbarpflanzen verdrängen. Zu achten ist insbesonders auf Arten wie *Equisetum*, *Glyceria*, *Hippuris*, *Ranunculus*, *Sagittaria*, *Sparganium* und *Typha*. Sie müssen mit Rücksicht auf die anderen Pflanzen durch einen gelegentlichen Rückschnitt der Wurzeln im Zaum gehalten werden.

Ebenso gilt es nun, in den Sumpfzonen des Gartenteichs Samenunkräuter am Keimen und Wachsen zu hindern. Weiden, Pappeln und andere Gehölze nisten sich nämlich jetzt gerne in diesen Bereichen ein. Auch können einige Sumpfpflanzen, wenn sie sich selbst vermehren, lästig werden. Am besten schneidet man ihre verblühten Samenstände ab. Keimlinge muß man rechtzeitig entfernen. Auch wenn sie wie *Mimulus* oder *Lythrum* hübsch anzusehen wird, können sie sich zu einer Plage entwickeln.

Rasen und Blumenwiese

Mähen

Der Rasen braucht zwar einen regelmäßigen Schnitt, aber in der sommerlichen Hitze nicht mehr so oft wie zuvor. Falls Sprengen nicht möglich ist, kann man das Gras ein paar Zentimeter länger lassen. Das schützt den Rasen vor Verbrennungen. Wer den Garten längere Zeit sich selbst überlassen muß, sollte den Rasen ebenfalls etwas länger wachsen lassen.

Richtig wässern

Wassermangel läßt sich beim englischen Rasen zuerst am Verlust der Elastizität erkennen. Wenn man darüber weggeht, dann bleiben die Fußstapfen sichtbar, die Gräser stehen nicht mehr auf. Im nächsten Stadium verfärben sich dann die Rasengräser grau und blau. Dauert der Wassermangel an, dann entstehen gelbe und braune Flecken. In diesem Stadium können sich die Unkräuter festsetzen, wachsen und vermehren, und der schöne Rasen ist für einige Zeit dahin.

Man sollte den Rasen also wässern, sobald oder besser bevor er seine Elastizität verliert; aber selbst wenn sich das Gras schon leicht grau verfärbt hat, ist noch nichts verloren. Nur muß man sofort gießen. Hat es diesen Zustand erreicht, darf man wirklich keinen Moment zögern.

Für das Rasenwässern gibt es keine allgemeingültigen Regeln. Aber man sollte den Boden immer wieder leicht trocknen lassen, damit die Wurzeln angeregt werden, in die Tiefe zu wachsen, wo sie vor dem Austrocknen besser geschützt sind.

Mähen von Blumenwiesen

Eine Blumenwiese braucht nur zweimal, höchstens dreimal im Jahr gemäht werden. Normalerweise mäht man nach dem Verblühen der Gräser, es hängt aber auch von der Zusammensetzung der Pflanzen ab. Wenn Herbstzeitlose oder andere Herbstzwiebelblüher gepflanzt worden sind, sollte die Wiese gemäht sein, bevor diese austreiben; dann können sie ungestört wachsen.

Balkon und Terrasse

Laufende Arbeiten

Im Hochsommer gibt es auf Balkon und Terrasse wenig zu tun: höchstens regelmäßig Wässern, Düngen und Ausputzen der Blüten. Am meisten sollte man darauf achten, daß die Kübelpflanzen nie austrocknen. Pflanzen in Töpfen, Kübeln und Kästen sollten einmal pro Woche mit flüssigem Dünger versorgt werden. Von nun an ist es ratsam, nur noch Dünger mit weniger Stickstoff, dafür mehr Kalium und Phosphat einzusetzen.

KAPITEL 6

SPÄTSOMMER

SIGNALPFLANZEN DES SPÄTSOMMERS

Der Spätsommer ist eine der kürzesten Jahreszeiten, eine Jahreszeit des Übergangs und Wechsels, bestimmt von warmen, manchmal sogar heißen Tagen und klaren, kühlen Nächten. Die Signalpflanze des Spätsommers ist die Eberesche mit ihren reifen Früchten; im Naturkalender ist sie uns schon einmal begegnet, als Signalpflanze für das Ende des Frühlings. Ihre leuchtend roten Früchte hängen in dichten Dolden herunter, sie sehen aus wie zierliche Äpfel.

Die Eberesche ist ein nicht allzu großer, zierlicher, schlanker Baum, der höchstens 4,5-6 m in die Höhe wächst. An den Boden oder an den Standort stellt sie keine besonderen Ansprüche, sie wächst überall, gedeiht jedoch am besten an einem hellen Platz in sandigem Boden. Als typische Pionierpflanze wächst die Eberesche in den ersten Jahren kräftig, auch an ungünstigen Standorten; sie wird jedoch selten älter als achtzig Jahre. Es gibt spezielle Gartenformen, die der wilden Eberesche überlegen sind: 'Beissneri' etwa, ein erlesener Baum mit dichter Krone und hochstrebenden Ästen. Seine Zweige sind dunkelrotbraun, und die Blätter sind stärker gezackt als die der wilden Eberesche. Das Besondere an der Zuchtform 'Edulis' sind ihre nicht bitteren, sogar süßen Früchte; sie ergeben ein pikantes Gelee.

DER GARTEN IM SPÄTSOMMER

Der Spätsommergarten ist gekennzeichnet durch bunte einjährige Blumen und die üppigen Stauden des Bauerngartens, sowie durch die Fülle eßbarer und dekorativer Früchte, Gemüse, Kräuter und Salate. Dieses mehr oder weniger zufällige Zusammenspiel von Pflanzen, die sowohl der Zierde als auch der Nahrung dienen, war einst typisch für Gärten auf dem Lande. Aus dieser Tradition ist der sogenannte Integrierte Garten hervorgegangen – eine Art Bauerngarten, der jedoch an die kleinen Gartenflächen in der Stadt oder engen Siedlungen angepaßt ist. Im Unterschied zum traditionellen Bauerngarten wird in der modernen Form des Integrierten Gartens die Kombination von Zier- und Nutzgarten bewußt geplant: sorgfältig werden Sträucher, Stauden und einjährige Blumen, die beide Funktionen erfüllen können, ausgewählt. Zum einen handelt es sich um äußerlich attraktive Pflanzen, die eßbare Früchte tragen, zum anderen um Nutzpflanzen mit dekorativem Wert. Unter den Gehölzen lassen sich an Beispielen für die erste lanzengruppe etwa die Eberesche, Zieräpfel wie die Sorte hn Downie', die blühende Zierquitte *Chaenomeles* 'Rubra Grandiflora' und der in Europa heimische Hartriegel *(Cornus mas)* finden. Zur zweiten Gruppe zählen Obstbäume wie Apfel-, Birn- und Pflaumenbäume, aber auch Gemüse wie Artischocken, Spargel und eine Vielzahl von Küchenkräutern.

Obst, Gemüse und Kräuter für den Ziergarten

Wenn die Weizenfelder goldgelb reifen, dann ist die spätsommerliche Erntezeit angebrochen. Im Integrierten Garten ist die Ernte von Gemüse und Kräutern in vollem Gang, und die ersten frühen Apfelsorten wie z.B. die frühen Tafelsorten 'James Grieve' und der bewährte 'Gravensteiner' sind pflückreif. Bei den frühen Birnensorten wie 'Williams Christ' und 'Clapps Liebling' kommt es darauf an, sie früh genug zu pflücken, damit sie im Haus ihre ideale Reife erreichen. Auch ist jetzt der richtige Zeitpunkt, um Pflaumen zu pflücken: so z.B. die wohlschmeckenden gelben Pflaumen, Eierpflaumen und frühe Zwetschen.

Obstbäume haben zwei Höhepunkte im Jahr: im Frühjahr, wenn sie blühen, und im Spätsommer, wenn die Früchte reifen. Man kann sie als Hochstamm, Halbstamm oder Busch ziehen, freistehend oder an Spalieren. Besonders vielseitig sind Apfelbäume; sowohl die besonders aromatischen älteren Sorten als auch neue, die sehr widerstandsfähig gegen Krankheiten sind, sind zu empfehlen. Für Birnbäume ist ein Spalier weitaus günstiger als ein Standort im Rasen oder in der Wiese, weil sie dort besonders schönes Tafelobst hervorbringen; wichtig ist nur, daß man die Früchte rechtzeitig pflückt. Mit ihrer ansehnlichen vasenförmigen Krone sehen Pflaumen- und Zwetschenbäume entlang von Einfahrten oder Auffahrten sehr gut aus; jedoch sollten sie nicht zu dicht an der Straße stehen, damit das Fallobst die Durchfahrt nicht behindert. Pflaumenbäume können mit ihrer offenen, unregelmäßigen Krone durch einen hübschen Akzent auf einem Rasen setzen.

Auch Gemüse kann sehr dekorativ sein. Man denke nur an die attraktiven gelben, tassenförmigen Blüten der Zucchini. Angeboten werden verschiedene Sorten mit grünen oder gelben Früchten. Speziell für kleine Gärten wurde die Hybridsorte 'Gold Rush' gezüchtet. Typisch für sie sind die schön gezackten

Das einjährige Küchenkraut Boretsch (Borago officinalis) *macht sich gut neben den Gänseblümchen. Seine jungen, nach Gurken schmeckenden Blätter und die eßbaren blauen Blüten sind köstlich in Sommersalaten.*

Der Schnittknoblauch (Allium tuberosum) *trägt wochenlang attraktive Blüten; sie schmecken milder als die Blätter. Er gedeiht in tiefgründiger, guter Erde in der Sonne.*

Blätter mit den silbernen Flecken und die leuchtenden goldgelben Früchte.

Um eine Riesendistel handelt es sich bei der Artischocke, deren Blütenknospen ein herrliches Gemüse sind, das man warm oder kalt essen kann. Die Pflanze ist wie eine Fontäne geformt und kann in einer gemischten Blumenrabatte einen dramatischen Höhepunkt darstellen. Ihre spektakuläre Erscheinung macht Artischocken auch als solitär stehende Pflanze geeignet. Ihre silbergrauen Blätter sind sehr ausdrucksvoll und mindestens so dekorativ wie das Blattwerk der reinen Zierdistel oder des Akanthus. Läßt man einige Blütenknospen stehen, dann öffnen sie sich im Spätsommer zu sehr großen, blauen, duftenden Blüten, die gern von Hummeln angeflogen werden. Die Pflanze erreicht eine Höhe von 1,2 m und wird ebenso breit.

Ein wertvolles Gemüse ist Grünspargel, dessen Stangen geerntet werden, sobald sie im Frühjahr aus dem Boden hervorbrechen; leider ist die Erntezeit nur kurz. In der Mitte des Frühsommers sollte man das Schneiden der Spargelstangen einstellen, damit sich die Blätter voll entfalten und Nährstoffe für die nächste Ernte einlagern. Läßt man sie austreiben, dann entwickeln sie sich zu 90-150 cm großen Pflanzen. Ihre gefiederten Blätter können einen attraktiven Hintergrund für ein Blumenbeet bilden, man kann sie aber auch als niedrige Hecke pflanzen. Pflegt man sie gut, bringen Spargelpflanzen mindestens zwanzig Jahre lang Ertrag.

Dekorativ für den Zier- und Nutzgarten ist auch der Schnittlauch mit seinen fliederfarbenen Blüten. Besonders hübsch ist der Chinesische Lauch, auch Knolau genannt *(Allium tuberosum)*, dessen Blätter nach Knoblauch schmecken. Seine duftenden weißen Blüten erscheinen im Spätsommer. Man kann sie entweder roh im Salat essen oder in einer chinesischen Suppe kurz ziehen lassen. Die Knolaublüten locken die Bienen und vor allem die Schwebfliegen an, die sich als Feinde der Blattläuse nützlich machen.

Ein weiteres dekoratives Würzkraut aus der orientalischen Küche ist die Gemüsechrysantheme (*Chrysanthemum coronarium)*, auch Shungiku genannt, eine einjährige Chrysantheme mit gelben und cremefarbenen Blüten. Leicht gedünstet behält sie ihren intensiven aromatischen Geschmack. Geerntet werden insbesondere die jungen Triebe. Einige Pflanzen kann man auswachsen und zum Blühen kommen lassen: die Blüten sind nicht nur sehr schön, sondern haben auch einen würzigen Geschmack. Shungiku wird 60-120 cm groß, und ihre Blüte dauert vom Spätsommer bis zu den ersten Frösten.

Hübsch und zugleich nützlich sind auch eine ganze Reihe anderer Kräuter. So passen die grünen Blätter des Basilikums zu vielen einjährigen Pflanzen, aber auch zu Salaten, Gemüsen und Kapuzinerkresse. Die purpurblättrige Sorte 'Dark Opal' läßt sich z.B. mit rosablühenden Einjährigen kombinieren, etwa mit dem Duftsteinrich. Das wärmeliebende einjährige Basilikumkraut kann man leicht im Haus aussäen; es wird bis zu 60 cm hoch.

Auch beim Borretsch kann man sowohl die behaarten Blätter als auch die reizenden Blüten essen. Die himmelblauen Blüten sind genauso dekorativ wie die vieler Zierpflanzen, und die Honigbienen schätzen sie als Nahrung. Borretsch läßt sich gut mit weiß blühenden Pflanzen kombinieren, etwa mit der Trichtermalve *Lavatera* 'Mont Blanc' oder mit Tagetes und Kapuzinerkresse.

Die zarten, jungen Blätter der Kapuzinerkresse schmecken leicht scharf, und die duftenden Blüten besitzen einen angenehmen würzigen Geschmack. Besonders empfehlenswert ist *Tropaeolum minus*, die Zwergkapuzinerkresse, deren verschiedene Sorten 30 cm hoch werden. Man kann sie direkt ins Freie säen, überall dort, wo ihre leuchtenden Farben willkommen sind.

Einjährige Sommerblumen

Bestimmte Blumen, vor allem einige farbenfrohe Einjährige, sind geradezu ein Symbol des sommerlichen Bauerngartens. Früher sammelte man im Herbst ihren Samen ein, um ihn im darauffolgenden Frühjahr auszusäen. Bei den heute geläufigen Hybridsorten geht das jedoch nicht mehr, weil sie nicht aus den eigenen Samen gezogen werden können. Wer jedoch die alten Sorten liebt, kann sie auf die traditionelle Weise vermehren.

Die einjährigen Sonnenblumen, die *Helianthus-annuus*-Sorten, lassen sich über Jahre hinweg aus eigenem Saatgut vermehren, ohne daß die Qualität der Blüten nachlassen würde. Wenn sie mit ihren großen freundlichen Sonnengesichtern über den Gartenzaun sehen, strahlen sie etwas sehr Ländliches aus. Es gibt sie in vielen Sorten, mit einfachen oder gefüllten Blüten, riesengroß oder in normaler Höhe, von Hellgelb über Goldbraun bis zu Mahagonirot. Sonnenblumen fühlen sich am wohlsten in der prallen Sonne und in tiefgründigem, fruchtbarem Boden. Man kann sie direkt ins Freie säen; will man sehr große Exemplare, muß man sie jedoch frühzeitig im Haus aussäen. Der reife Samen lockt Finken und Meisen in den Garten.

Eine andere, sehr hübsche Beetblume, die Bienen und Schmetterlinge anzieht, ist das Schmuckkörbchen (Cosmos). Ihr fein zisieliertes Blattwerk ist besonders schön und ein reizvoller Kontrast zu den Blüten, die bis in den ersten Frost hinein immer wieder nachkommen. Kosmeen eignen sich gut als Schnittblumen, denn es gibt sie in allen Farben: in Weiß, Rosa, Karmesinrot, Gelb und Orange. Gerade wegen dieser Vielfalt sollte man sich überlegen, in welche Beete sie farblich passen.

Besonders gut für Winkel und Spalten entlang von Stufen eignet sich eine andere Einjährige, *Erigeron karvinskianus*.

Die altmodischen Bauernblumen Cosmos *und Ziertabak* (Nikotiana) *sind zwei der zuverlässigsten Einjährigen, den ganzen Sommer lang bringen sie ihre farbenfrohen Blüten hervor.*

Wenn ihr ein Standort gefällt, kann diese mexikanische Art wuchern wie ein Unkraut. Die kleinen gänseblümchenartigen Blüten schmücken mit ihrem naiven Charme jeden Garten. Sie bringen den ganzen Sommer über Blüten in verschiedenen Rosa- und Weißtönen an drahtigen, 30 cm langen Stielen hervor.

Um zwei der wertvollsten Trockenblumen handelt es sich bei der Papierblume und dem Sonnenflügel, *Xeranthemum annuum* und *Helipterum manglesii*. Das aus Australien stammende *Helipterum* ist in Farbe und Struktur etwas weicher als die bekannteren Strohblumen. Helipterum blüht halbgefüllt in hellem Rosa mit goldgelber Mitte. *Xeranthemum*, die Papierblume, sieht man selten in den Gärten, doch ist sie relativ leicht zu kultivieren. Sie blüht einfach oder leicht gefüllt, weiß oder in Schattierungen von Lila bis Rosa. Die Blüte dauert ungemein lange, bis in den Spätsommer hinein. Beide Trockenblumenarten kann man an Ort und Stelle ins Freie säen.

LINKS *Eine farbenfrohe Kombination von Stauden für einen sonnigen Sommergarten. Die gelben Blüten der Schafgarbe* (Achillea) *haben einen scharfen Geruch, genauso wie die Blätter, wenn man sie zerreibt. Sie eignen sich sehr gut zum Trocknen für Wintersträuße. Die weißen Blütenglocken der Sommerhyazinthe* (Galtonia) *verströmen einen süßen milden Duft. Die Katzenminze* (Nepeta x faassenii) *ist als sommerlicher Bodendecker und wegen seiner blauen und grauen Farbtöne wertvoll. Blätter und Blüten duften beide.*

RECHTS *Die Fackellilie* (Kniphofia) *und die ebenso aufregende Mexikanische Sonnenblume* (Tithonia) *sind zu einem feurigen Spektakel kombiniert. Beide gedeihen am besten in guter, tiefgründiger Erde und an einem geschützten, warmen Platz.*

Eine der besten Sommerblumen, die in den letzten Jahren auf den Markt kamen, ist die Trichtermalve *Lavatera trimestris.* Sorten wie 'Silver Cup' mit ihren malvenrosa Blüten, 'Mont Blanc' mit ihren weißen Blüten an den kompakten, buschigen Pflanzen und 'Mont Rose' als rosafarbenes Gegenstück sind Beetblumen, die ununterbrochen bis zum ersten Frost blühen.

Auf keinen Fall darf im Sommergarten der Ziertabak, *(Nicotiana)* fehlen, man sollte jedoch eine duftende Sorte auswählen. Besonders apart ist der Zwergziertabak mit seinen roten, rosa, weißen oder grünlichen Blüten, die sich unter Tags öffnen; er hat nur den Nachteil, daß ein wesentliches Merkmal des Ziertabaks, sein intensiver, aufregender abendlicher Duft, fehlt. Am stärksten duften *Nicotiana alata* 'Grandiflora' und *N. sylvestris*; beide werden bis zu 120 cm groß und entfalten ihre cremefarbenen Blüten in der Nacht. Von allen Spätsommerblühern duften sie am besten. Doch braucht Nicotiana eine lange Kulturzeit und viel Wärme: man sollte die Ziertabakpflanzen deshalb relativ früh im Haus aussäen.

Ein anderer duftender, liebenswürdig altmodischer Begleiter durch den Sommer ist die einjährige Skabiose, *Scabiosa atropurpurea.* Ihre langstieligen, purpurnen, karmesinfarbenen, rosa oder weiß gestreiften Blüten werden gerne von Schmetter-

lingen angeflogen. Ihre gefülligen Blütenfarben und ihr altmodischer Charme machen sie zu einer attraktiven Pflanze für jedes Blumenbeet. Und sie ist eine sehr dankbare Schnittblume, sie liefert Blumen für die Vase über lange Zeit.

Eine hochwachsende, robuste und wirklich aufregende einjährige Sommerblume ist die Mexikanische Sonnenblume, *Tithonia rotundifolia*. Sie läßt sich leicht kultivieren, vor allem dort, wo die Sommer heiß sind. Es gibt *Tithonia* in kräftigem Scharlachrot – Orange oder in Gelb; als Schnittblume eignet sie sich hervorragend für Blumensträuße und -gestecke mit feurigen Rottönen.

Blütenstauden

Der Spätsommer ist auch die große Zeit für etliche Stauden aus der Korbblütlerfamilie wie *Helenium*, *Coreopsis*, *Heliopsis* und *Rudbeckia*, die allesamt aus den Ebenen und Prärien Nordamerikas stammen. Es handelt sich bei ihnen um robuste Arten mit kräftigen, ungekünstelten, bunten Blüten in meist lauten gelben, goldenen oder roten Farbtönen. Diese Pflanzen eignen sich gut als Nachbarn für einjährige Sommerblüher und für die Gemüsebeete im Integrierten Garten. Auch miteinander harmonieren sie und wirken am besten in lockeren Gruppen, möglichst natürlich gepflanzt; sie sind auch effektvoll, wenn man sie in Kübel und Töpfe setzt. Gerade dann, wenn nur wenige von den einheimischen europäischen Pflanzen blühen, bringen diese vitalen Kinder der sonnigen Prärie Farbe in die spätsommerlichen Blumenbeete. Darüber hinaus sind einige Sorten von *Helenium*, der Sonnenbraut, ideale Lückenfüller, die die letzte große Phloxblüte begleiten und bis zur ersten herbstlichen Chrysanthemenblüte aushalten.

Eine wunderschöne, kompakt wachsende Staude ist *Coreopsis verticillata* 'Grandiflora'; sie wird 45 cm hoch, etwa genauso breit und trägt unzählige farnartige Blätter. Sie ist viel zierlicher als viele der jetzt ebenfalls blühenden Korbblütler. Ihre goldgelben Blüten leuchten von der Mitte des Hochsommers bis in den Spätsommer hinein; die 5 cm kleinen margeritenähnlichen Blüten entfalten sich in großer Üppigkeit an eleganten dünnen Stielen.

Monarda, auch Indianernessel genannt, trägt angenehm duftende Blätter, aus denen sich übrigens auch ein erfrischender Sommertee brühen läßt, dessen Aroma an Anis und Lemone erinnert. Sie ist eng mit der Gewürzminze verwandt, mit der sie gemeinsam hat, sich mit Leichtigkeit überall im Garten auszubreiten. Die Blüten der Indianernessel sind eigenartig gebaut: sie haben in der Mitte eine Spindel, von der Ringe von gekrümmten krallenförmigen Trichterblüten ausgehen. Zu den besten Sorten der *Monarda* zählen 'Cambridge Scarlet' mit leuchtend roten Blüten und brauner Mitte, 'Croftway Pink' mit kräftig rosaroten Blüten, die ausgezeichnet zu blauen oder weißen Blumen passen; und nicht zu vergessen 'Beauty of Cobham', die in einem zarteren Rosa blüht und ausgezeichnet mit purpurrot blühenden Pflanzen harmoniert. Indianernesseln bevorzugen einen tiefgründigen, feuchten Boden und einen sonnigen Standort.

Dieselben Ansprüche an den Boden und das Licht stellt der großwachsende mehrjährige *Phlox paniculata*. In den USA zählt er zu den populärsten Bauerngartenpflanzen, nicht zuletzt deswegen, weil man sich ein Staudenbeet ohne einige der duftenden Phloxsorten in den Vereinigten Staaten überhaupt nicht vorstellen kann. Phlox blüht in allen Tönen von Weiß, Rosa, Rot, Purpur und Lavendel, häufig mit einer Kontrastfarbe in der Blütenmitte. Er ist nicht unbedingt eine Pflanze für den eleganten Garten, sondern fügt sich viel besser in lockere Blumenrabatten ein. Phlox wird zu dieser Jahreszeit von keiner anderen Blume übertroffen, was die schiere Quantität an Farben angeht. Viele Sorten strömen den angenehmen sanften Duft aus, der den spätsommerlichen Bauerngarten seit altersher auszeichnet.

Viele Sorten des hohen Phlox (Phlox paniculata) *strömen einen frischen süßen Duft aus, wenn sich die Blüten öffnen. Die robuste 'Alba Grandi flora', 'White Admiral' und 'Pax' sind die besten weiß blühenden Sorten; 'Mount Fujiyma' blüht am weißesten. Phlox wächst am besten in frischem, tiefgründigem Boden mit hohem Humusanteil.*

DIE FARBPALETTE DES SPÄTSOMMERS

Blau und Lila

Buddleja davidii 'Black Knight', 'Empire Blue', 'Ile de France', 'Purple Prince'
Caryopteris x *clandonensis* 'Arthur Simmonds', 'Heavenly Blue', 'Kew Blue'
C. incana
Ceanothus Hybriden 'Gloire de Versailles', 'Henri Desfosse', 'Topaz'
Hibiscus syriacus 'Blue Bird',
Lavandula angustifolia 'Hidcote', 'Munstead'
Perovskia abrotanoides
P. atriplicifolia
Clematis 'Kathleen Wheeler', 'Perle d'Azur', 'Mrs. Cholmondely'
Aconitum napellus 'Newry Blue', 'Bergfürst'
A. paniculatum
A. x *cammarum* 'Bressingham Spire'
Aster amellus 'Blütendecke', 'Breslau', 'Sternkugel', 'Violet Queen', 'Moerheim Gem'
A. x *frikartii* 'Mönch', 'Wunder von Stäfa'
A. sedifolius 'Nanus'
Baptisia australis
Calamintha nepeta
Ceratostigma plumbaginoides
Clematis heracleifolia + Sorte *davidiana*
C. integrifolia 'Hendersonii', 'Olgae'
Delphinium Sorten
Echinops bannaticus 'Blue Globe', 'Taplow Blue'
E. ritro 'Veitch's Blue' + *E.r. ruthenicus*
Erigeron Hybriden
Eryngium tricuspidatum
E. tripartitum
Gentiana asclepiadea
G. dahurica
G. septemfida lagodechiana
Liatris spicata 'Floristan Violet', 'Kobold'
Nepeta x *faassenii* + Sorte 'Six Hills Giant'
Scabiosa caucasica 'Prachtkerl', 'Stäfa', 'Clive Greaves', 'Moerheim Blue', 'Nachtfalter'
Thalictrum dipterocarpum
Veronica longifolia 'Blue Giant', 'Blue Summer'
Iris laevigata + 'Monstrosa', 'Variegata'
Pontaderia cordata

Weiß und Cremefarben

Aralia elata + *A.e.* 'Variegata'
Buddleja davidii 'Peace', 'White Profusion'
Calluna vulgaris 'Gold Haze'
Clethra alnifolia
C. barbinervis
Hibiscus syriacus 'Red Heart', 'Totus Albus', 'W.R.Smith'
Hydrangea paniculata 'Grandiflora'
Potentilla fruticosa 'Abbotswood'
Sophora japonica
Yucca filamentosa
Y. flaccida 'Ivory'
Rosa Sorten
Clematis 'Huldine', 'Mme LeCoultre'
Lonicera periclymenum 'Serotina'
Anaphalis triplinervis 'Sommerschnee'
Astilbe x *arendsii* 'Bergkristall', 'White Gloria', 'Bridal Veil'
A. thunbergii 'Prof. van der Wielen'
Astrantia major
Centranthus ruber 'Albiflorus'
Cimicifuga racemosa
Delphinium Sorten
Erigeron Hybriden
Filipendula kamtschatica
Gypsophila paniculata Sorten 'Snowflake', 'Bristol Fairy'
Hemerocallis Hybriden
Hosta 'Royal Standard'
Hosta plantaginea 'Grandiflora'
Liatris spicata 'Floristan White'
Monarda 'Snow White'
Phlox paniculata Sorten
Physostegia virginiana 'Summer Snow'
Scabiosa causasica 'Miss Willmott', 'Loddon White'
Veronica longifolia 'Snow Giant'
Galtonia candicans
Alisma plantago-aquatica
Aponogeton distachyos
Nymphaea Hybriden

Gelb und Orange

Hypericum calycinum
H. 'Hidcote'
H. x *moserianum*
Koelreuteria paniculata

Hosta plantaginea

Potentilla fruticosa 'Goldfinger', 'Gold Star', 'Goldteppich', 'Elizabeth', 'Primrose Beauty'
Santolina chamaecyparissus
Rosa Sorten
Campsis radicans 'Flava'
Clematis orientalis
C. tangutica
Lonicera x *heckrottii* + Sorte 'Goldflame'
Achillea Hybriden 'Altgold', 'Coronation Gold', 'Golden Plate', 'Parker's Variety'
Alcea ficifolia
Coreopsis grandiflora 'Badengold', 'Sunray'
C. lanceolata 'Goldfink', 'Sterntaler'
C. verticillata 'Grandiflora', 'Moonbeam', 'Zagreb'
Gaillardia Hybriden
Helenium Hybriden
Helianthus decapetalus 'Capenoch Star', 'Soleil d'Or', 'Multiflorus Maximus'
Heliopsis helianthoides scabra Hybriden 'Golden Plume', 'Karat', 'Spitzentänzerin', 'Venus'
Hemerocallis citrina + Hybriden
Kirengeshoma palmata
Kniphofia 'Bressingham Comet', 'Green Lemon', 'Lemon Ice', 'Limelight'
Ligularia dentata + Sorten 'Orange Queen', 'Desdemona'
L. przewalskii + Sorten 'The Rocket', 'Gigant'
L. x *hessei* 'Gregynog Gold'
L. x *palmatiloba*

LINKS *Eine für den Bauerngarten typische Kombination aus Rosen, rosa Malven, silberblättrigem Eselsrohr, rosenfarbigen Lichtnelken und weinrotem* Allium sphaerocephalon.

Oenothera missouriensis
O. tetragona fraseri + Sorten 'Hohes Licht', 'Sonnenwende'
Rudbeckia fulgida deamii + Sorte 'Goldsturm'
R. laciniata 'Golden Glow'
R. nitida 'Herbstsonne', 'Juli Gold'
Solidago 'Golden Gate', 'Golden Shower', 'Ledsham', 'Leraft', 'Strahlenkrone'
Nymphaea Hybriden
Nymphoides peltata
Ranunculus lingua 'Grandiflora'

Rot und Rosa

Buddleja davidii 'Fascination', 'Royal Red'
Calluna vulgaris 'Carmen', 'County Wicklow', 'J.H. Hamilton', 'Alportii'
Ceanothus Hybride 'Marie Simon'
Fuchsia magellanica 'Gracilis', 'Riccartonii'
Hibiscus syriacus 'Hamabo', 'Woodbridge'
Lespedeza thunbergii
Rosa Sorten
Campsis radicans
C. x *tagliabuana* 'Mme Galen'
Clematis 'Ernest Markham', 'Gipsy Queen', 'Nelly Moser', 'Ville de Lyon', 'Mme Baron Veillard'
Acanthus hungaricus
A. mollis
A. spinosus
Anemone hupehensis 'Praecox', 'September Charm', 'Splendens'
A. tomentosa 'Robustissima', 'Superba'
Aster amellus 'Lady Hindlip'
Astilbe x *arendsii* 'Cattleya', 'Bressingham Beauty', 'Hyacinth', 'Red Sentinal'
A. thunbergii 'Ostrich Plume'
Astrantia major 'Rosea'
Centranthus ruber + *C.r.* 'Coccineus'
Erigeron Hybriden
Gaillardia Hybriden
Helenium Hybriden
Hemerocallis Hybriden
Kniphofia 'Bressingham Flame', 'Scarlet Cap'
Lavatera thuringiaca
Monarda 'Adam', 'Croftway Pink', 'Prairie Glow', 'Prairie Night'
Phlox paniculata Sorten
Physostegia virginiana 'Bouquet Rose', 'Summer Spire'
Allium sphaerocephalon
Cyclamen hederifolium
Alisma plantago-aquatica
Butomus umbellatus
Eupatorium purpureum
E. maculatum 'Atropurpureum'
Iris laevigata 'Rose Queen'
Nymphaea Hybriden

Duftpflanzen

Buddleja davidii Sorten
Clethra alnifolia
C. barbinervis
Sophora japonica
Yucca filamentosa
Rosa Sorten
Clematis orientalis
Lonicera x *heckrottii* + Sorte 'Goldflame'
L. periclymenum 'Serotina'
Clematis heracleifolia davidiana
C. integrifolia 'Olgae'
Hemerocallis citrina
Hosta plantaginea 'Grandiflora'
Phlox paniculata Sorten
Galtonia candicans
Aponogeton distachyos
Nymphaea Hybriden

Bienen- und Schmetterlingspflanzen

Buddleja davidii Sorten
Calluna vulgaris Sorten
Caryopteris incana
C. x *clandonensis* Hybriden
Clethra alnifolia
C. barbinervis
Hibiscus syriacus Sorten
Hypericum Arten
Koelreuteria paniculata
Perovskia abrotanoides
P. atriplicifolia + Sorte 'Blue Spire'
P. 'Blue Haze'
Sophora japonica
Rosa – einfach blühende Sorten
Aconitum Arten
Alcea ficifolia
Aster amellus Sorten
A. x *frikartii* Sorten
A. sedifolius
Astrantia major + 'Rosea'
Baptisia australis
Calamintha nepeta
Centranthus ruber
Coreopsis Sorten
Echinops Arten + Sorten
Erigeron Hybriden
Eryngium Arten
Helianthus Arten + einfach blühende Sorten
Heliopsis helianthoides scabra Hybriden
Liatris spicata
Ligularia Arten + Sorten
Monarda Hybriden
Nepeta x faassenii
Oenothera Arten + Sorten
Phlox paniculata Sorten
Rudbeckia Arten + Sorten
Scabiosa caucasica Sorten
Solidago Hybriden
Veronica longifolia Sorten
Allium sphaerocephalon
Butomus umbellatus
Eupatorium purpureum
E. maculatum 'Atropurpureum'

WICHTIGE ARBEITEN

Bäume und Sträucher

Schnitt von Sträuchern

Verblühte laubabwerfende Sträucher, deren Blüten am letztjährigen Holz erscheinen, brauchen nun einen Rückschnitt. Jedes Jahr oder zumindest alle zwei bis drei Jahre brauchen Arten wie *Buddleja alternifolia, B. globosa, Philadelphus,* Tamariske, Deutzie, Flieder und Weigelie einen Rückschnitt. Der Schnitt ist spätestens dann fällig, wenn unten nur noch schwache Zweige nachwachsen, Zweige vertrocknet oder verletzt sind oder die Büsche allgemein schwächlich wirken. Man schneidet sie ca. zwei Wochen nach dem Verblühen, nie im Winter oder im Erstfrühling.

Beim Zurückschneiden von Sträuchern sollte man alles schwache, alte und kranke Holz wegschneiden, ebenso junge zu eng stehende Zweige, damit der Strauch genügend Licht und frische Luft bekommt. Auch zu lange Äste kann man bei dieser Gelegenheit zurückschneiden, bis zu einem neuen kräftigen, gut plazierten Trieb. Die Wuchsform und die Symmetrie der Pflanze sollte man dabei immer im Auge behalten. Die verbliebenen Zweige und Äste sollte man so schneiden, daß sie einander nicht behindern.

Rückschnitt von im Sommer blühenden Sträuchern
Will man einen zu dichten Strauch auslichten und ihm Luft verschaffen, schneidet ein Viertel der alten und alle schwachen Basistriebe ab. Wenn nötig, schneidet man auch einige Seitentriebe von gut gewachsenen Ästen ab. Das Auslichten (s. rechts) erhält die Form und Symmetrie. Nur kürzen reicht nicht, da dann bloß die obersten Knospen neu austreiben.

Lavendel darf man jetzt auf keinen Fall mehr schneiden, da neue Triebe nicht mehr genügend Zeit hätten, um bis zum Einbruch der Kälte auszureifen und winterhart zu werden. Viele Gärtner, die auf Ordnung halten, schneiden die welken Blüten im Spätsommer oder im Frühherbst ab. In Regionen mit kalten Wintern läßt man diese alten Blütenstengel besser bis zum Erstfrühling stehen, da sie den immergrünen Lavendelblättern doch einigen Schutz bieten.

Stecklinge

Etliche Sträucher lassen sich leicht aus den Zweigen vermehren, die beim Rückschnitt anfallen. Dazu zählen Buchs, Säckelblume und Lavendel; bei all diesen Gehölzen wachsen die Stecklinge aus halbreifen Trieben am ehesten an. Halbreif sind neue Austriebe dann, wenn sie im unteren Teil bereits verholzen, ansonsten jedoch noch weich sind. Auch um Stecklinge von den nicht blühenden Zweigen einiger *Erica-* und *Calluna*-Sorten zu pflanzen, ist Spätsommer eine gute Zeit.

Pflanzen von Immergrünen

Spätsommer ist die Jahreszeit, um Koniferen und die meisten breitblättrigen Immergrünen zu pflanzen, sehr empfindliche Arten ausgenommen, die man grundsätzlich besser im Erstfrühling einsetzt. Beim Ausgraben und Umpflanzen geht immer ein Teil der Wurzeln verloren, und die Pflanzen können die Feuchtigkeit nicht mehr vollständig ersetzen, die sie bei der Atmung verlieren. Deshalb sollte man alle Immergrünen erst dann umpflanzen, wenn die jungen Triebe ausgereift sind und der Boden so warm ist, daß sich schnell neue Wurzeln bilden. Im Spätsommer endet die Entwicklung der neuen Zweige, und die Pflanzen sind ausreichend abgehärtet, um verpflanzt werden zu können. Doch sollte man die Immergrünen so schnell wie möglich einsetzen; sie entwickeln dann noch genügend neue Wurzeln, um den Winter zu überstehen.

Koniferen und immergrüne Laubgehölze kauft man normalerweise in Containern, oder die Wurzelballen sind mit Tuch umwickelt. Es kommt darauf an, daß die Erde im Wurzelbereich nie austrocknet. Sicherheitshalber sollte man den Wurzelballen vor dem Pflanzen ins Wasser stellen. Nach dem Pflanzen wird regelmäßig gegossen, solange bis die Wurzeln angewachsen sind (s. dazu S. 65). Übrigens ist nun auch die ideale Zeit, um eine immergrüne Hecke anzulegen.

Heckenschnitt

Viele geometrisch geformten Hecken können im Spätsommer noch geschnitten werden. Insbesondere Koniferen und langsamwachsende Immergrüne wie Eiben und Stechpalmen, die normalerweise nur einmal im Jahr geschnitten werden, kann man am Ende des Spätsommers oder zu Beginn des Frühherbstes schneiden. Schnellwachsende Arten wie Liguster kann man bis zur Mitte des Herbsts

Heckenschnitt
Die Zeichnungen zeigen den ungeschnittenen Zustand mit Schnittmarkierungen *(links)* und die unbelaubten, geschnitteen Hecken *(rechts)*, die die nicht leicht zu überschauende Gesamtform deutlich machen.

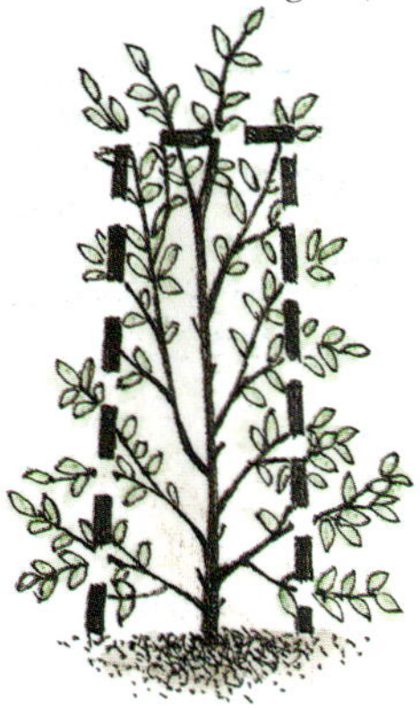

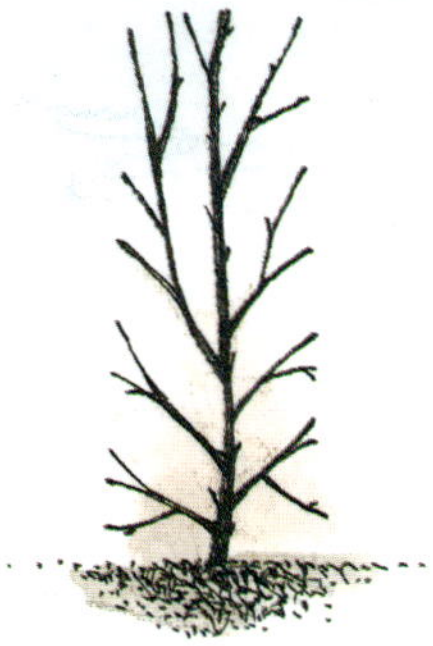

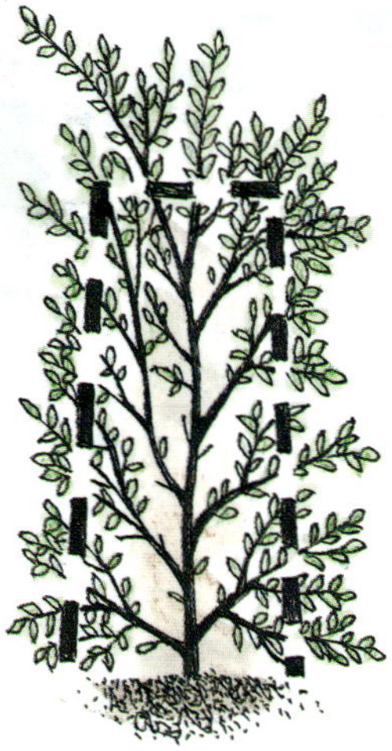

Um ein dichte Trapezform zu erreichen, muß man im ersten Jahr nach dem Pflanzen alle zu langen Haupt- und Seitenäste kürzen. Die verbliebenen Blattknospen verzweigen sich dann im nächsten Frühjahr besser.

Im zweiten und dritten Jahr schneidet man die nach oben wachsenden Zweige zurück, um die Seitentriebe zum Wachsen anzuregen. Man kürzt die Seitenzweige, damit sie dicker werden. So erhält die Hecke ihre Form.

einmal im Monat zurückschneiden. Auch ist jetzt der richtige Zeitpunkt, Hainbuchen- und Buchenhecken zu schneiden.

Beim Heckenschnitt kommt es darauf an, daß man nur die neuen Triebe kürzt; altes Holz sollte beim normalen Rückschnitt nicht angetastet werden. Sehen die frischen Triebe schwach aus, dann ist es besser, den Schnitt etwas hinauszuzögern, damit die Blätter länger assimilieren können. Man sollte jedoch den Heckenschnitt in dieser Jahreszeit abschließen, vor allem in Gegenden mit kalten Wintern. Zu spät geschnittene Hecken bringen neue Triebe hervor, die nicht ausreifen können und beim ersten starken Frost erfrieren.

Rosen

Ausputzen und Gießen

Nach wie vor sind im Rosengarten die wichtigsten Arbeiten das Ausputzen und das Gießen (s. S. 66); beides fördert die Rosenblüte und schützt die Pflanzen vor Krankheiten, wie etwa dem Mehltau.

Düngen

Ab dem Hochsommer sollte man Rosen keinesfalls mehr mit stickstoffhaltigem Dünger versorgen, damit die Pflanzen nicht mehr weiter wachsen. Was jetzt noch austreibt, kann bis zum Winter nicht mehr voll ausreifen; die neuen weichen Triebe fallen

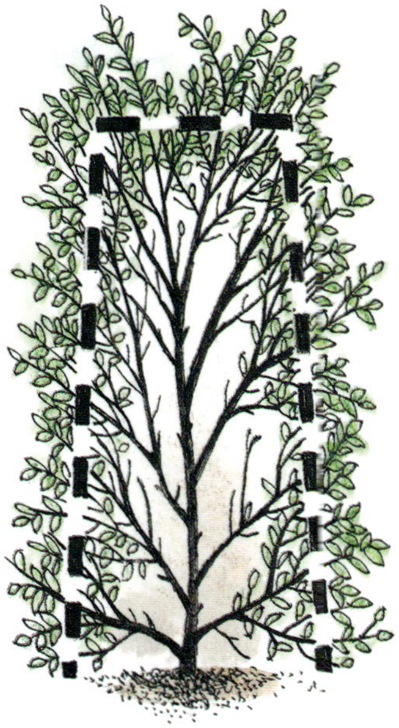

Im vierten und den weiteren Jahren werden Haupt- und Seitenäste so geschnitten, daß eine symmetrische Gesamtform entsteht; will man stärkeres Höhenwachstum, läßt man die Hauptäste entsprechen stehen.

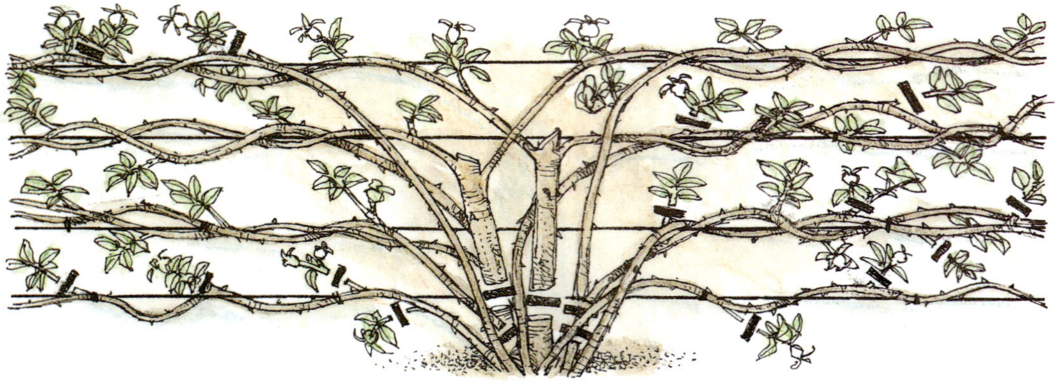

Der Schnitt von Kletterrosen
Wenn genug Basistriebe da sind, die die alten Zweige als Gerüst ersetzen können, schneidet man die alten Ruten ganz ab und läßt ca. 6 neue Triebe stehen. Wenn es nicht genug neue Triebe gibt und alte Ruten neu und stark austreiben, schneidet man die alten Ruten zurück bis kurz über dem Ansatz eines neuen Seitentriebs. Die verbliebenen Zweige bindet man an.

Kälte und Frost weit mehr zum Opfer als kräftige ausgereifte Zweige. In Gegenden mit kalten Wintern kann man den Rosen jetzt Kalidünger (auch Phosphor-Kali- oder Kali-Magnesium-Dünger) geben, der kein neues Wachstum anregt, sondern das Verholzen der Triebe fördert. Ungefähr sechs Wochen vor dem ersten Frösten empfiehlt es sich, eine Handvoll Kaliumsulphat oder zwei Hände voll Holzasche pro Quadratmeter auszustreuen und einzuarbeiten.

Rückschnitt von Kletterrosen
Sorten wie die beliebte 'American Pillar' und 'Dorothy Perkins' blühen im Unterschied zu anderen Kletterrosen nur einmal im Jahr. Im Frühsommer bringen sie unzählige Blüten an Zweigen hervor, die an den langen letztjährigen Ruten gewachsen sind. Jedes Jahr wachsen bei diesen Kletterrosen nach der Blüte kräftige und lange Triebe von unten nach, die zurückgeschnitten werden müssen, weil sie sich mit den alten Trieben unentwirrbar verflechten können.

Diese Art von Kletterrosen läßt sich leicht zurückschneiden; man muß nur einige ältere Gerten abschneiden, um Platz für neue Triebe zu machen. Wo sie genug Raum haben, um sich auszubreiten, brauchen diese Kletterrosen in den ersten Jahren keinen Rückschnitt; sie wachsen dann wilder und natürlicher.

Kletterpflanzen

Anbinden
Triebe, die ohne Halt herunterhängen, sollte man bei allen schnellwachsenden Kletterpflanzen kontinuierlich anbinden (s. S. 47).

Schnitt von Glyzine
Falls noch nicht geschehen, sollte man die neuen Seitentriebe der Glyzine sobald wie möglich zurückschneiden. Dies garantiert eine üppige Blüte im nächsten Jahr. Alle Seitentriebe werden auf vier oder fünf Blätter zurückgeschnitten, um die Nährstoffe in die Entwicklung der Blütenknospen zu lenken (s. S. 87).

Pflanzen von Clematis
Clematis kann man sehr gut im Spätsommer und im Erstfrühling pflanzen. Clematis sind Tiefwurzler und brauchen guten Boden, der bis zu einer Tiefe von mindestens 50 cm vorbereitet sein muß. Die Kletterstütze schlägt man am besten vor dem Pflanzen in den Boden. Der Wurzelballen sollte 10 cm unter der Erdoberfläche sitzen und wird zur Stütze hin geneigt (s. S. 30).

Stauden

Ausputzen und zurückschneiden
Mit dem Ausputzen von Staudenblüten sollte man fortfahren. Allerdings kann es sein, daß bestimmte Stauden geschnitten unansehnlicher aussehen als mit verwelkten Blüten. Und wenn die verwelkten Blütenstengel die Pflanzen vor der Kälte schützen können, sollte man sie auf alle Fälle stehen lasen. Etliche üppig blühende Stauden wie das Mädchenauge, die Kokardenblume, die Spornblume und Margerite sollten jedoch unmittelbar nach dem Verblühen kräftig zurückgeschnitten werden, damit alle Kraft und Energie für das nächste Jahr aufgespart wird.

Pflanzen
Der Spätherbst eignet sich am besten zum Pflanzen von Stauden, die im Frühjahr und Frühsommer blühen. Noch ist der Boden warm und das Wetter günstig für die Bildung neuer Wurzeln. Einmal

richtig angewachsen, überstehen die Pflanzen den Winter gut und blühen schöner als im Frühjahr gepflanzte Stauden.

Auch ist jetzt die beste Pflanzzeit für Pfingstrosen. Wenn man die Pflanzfläche für sie sehr gut vorbereitet, kann man Päonien viele Jahre an einem Standort lassen, und sie werden jedes Jahr schöner und größer. Päonien sind wahre Nährstoffresser, sie benötigen einen tiefgründigen, humusreichen, fruchtbaren Boden; gut ist, wenn man verrotteten Kompost bis 60 cm tief einarbeitet. Die obersten Wurzeln der Päonien sollten höchstens 5 cm unter der Erdoberfläche liegen.

Stauden teilen

Stauden, die im Sommer blühen und nun zu stark wuchern oder kränklich aussehen, sollte man nach dem Verblühen herausnehmen und teilen (s. S. 159). Teilt man jetzt z.B. die Christrosen, die vom Winter bis zum Frühjahr blühen, dann sind sie vor Einbruch des Winters wieder verwurzelt. Erst im Erstfrühling teilen sollte man dagegen die Witwenblume (Scabiosa) und die Indianernessel (Monarda), auch nicht die Ziergräser und Farne.

Einjährige und zweijährige Pflanzen

Säen von winterharten Arten

Jetzt kann man einige winterharte Einjährige aussäen, am besten gleich an den Stellen, wo sie im nächsten Jahr blühen sollen: z.B. *Calendula officinalis* (Ringelblume), *Centaurea cyanus* (Kornblume), *Echium plantagineum* (Natternkopf), *Eschscholzia californica* (Kalifornischer Goldmohn), *Iberis amara* (Schleifenblume), *Iberis umbellata, Lobularia maritima* (Duftsteinerich), *Nigella damascena* (Jungfer im Grünen) und *Papaver rhoeas* (Klatschmohn).

Pflanzen von dekorativem Salat und Gemüse

Jungpflanzen von dekorativen Herbstsalaten wie Endivien und dem farbenfrohen Zierkohl können ausgepflanzt werden, z.B. dort, wo in den Rabatten Lücken entstanden sind.

Rückschnitt von zweijährigen Pflanzen

Etliche Zweijährige blühen ein Jahr länger, wenn man sie nach der Blüte kräftig zurückschneidet. Dazu zählen die Stockmalve, Fingerhut, Islandmohn und Bartnelken. Schneidet man sie so schnell wie möglich nach dem Verblühen zurück, dann überstehen sie den Winter und blühen im nächsten Jahr noch einmal.

Auspflanzen von Zweijährigen

Jetzt lassen sich die Jungpflanzen von vielen winterharten Zweijährigen direkt in die Beete setzen: z.B. von der Stockmalve, den Marienglockenblumen, Bartnelken und Nachtviolen.

Blumenzwiebeln und -knollen

Pflanzen

Eine wichtige Arbeit im Spätsommer ist das Auspflanzen von Blumenzwiebeln. Als erstes sollte man alle im Herbst blühenden Zwiebeln so schnell wie möglich einsetzen.

Außerdem pflanzt man jetzt alle Narzissenzwiebeln wieder ein, die nach der Blüte herausgenommen und den Sommer über gelagert wurden. Man säubert, teilt sie und sortiert kranke Zwiebeln aus.

Etliche Frühlingszwiebelblüher sollte man nun ebenfalls so schnell wie möglich auspflanzen, etwa den Hundszahn (Erythronium), die Kaiserkrone (Fritillaria imperialis), Schneeglöckchen (Galanthus), Märzenbecher (Leucojum) und Traubenhyazinthen (Muscari); sie gedeihen und blühen am besten, wenn sie so schnell wie möglich in den Boden kommen (Näheres dazu s. S. 117).

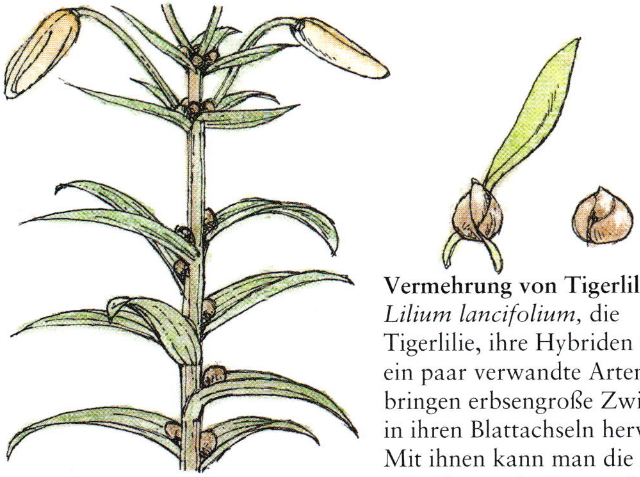

Vermehrung von Tigerlilien
Lilium lancifolium, die Tigerlilie, ihre Hybriden und ein paar verwandte Arten bringen erbsengroße Zwiebeln in ihren Blattachseln hervor. Mit ihnen kann man die Lilien vermehren, als wäre es Samen.

Man pflanzt sie in einem Abstand von 5 cm und 1,5 cm tief in Kästen mit Sand und Kompost. Dann kommen sie in ein ungeheiztes Treibhaus oder ein geschütztes Saatbeet.

Pflanzen von Steppenkerzen
Im Spätsommer pflanzt man auch die imposanten Steppenkerzen (Eremurus). Sie mögen es warm und sonnig. Ist der Boden sandig und gut wasserdurchlässig, dann reicht eine Pflanztiefe von 15-20 cm. In schwerem und schlecht drainiertem Boden gräbt man das Pflanzloch 50 cm tief; die unteren 20 cm werden mit Kies aufgefüllt, darauf kommt eine 10 cm starke Schicht sandiger Erde.

Das Loch muß so breit sein, daß die Wurzeln gut Platz haben. Die Hauptzwiebel muß 10-15 cm unter der Erdoberfläche sitzen; den Rest des Pflanzlochs füllt man mit guter Gartenerde auf.

Pflanzen von Madonnenlilien
Im Unterschied zu den meisten anderen Lilien wird die Madonnenlilie (Lilium candidum) während ihrer kurzen Ruheperiode im Spätsommer verpflanzt. Sie trägt Blätter bis in den Winter hinein; um im nächsten Sommer blühen zu können, muß sie im Herbst eine Blattrosette entwickeln, die im Winter grün bleibt.

Die Madonnenlilien gedeihen nur in gut drainiertem Boden. Auch ist es wichtig, daß sie mit ihrer Spitze nicht tiefer als 5 cm unter dem Boden liegen. Man pflanzt sie in lockeren Gruppen von fünf bis elf Zwiebeln, in einem Abstand von etwa 20 cm.

Düngen von Blumenzwiebeln
Dahlien, Gladiolen, Knollenbegonien und andere empfindliche Zwiebeln, die noch in voller Blüte sind, werden alle zwei Wochen mit einem schnellwirkenden Flüssigdünger versorgt. Gibt man einen phosphorreichen Dünger, so blühen sie üppiger und länger, und die Zwiebeln und Knollen werden kräftiger für das Winterlager. Dahlien blühen über viele Wochen hinweg immer wieder aufs Neue, wenn man sie regelmäßig über das Blatt düngt.

Der Wassergarten

Allgemein läßt sich sagen, daß ein Gartenteich mit einem stabilen ökologischen Gleichgewicht wenig Arbeit im Spätsommer macht. Es genügt, die routinemäßige Pflege fortzusetzen (s. S. 22).

Rasen und Blumenwiese

Der Rasen nach dem Urlaub
Wenn der Rasen während des Sommerurlaubs längere Zeit nicht gemäht wurde, darf man das Gras keinesfalls beim ersten Schnitt auf die ursprüngliche Länge zurückschneiden: man würde damit nur die Unkräuter fördern. Vielmehr schneidet man den Rasen schrittweise auf die gewünschte Höhe zurück, beim ersten Mähen höchstens um die Hälfte seiner momentanen Länge. Das ergibt eine annehmbare Höhe, ohne daß die Gräserpflanzen darunter leiden würden. Ist der Boden trocken, dann sollte man auf jeden Fall gleich nach dem Mähen gießen. Fünf bis sieben Tage später – je nach Witterung –, mäht man wieder; jetzt kann man den Mäher etwas tiefer stellen. Diesen Vorgang wiederholt man einige Wochen lang, bis das Gras die für den Rasentyp richtige Höhe erreicht hat.

Mähen von Blumenwiesen
Blumenwiesen, die einen zweiten Schnitt brauchen, sollte man nun mähen. Der richtige Zeitpunkt hängt von der Zusammensetzung der Pflanzenarten ab; auf jeden Fall muß dafür gesorgt werden, daß die Blumenwiese nicht mit zu hohem Gras in den Winter geht.

Aussaat von Rasen
In Gegenden mit strengen Wintern ist nun die ideale Zeit zum Anlegen eines Rasens (s. S. 35). Denn die Bodentemperatur und die Niederschläge sind meist ausreichend hoch, um den Grassamen schnell zum Keimen zu bringen. Wo die Winter nicht so kalt sind, läßt sich auch noch im Frühherbst aussäen oder gar im Erstfrühling.

Balkon und Terrasse

Düngen von Kübelpflanzen
Einjährige und andere Pflanzen in Kübeln, Töpfen und Balkonkästen vertragen jetzt wöchentlich einmal flüssigen Volldünger. Wohlgenährt und gut gepflegt bescheren sie uns eine spätsommerliche und herbstliche Blüte, bis der Frost ein Ende setzt.

Bei Dauerpflanzungen von Sträuchern und Stauden in Kübeln sollte man das Düngen bis zum nächsten Frühjahr einstellen. Sie überstehen den Winter besser, wenn sie jetzt nicht noch einmal neu austreiben und ihre Zweige in Ruhe ausreifen können.

Geraniensteckling̈e
Will man Jungpflanzen von Geranien überwintern, sollte man die Stecklinge jetzt abschneiden. Man wählt kräftige, feste Triebe dafür aus und schneidet etwa 10 cm lange Stecklinge ab. Man steckt sie in ein Gemisch aus Sand und Torf, in dem sie schnell anwurzeln.

KAPITEL 7

FRÜHHERBST

SIGNALPFLANZEN DES FRÜHHERBSTS

Ein untrügliches und immer zuverlässiges Zeichen dafür, daß der Frühherbst begonnen hat, ist das Aufblühen der rosa Blüten der Herbstzeitlosen (*Colchicum autumnale*). Fast zur selben Zeit reifen die schwarzen Beeren des Holunders *(Sambucus nigra)*, und die roten Hagebutten der Hundsrose *(Rosa Canina)*.

Herbstzeitlose fühlen sich am wohlsten in einer Wiese oder im Gras. Gepflanzt werden die Herbstzeitlosenzwiebeln im Hochsommer, in unregelmäßigem Abstand von 15-20 cm. Sie gedeihen gut an einem kühlen, feuchten, tiefgründigen und fruchtbaren Standort; allderdings darf man sie nicht zu tief pflanzen, höchstens 5-6 cm. Die Art ist *Colchicum speciosum* blüht drei Wochen nach der heimischen Herbstzeitlose.

LINKS *Die Herbstzeitlose* (Colchicum autumnale) *ist hier mit Brombeerblättern zu sehen.*

RECHTS *Astern und weiße Chrysanthemen geben im Herbst ein letztes Fest der Farben.*

DER GARTEN IM FRÜHHERBST

Wenn im Frühherbst die Nächte länger werden und bei wolkenlosem Himmel die Temperaturen sinken, dann nähert sich die Zeit der blühenden Gartenpflanzen schnell ihrem Ende. Der Altweibersommer hält Einzug, der eine Reihe von beständig schönen Tagen erwarten läßt. Größere Vorhaben im Garten, die auf eine längere Periode schönen Wetters angewiesen sind, sollte man am besten für diese Phase planen.

Nun macht es sich auch bezahlt, wenn man bei der Anlage des Gartens die verschiedenen Jahreszeiten berücksichtigt hat: eine Reihe wunderschöner Pflanzen bietet nun das letzte große Farbenspiel im Garten, bevor die Nachtfröste dem ein Ende setzen.

Der herbstliche Garten leuchtet in vielen Gelb- und warmen, glühenden Rot- und Brauntönen der blühenden Korbblütler: des Mädchen- und Sonnenauges, der Kokardenblume, der Sonnenblume, Sonnenbraut und Rudbeckien. Und nun blühen auch die Rosen, deren Formvollendetheit nicht zu übertreffen ist. Sie sind ein unverzichtbares Element für einen warmen, sonnigen Frühherbstgarten, der in dieser Jahreszeit so farbig und voller Düfte wie im Hochsommer sein kann. Umgibt man die Rosen mit rosa, blau und weiß blühenden Planzen, können sie dem Auge eine willkommene Abwechslung zu den kräftigen gelben und orangefarbenen Tönen des Herbsts bieten; auch fügen sich dann die rosa Herbstzeitlosen besser ins Bild.

Strauchrosen

Es gibt eine historische Rosenzüchtung, die sich selbst in einen sehr kleinen Garten gut einfügt: die zierlich, aber dicht gewachsene wunderschöne Strauchrose 'Comte de Chambord'. 'Comte de Chambord' wird höchstens 120 cm groß, wächst sehr aufrecht und ist widerstandsfähig. Die großen rosaroten, dicht gefüllten Blüten duften ganz intensiv und betörend nach Damaszener Rosen. Sie verbindet den Charme einer historischen Rose mit dem Vorzug, mehrmals zu blühen. Ihre attraktiven Blätter sind groß und graugrün.

Ebenso altehrwürdig ist die Hybridsorte 'Reine des Violettes', bei der sich die entzückende Blütenform der historischen gallischen Rose mit einer schier nicht endenden Blüte verbindet. Die wundervoll duftenden Blüten haben ein dunkles, samtenes Violett. Die Rose hat ein hell graugrünes Blattwerk, sie wächst aufrecht und wird 120-150 cm groß; sie entwickelt sich am besten in gutem Gartenboden.

Obwohl sie gut ein halbes Jahrhundert jünger ist, erweckt die Sorte 'Ferdinand Pichard' noch stärker den Eindruck einer altmodischen Rose. Ihre tassenförmigen Blüten sind rosa, gesprenkelt und gestreift mit kräftigem Karmesin; das Rosa bleicht nach dem Aufgehen der Knospe bald aus, während die karmesinroten Flecken purpurn werden. Die Blüten sind leicht gefüllt und duften vorzüglich. 'Ferdinand Pichard' gilt allgemein als die hübscheste der gestreiften Rosen, und sie besitzt zudem den Vorzug, daß sie nach der ersten großen Blüte ununterbrochen bis zum Herbst blüht. Normalerweise wächst sie zu einem gedrungenen, buschigen Strauch heran und wird nur 150 cm groß, also eine ideale Rose für den kleinen Garten.

Eine Rose, die weit größer wird, ist die Sorte 'Nevada', die bis zu 250 cm in die Höhe wächst. Sie blüht mehrere Male hintereinander und besitzt die elegante Form einer Wildrose. Die langgebogenen, meist dornenlosen Ruten des dichten Rosenbusches sind überladen mit großen halbgefüllten Blüten. Die cremefarbenen Blüten tragen auffällige gelbe Staubblätter in ihrer Mitte; einzeln wirken sie eher unscheinbar, aber in großer Anzahl bieten sie einen atemberaubenden Anblick. 'Nevada' ist eine kräftige und sehr robuste Rose, die kaum von Mehltau befallen wird. Nach einer ersten großen Blütenphase im Frühsommer entfaltet sie den ganzen Sommer über eine Blüte nach der anderen, oft sogar noch im Herbst.

Die Rose mit dem vielleicht intensivsten Duft, 'Mme Isaac Pereire', bringt große Blüten hervor, die einen Durchmesser von bis zu 12 cm haben. Sie sind kräftig rosarot, zuerst tassenförmig, später flach und viergeteilt, mit an den Rändern zurückgebogenen Blütenblättern. Man kann die Rose entweder als großen Busch wachsen lassen oder als Kletterpflanze an einer Pergola oder einem Klettergerüst ziehen. Sie wächst dort ohne weiteres zwei Meter in die Höhe. Die Pflanze trägt große, ausdrucksvolle und dunkelgrüne Blätter. Sie blüht mehrmals, am schönsten ist die Blüte jedoch im Frühherbst. Wenn sie gut wächst, ist 'Mme Isaac Pereire' eine Rose von unvergleichlicher Schönheit, Farbenpracht und Duftintensität.

Die legendäre Bourbonenrose 'Zéphirine Drouhin' ist verdientermaßen eine der beliebtesten Rosen, vor allem wegen ihrer langen Blüte. Sie trägt duftende, halbgefüllte Blüten von einem hellen kirschfarbenen Rosa. Die 'Zéphirine Drouhin' bedeckt leicht ganze Wände bis zu einer Höhe von 3-4,5 m. Doch Vorsicht: die Rose paßt nicht zu einem ziegelroten Hintergrund. Ihr einziger Nachteil ist ihre Empfindlichkeit gegen Mehltau; doch dagegen hilft, sie an einer Nordwand zu pflanzen, wo sie besser gedeiht als jede andere Rose. Man kann sie allerdings auch als offenen, freistehenden Strauch ziehen.

Die mehrmals blühenden Kletterrosen erfreuen sich bei passionierten Gärtnern großer Wertschätzung, vor allem, wenn sie so hübsch geformte und wunderbar duftende Blüten hervorbringen wie 'New Dawn'. Diese berühmte amerikanische Rose bringt immer wieder kleine Knospen hervor, aus denen vom Hochsommer bis in den Frühherbst hinein überreiche Blütenbüschel hervorgehen. 'New Dawn' eignet sich vorzüglich als Strauch oder auch als Rosenhecke; am Klettergerüst oder an einer Pergola gedeiht sie manchmal nicht so gut; an einer schützenden Mauer wächst sie jedoch bis zu 4-6 m in die Höhe. Das glänzende Blattwerk ist wenig anfällig für Rosenkrankheiten.

Blau blühende Sträucher

Da blau blühende Sträucher, die so gut mit den rosa und roten Farben der Rosenblüten harmonieren, im Garten zu jeder Jahreszeit sehr rar sind, ist es ein wahres Glück, daß es ausgerechnet im Frühherbst zwei attraktive Sträucher mit verschiedenen Blautönen gibt: die Bartblume und die Perovskie.

Caryopteris x *clandonensis* ist ein Hybridstrauch mit graugrünen, duftenden Blättern, der während des Spätsommers und des Frühherbstes mit Büscheln von blauen Blüten geradezu übersät ist. Die wertvollsten Hybridsorten sind 'Heavenly Blue' mit kräftig lavendelblauen Blüten und 'Kew Blue' mit etwas dunklerem Blau. *Caryopteris* wächst als kniehoher, runder Strauch und fügt sich gut in jede Blumenrabatte ein. Die Pflanze bevorzugt einen sonnigen Standort und gedeiht praktisch in jedem Boden, solange er einigermaßen wasserdurchlässig ist. In kalten Wintern frieren die Triebe zurück; doch schadet das nicht, da die Blüten an den im Frühjahr neu gebildeten Triebe erscheinen. Im Frühjahr werden die im letzten Jahr gebildeten Triebe kräftig zurückgeschnitten, bis auf jeweils zwei Knospenpaare. Nur so entwickelt sich ein dichter Strauch, der neue kräftige Zweige mit langen Blütenständen hervorbringt.

Die Perovskie *(Perovskia atriplicifolia)* friert in kalten Wintern ebenfalls bis zum Boden zurück und verlangt denselben Rückschnitt im Frühjahr wie die Bartblume. Der wunderschöne Strauch aus dem Himalaya besitzt fein gezackte, duftende, graue Blätter und weißliche Zweige; im Spätsommer und im Frühherbst entfalten sich die lavendelblauen Blütenrispen. Die Perovskie wird 90-150 cm groß und bildet mit ihren langen, etwas staksigen Zweigen einen locker wachsenden, aufrechten Strauch. Die Perovskie verlangt einen guten, wasserdurchlässigen Boden und einen sonnigen Standplatz. Ihr apartes Blaugrau wirkt gut in unmittelbarer Nachbarschaft von rosafarbenen Rosen. Für die Hybridsorte 'Blue Spire' sind die großen, lavendelblauen Blüten und die geschlitzten Blätter kennzeichnend.

Ebenso wertvoll wegen ihrer attraktiven blauen Blüten, nur etwas kleiner als die Perovskie, sind zwei relativ unbekannte Arten von *Nepeta*, *N. nervosa* und *N. sibirica*, spätblühende Verwandte der beliebten Katzenminze. Die wunderschöne *N. nervosa* hat leuchtende, grau-grüne Blätter mit auffallenden Adern und trägt hübsche, hell lavendelblaue Blüten in dichten, zylindrischen Ähren. Sie wird 30-50 cm groß, wächst locker und aufrecht. *N. sibirica* wird zweimal so groß, und ihre strahlend lavendelblauen Blumen erscheinen den ganzen Spätsommer bis weit in den Frühherbst hinein. Die einzelnen Blüten sind etwa 2,5 cm lang. Wie die anderen Mitglieder der *Nepeta*-Gattung verlangt diese charmante Beetstaude einen wasserdurchlässigen Boden. Wenn *N. sibirica* ein Standort behagt, dann vermehrt sie sich durch ihren eigenen Samen.

Um den Garten mit einem kräftigen Indigoblau, einer ungewöhnlichen Farbe für diese Jahreszeit, zu schmücken, eignet sich keine Pflanze besser als die Bleiwurzstaude *(Ceratostigma plumbaginoides)*. Während sie noch blüht, verfärbt sich das Laub bereits bronzefarben bis scharlachrot. Die aus China stammende Pflanze hat 20 cm lange, aufrecht wachsende Triebe mit azurblauen Blüten. Sie blüht ununterbrochen vom Spätsommer bis zum ersten Frost. Ein sonniger Standort mit wasserdurchlässigem Boden ist gerade richtig für sie. Manchmal haben die Pflanzen Probleme beim Anwachsen; haben sie sich aber einmal an einen Standort gewöhnt, dann wachsen sie recht schnell, treiben ihre unterirdischen Rhizome in alle Richtungen aus und bewähren sich als erstklassige Bodendeckerpflanzen. Das macht sie auch für Trockenmauern geeignet, wo ihre blauen Blüten einen reizenden Kontrast zu den Steinen bilden.

Weitere blühende Sträucher

Aus China stammen zwei sehr schöne Kleinsträucher, die sehr selten gepflanzt werden, obwohl sie leicht zu ziehen sind: die Kamminze *(Escholtzia stauntonii)* und der Buschklee *(Lespedeza thunbergii)*. Sie bringen eine Unmenge entzückender rosafarbener Blüten im Frühherbst hervor. Obwohl sie nicht miteinander verwandt sind, stellen sie dieselben Ansprüche an den Standort und die Pflege. Im Winter frieren beide so stark zurück wie die Bartblume; schützt man die Pflanzen im Winter etwas und schneidet sie im Frühjahr zurück, dann treiben sie in der Regel wieder aus und blühen an den neuen Trieben.

Die Bourbonenrose 'Mme Isaac Pereire', eine Züchtung von 1881, blüht ab dem Sommer; die herrlichsten Blüten spart sie sich jedoch für den Frühherbst auf. Hat sie fruchtbaren Boden, ist ihre Schönheit unübertroffen.

Elsholtzia stantonii wächst ganz aufrecht, wird 100-120 cm groß, und die Blätter riechen wie zerriebene Minze. V
der ganzen Herbstsaison ist die Pflanze über und
kleinen fliederrosa Blüten bedeckt. Die Blätter sind d
mit hellem Schimmer. *Lespedeza thunbergii*, auch
genannt, wird größer, etwa 180 cm hoch. Im

bisweilen auch bis zum ersten Frost, im Spätherbst ist der Buschklee voller karmesinroter Erbsenblüten, die ihn wie einen besonders prächtigen Goldregen aussehen lassen, der purpurfarben blüht. Die Triebe, die sich im Frühling immer unten an der Basis erneuern, bilden einen eleganten Busch mit sehr dünnen Zweigen. Zur Blütezeit werden sie vom Gewicht der unzähligen Blüten oft zu Boden gedrückt. Die Blütenrispen sind 60-80 cm lang. Mit seinen feingliedrigen Zweigen eignet sich der Busch gut als Hintergrund in einer Staudenrabatte oder für eine Böschung.

Beetstauden

Für die beliebten Herbstastern ist der Frühherbst die Hauptblütezeit. Am häufigsten sieht man Hybridformen von *Aster dumosus*, *A. novae-angliae* und *A. novae-belgii*. Aber auch eine andere Gruppe von wenig bekannten nordamerikanischen Astern verdient Beachtung. Sie hat sich viel vom ursprünglichen Charme und der Schönheit der Wildblume bewahrt.

Aster cordifolius z.B. ist eine hervorragende Staude für den Halbschatten. Diese sehr anpassungsfähige Art wird bis zu 150 cm groß und trägt an losen Büscheln kleine violettblaue oder weiße Blüten mit gelber Mitte. Die Wildform dieser Aster muß gestützt werden, aber die kurzstielige Sorte 'Ideal' bedarf keiner Stütze; sie wird bis zu 120 cm groß und blüht lavendelblau.

Besser bekannt ist die mit ihr engverwandte Myrtenaster *(A. ericoides)*, von der es einige hervorragende Züchtungen gibt, die eine kurze, kräftige Form entwickeln. Die kleinen, zarten Blüten sitzen in Rispen auf den weitausgebreiteten Zweigen. Normalerweise blühen sie weiß, manchmal auch blau oder rosa. Im Unterschied zu den meisten anderen Astern liebt diese Präriepflanze pralle Sonne und verträgt Trockenheit. Die Myrtenastern eignen sich hervorragend für lockere, natürliche Pflanzungen; denn sie wachsen elegant, aufrecht und haben ein kräftig grünes, myrtenähnliches Blattwerk, das die Staude auch attraktiv macht, wenn sie nicht blüht. Zudem eignen sich die eleganten Blütenstiele gut als Schnittblumen. Empfehlenswert sind 'Blue Star', eine hellblaue 70 cm große Sorte, die Sorte 'Erlkönig' mit hellvioletten Blüten und einer Höhe von 70 cm, 'Golden Spray' mit weißen Blüten und einer Höhe von 120 cm. Diese Sorten sind außerdem resistent gegen die Asternwelke und können jahrelang an einem Standort stehen, bevor sie geteilt werden müssen.

Ausgesprochen hübsch ist *A.* x *frikartii*, die vielleicht wertvollste Staude dieser Pflanzengruppe. Diese sehr robuste Hybridaster blüht ununterbrochen vom Hochsommer bis zum Spätherbst mit lieblichen blauen, in der Mitte orangefarbenen Blüten. Die eleganten hochaufwachsenden Stiele werden ungefähr 75 cm lang und sind so kräftig, daß sie keine Stütze brauchen. Die einzelnen Blüten haben einen Durchmesser von 6-7 cm und sitzen auf langen Stielen, was sie als Schnittblumen sehr geeignet macht. Zwei sind es wert, besonders hervorgehoben zu werden: die Sorte 'Mönch' mit ihren lavendelblauen Blüten und 'Wunder von Stäfa' mit großem himmelblauem Flor. Alle Sorten von *A.* x *frikartii* stehen gern in der prallen Sonne und in bestem Boden. Man sollte sie im Garten so plazieren, daß sie sofort ins Auge fallen. Sie sind exzellente Partner für Stauden mit hellrosa und blaßblauen Blüten und grauen Blättern.

Empfehlenswert ist auch *A. lateriflorus*, eine bis zu 150 cm hohe, aufrecht wachsende Aster mit zahllosen dichtstehenden Ästen. Die kleinen Blätter verfärben sich im Frühherbst kupferrot; zur selben Zeit sind die Stiele übersät von kleinen weißen bis blaßrosa Blüten. Die zunächst gelbe Blütenmitte verfärbt sich bald purpurrot; die Blütenpracht erscheint dann wie eine rosa-purpurne Wolke mit einem Hauch von Kupferrot, eine wirklich elegante Farbkombination. Zuhause ist *A. lateriflorus* in den offenen Wäldern und Küstenstrichen Ostamerikas. Sie braucht also im Garten möglichst viel Sonne und zugleich einen ausreichend feuchten Boden.

Gut zu Astern und spätblühenden Rosen passen die hohen Japanischen Herbstanemonen. Die schlichte Schönheit ihrer Blüten reiht sie ein unter die attraktivsten Pflanzen des ganzen Gartenjahrs – als habe sich die Natur eine letzte Überraschung für den Schluß aufgehoben. Wenn es ihr an ihrem Standort behagt, breitet sich die winterharte Staude ganz von allein aus. Zu den wertvollsten Sorten zählen 'Honorine Jobert', 120 cm hoch, weiß blühend mit auffallenden gelben Staubfäden, 'Prinz Heinrich', eine dunkelrosa Züchtung, die ebenfalls bis zu 120 cm groß werden kann, und 'Queen Charlotte', eine 100 cm große, silbrig rosafarbene Herbstanemone. Im Herbst blühende Anemonen gedeihen in jedem guten Gartenboden, in der Sonne oder im Halbschatten. Sie breiten sich zwar stark aus, aber da sie sehr lange blühen, lohnt sich die Arbeit, sie immer wieder in ihrem Wachstum zu bremsen.

Ähnlich gut wie die Herbstanomonen eignet sich eine andere asiatische Staude aus der Knöterichfamilie für sonnige oder leicht schattige Standorte: *Polygonum campanulatum*. Im Unterschied zu vielen anderen *Polygonum*-Arten, deren Blüten ähnlich wie die Borsten auf dem Kopf einer Flaschenbürste angeordnet sind, sitzen seine rosafarbenen, glockenförmigen Blüten in lockeren Rispen. Die zarten Blütenglocken an den

'Honorine Jobert', eine japanische Anemone von ausgesuchtem Charme, blüht im Herbst wochenlang. Sie verzweigt sich sehr stark, hat dunkelgrüne Blätter und wächst schnell an jedem sehr feuchten Platz, in der Sonne oder im Halbschatten.

eleganten Stielen wirken am besten, wenn man den Knöterich in großen Gruppen am Beetrand pflanzt. *P. campanulatum* kann mehr als 100 cm hoch werden, wuchert ziemlich und hat dunkelgrüne Blätter mit attraktiver Aderung. Es blüht vom Hochsommer bis nach den ersten leichten Frösten.

Ziergräser

Der Frühherbst ist für manche Ziergräser der Höhepunkt. Das gilt z.B. für das orientalische Lampenputzergras *(Pennisetum orientale)* mit seinen hellrosa langen Federbüschen und den purpurnen Haaren. Die zierlichen Federbüsche ragen 45-60 cm aus dem dichten hellgrünen Gräserhorst hervor und blühen sehr lange. Dieses Staudengras pflanzt man am besten einzeln, an einen sonnigen Platz. In Gegenden mit kalten, schneearmen Wintern sollte man es vor Frösten schützen. ein naher Verwandter von *P. orientale*, *Pennisetum alopecuroides (syn P. compressum)*, das australische Lampenputzergras, blüht ebenfalls im Frühherbst. Es bildet kniehohe Horste, die im Alter über 100 Blütenstiele hervorbringen können. Besonders reich und zuverlässig blüht die Sorte 'Hameln' mit ihren rotbraunen, walzenförmigen Ähren. Zur Blütezeit erreicht 'Hameln' eine Größe von etwa 60 cm. Die flaumigen Blütenähren angeln sich regelrecht den Tau aus der feuchten Luft und sehen besonders hübsch aus, wenn sie, gebeugt unter der funkelnden Last des Reifes, ihre Köpfe leicht hängen lassen.

DIE FARBPALETTE DES FRÜHHERBSTS

Blau und Lila

Buddleja davidii Sorten
Caryopteris x *clandonensis* 'Heavenly Blue', 'Kew Blue'
Hibiscus syriacus Sorten
Hydrangea involucrata
Perovskia abrotanoides
P. atriplicifolia + *P.a.* 'Blue Spire'
Aconitum x arendsii
A. carmichaelii + *A.c.* 'Barker's Variety', 'Kelmscott'
Aster cordifolius 'Ideal', 'Silverspray'
A. dumosus Hybriden
A. ericoides 'Blue Star'
A. x *frikartii* 'Mönch', 'Wunder von Stäfa'
A. novae-angliae Sorten
*A. novi-belgi*i Sorten
Ceratostigma plumbaginoides
Clematis x *bonstedtii* 'Crepuscule'
C. heracleifolia + *C.h. davidiana*
Echinops ritro 'Veitch's Blue'
Gentiana septemfida var. *lagodechiana*
Nepeta nervosa
N. *sibirica*
Scabiosa caucasica
Crocus sativus
C. speciosus 'Artabir', 'Oxonian'

Weiß und Cremefarben

Abelia x *grandiflora*
Buddleja davidii Sorten
Calluna vulgaris 'Gold Haze'
Clethra alnifolia
C. barbinervis
Hibiscus syriacus Sorten
Potentilla fruticosa 'Abbotswood', 'Manchu'
Clematis 'Huldine'
C. ternifolia (Syn. C. *maximowicziana)*
Anaphalis margaritacea
A. triplinervis Sorten 'Silberregen', 'Sommerschnee'
Anemone x *hybrida* 'Honorine Jobert'
dumosus Hybriden
A. ericoides 'Golden Spray', 'White Heather'
A. novi-belgii Sorten
Chelone obliqua 'Alba'
Chrysanthemum arcticum (Syn. *Arctanthemum arcticum)*
C. indicum (Syn. *Dendranthema indicum)* Hybriden
C. serotinum (Syn. *Leucanthemella serotina)*
Cimicifuga japonica
C. ramosa
C. simplex 'White Pearl'
Polygonum weyrichii
Saxifraga cortusifolia var. *fortunei*
Scabiosa caucasica Sorten
Acidanthera bicolor (Syn. *Gladiolus callianthus)*
Colchicum autumnale 'Album'
C. speciosum 'Album'
Crocus speciosus albus
Cyclamen hederifolium album
Galtonia candicans

Gelb und Orange

Hypericum calycinum
H. 'Hidcote'
H. x *moserianum*
Potentilla fruticosa 'Arbuscula', 'Goldteppich', 'Kobold'
Campsis radicans 'Flava'
Clematis tibcetana vernayi (C. orientalis)
Chrysanthemum arcticum 'Schwefelglanz'
C. indicum Hybriden
Coreopsis grandiflora Sorten
Gaillardia Hybriden
Helenium 'Septembergold', 'Goldrausch'
Helianthus atrorubens 'Gullick's Variety', 'Monarch'
H. decapetalus 'Capenoch Star', 'Maximus Flore Plena' (Syn. *H. d.* 'Multiflorus Maximus')
H. microcephalus
H. salicifolius
Heliopsis helianthoides scabra Sorten
Kirengeshoma palmata
Kniphofia 'Bressingham Comet', 'Bressingham Gleam',' Green Lemon', 'Limelight'
Ligularia dentata 'Desdemona'
Oenothera missouriensis
Rudbeckia fulgida var. *deamii*
R. laciniata 'Golden Glow'
Sternbergia lutea

Rot und Rosa

Abelia x *grandiflora*
Buddleja davidii Sorten
Calluna vulgaris 'Carmen', 'County Wicklow', 'H.E.Beale', 'J.H.Hamilton', 'Mullion', 'Peter Sparkes', 'Schurig's Sensation'
Elsholtzia stauntonii
Fuchsia magellanica 'Gracilis', 'Riccartonii', 'Mme Cornelissen'
Hibiscus syriacus Sorten
Lespedeza thunbergii
Campsis radicans
C. x *tagliabuana* 'Mme Galen'
Clematis 'Ernest Markham', 'Gipsy Queen', 'Kathleen Wheeler', 'Lady Betty Balfour', 'Ville de Lyon'
Anemone hupehensis Sorten 'Praecox', 'Prinz Heinrich', 'September Charm', 'Splendens'
A. x *hybrida* 'Queen Charlotte', 'Rosenschale'
A. tomentosa 'Robustissima'
Aster dumosus Hybriden
A. 'Ring Dove'
A. lateriflorus 'Horizontalis'
Aster novae-angliae Sorten

A. novi-belgii Sorten
Chelone obliqua
Chrysanthemum arcticum 'Roseum'
C. indicum Hybriden
Dorycnium hirsutum
Gaillardia Hybriden
Helenium 'Baudirektor Linne'
Kniphofia 'Bressingham Flame', 'Fyrverkeri'
Lavatera thuringiaca
Physostegia virginiana 'Vivid'
Polygonum amplexicaule 'Atropurpureum' 'Firetail'
P. campanulatum
Sedum cauticola + *S. c.* 'Ruby Glow', 'Vera Jameson'
S. spectabile 'Carmen', 'Brilliant', 'Meteor'
S. telephium 'Munstead Red', 'Autumn Joy'
Colchicum autumnale + *C. a.* 'Atropurpureum'
C. speciosum Hybriden
Cyclamen hederifolium

Duftpflanzen

Buddleja davidii Sorten
Clethra alnifolia
C. barbinervis
Elsholtzia stauntonii
Clematis terniflora (C. maximowicziana)
C. hercleifolia var *davidiana*
Polygonum campanulatum
P. weyrichii
Acidanthera bicolor (Gladiolus callianthus)

Bienen- und Schmetterlingspflanzen

Buddleja davidii Sorten
Calluna vulgaris Sorten
Caryopteris x *clandonensis*
Clethra alnifolia
C. barbinervis
Elsholtzia stauntonii
Hypericum Arten
Lespedeza thunbergii
Perovskia abrotanoides
P. atriplicifolia
Potentilla fruticosa Sorten
Aster Arten + Hybriden
Chrysanthemum einfach blühende Arten + Hybriden
Coreopsis Arten + Sorten
Echinops ritro
Gaillardia Hybriden
Helenium Hybriden
Helianthus atrorubens
H. decapetalus
Nepeta nervosa
N. sibirica
Rudbeckia Arten

WICHTIGE ARBEITEN

Bäume und Sträucher

Pflanzen und Verpflanzen von Immergrünen

Nach wie vor lassen sich Koniferen und winterharte, breittblättrige Immergrüne pflanzen, als Hecke oder als Solitärsträucher. Allerdings sollte man sich damit beeilen, damit vor dem Winter noch genügend neue Wurzeln gebildet werden, die den Wasserverlust der Blätter durch die Verdunstung ausgleichen können. Frostempfindliche Arten setzt man besser im Erstfrühling ein.

Der Frühherbst ist auch der günstigste Zeitpunkt, um Nadelbäume und immergrüne Sträucher zu versetzen. Doch sollte es gut geplant und vorbereitet werden.

Versetzen von Immergrünen
Markieren Sie einen Kreis mit einem Durchmesser von 60-120 cm rings um den Baum oder Strauch.

Wenige Wochen vor dem Versetzen sticht man an der Kreislinie entlang einen Graben mit 30 cm Tiefe aus und zertrennt dabei die Seitenwurzeln. Dadurch bilden sich neue Wurzeln näher am Stamm.

Mit dem Spaten schneidet man gerade soviel Wurzeln und Erde ab, bis der Wurzelballen leicht genug ist, um ihn tragen zu können. Bei leichter Erde ist der Wurzelballen kleiner als bei einem schweren Boden.

Man sticht erst auf der einen, dann auf der anderen Seite des Ballens die Erde weg. Dann breitet man ein großes, halb aufgerolltes Stück Sackleinen darunter aus. Nun sticht man ganz unter dem Wurzelballen hindurch, wickelt den Ballen fest in das Sackleinen ein und fixiert es mit langen Nägeln.

Mit dem Spaten hebt man den Ballen aus dem Loch und kippt ihn nach vorn, um den Spaten darunter hervorzuholen.

Man entfernt die Nägel und bindet den Wurzelballen fest zusammen, damit das Sackleinen nicht verrutscht, wenn die Pflanze bewegt wird.

Vermehren von Immergrünen
Immergrüne Laubgehölze lassen sich am leichtesten über Stecklinge vermehren, die man im Frühherbst von den diesjährigen Trieben gewinnt. Man schneidet dafür halbreife, noch etwas krautige Zweige knapp unterhalb einer Blattachsel ab. Nimmt man Seitentriebe dafür her, dann reißt man sie mit einem dünnen Stück von der Rinde und dem Holz des älteren Zweiges ab. Bei vielen Immergrünen funktioniert diese Methode am besten (s. S. 156)

Vorbereitung des Bodens
Die Pflanzzeit für laubabwerfende Bäume und Sträucher beginnt, sobald das Laub abgefallen ist. Besonderer Vorbereitungen bedarf es, wenn ein neuer Garten angelegt oder eine ganze Gruppe von Gehölzen gepflanzt werden soll. Der Boden wird zwei Spatenlängen tief umgegraben, und Wurzeln, Unkräuter und Steine werden beseitigt. Man lockert den Untergrund und arbeitet möglichst viel gut verrotteten Kompost ein. Dann muß sich die neue Gartenerde ein paar Wochen lang setzen. Mit diesen Vorbereitungen erspart man sich das Ausbessern der Erde in den einzelnen Pflanzlöchern.

Vorarbeiten für den Winter
Frisch gepflanzte Bäume und Sträucher benötigen Winterschutz; vor allem in den ersten zwei oder drei Jahren bedürfen sie einer besonderen Fürsorge. Zunächst muß das Unkraut beseitigt, die Bodenoberfläche gelockert, gegossen und, falls notwendig, eine Mulchschicht ausgelegt werden. Bei all diesen Arbeiten sollte man auf die Wurzeln der Pflanzen achten, besonders bei Pflanzen wie den Rhododendren, deren Wurzeln dicht unter der Oberfläche liegen.

Das Hacken, Graben und Mulchen sollten spätestens beendet sein, wenn das Laub abgefallen ist. Das Herbstlaub kann auf den Pflanzscheiben ruhig liegen bleiben, denn es bietet den Wurzeln zusätzlichen Schutz.

Rosen

Ausputzen
Verwelkte Blüten müssen nach wie vor ausgeputzt werden, damit die Rosen keine Energie bei der Bildung von Hagebutten und Samen verlieren. Blätter, die von Krankheiten befallen waren, müssen beseitigt werden; so verhindert man, daß Mehltau und sonstige Pilzkrankheiten auf andere Pflanzen übertragen werden.

Schnitt von Kletterrosen
Kletterrosen, die nur einmal im Jahr blühen, können, falls man bis dahin noch nicht dazugekommen ist, auch jetzt noch zurückgeschnitten werden.

Unkraut jäten und mulchen in Rosenbeeten
Stehen die Rosensträucher allein im Beet, ohne eine Unterpflanzung mit einjährigen Pflanzen, dann müssen die freien Zwischenräume gejätet werden. Wenn nötig, sollte man den Boden oberflächlich lockern und eine kräftige Mulchschicht ausbreiten.

Wildtriebe
Falls der Wurzelstock einer veredelten Rose unter ihr austreibt, sollte man die Wildtriebe sofort beseitigen (s. S. 85).

Düngen mit Kali
Es kommt vor, daß Rosen im Herbst immer noch kräftige Triebe hervorbringen, die aber nicht mehr genügend ausreifen, um den Winter überstehen zu können. Schuld daran ist meist, daß der Boden entweder zu fruchtbar ist oder sehr spät noch stickstoffhaltiger Dünger gegeben wurde. Streut man jetzt kalireichen Dünger, dann hilft man diesen Trieben, schneller auszureifen.

Kletterpflanzen

Pflanzen und Gießen
Sofern man sie im Container erhält, kann man während des ganzen Frühherbsts neue Kletterpflanzen einsetzen. Die Erde ist noch warm genug, um das Wachstum der Wurzeln zu fördern.

Die frisch gepflanzten Kletterpflanzen müssen regelmäßig gegossen werden, bis sie richtig angewurzelt sind – vor allem, wenn sie an einer Mauer stehen. Denn ein Beet am Fuß einer Mauer ist der trockenste Platz im ganzen Garten.

Stauden

Teilen von Stauden, die im Sommer geblüht haben
Wenn die Stauden, die im Sommer geblüht haben, verfilzt oder erschöpft aussehen, sollte man sie gleich nach der Blüte herausnehmen und teilen (s. S. 159). Bevor man die Teile wieder einpflanzt, lohnt es sich, den Boden mit reichlich gut verrottetem Kompost oder mit Humussubstrat zu verbessern. Stauden, die im Herbst blühen, werden erst im Frühjahr geteilt.

Pfingstrosen pflanzen
Frühherbst ist eine gute Zeit, um Pfingstrosen zu pflanzen (s. S. 159).

Staudenbeete vorbereiten
Wer im Spätherbst Stauden pflanzen will, sollte das Beet umgraben und dann die Erde sich einige Zeit setzen lassen. Es empfiehlt sich

sehr, eine Bodenprobe aus jedem Beet auf die vorhandenen Nährstoffe hin untersuchen zu lassen. Aufgrund der Ergebnisse weiß man dann genau, wie man düngen, bzw. welchen Dünger man weglassen muß.

Bevor man die Stauden entgültig ins Beet setzt, muß der Boden 45-50 cm tief gelockert und reichlich Kompost eingearbeitet werden.

Einjährige und zweijährige Pflanzen

Pflanzen von Zweijährigen

Noch lassen sich die winterharten Zweijährigen, die im nächsten Frühjahr blühen, direkt in die Beete pflanzen: Stockrosen *(Alcea)*, Maßliebchen *(Bellis)*, Goldlack *(Cheiranthus)*, Fingerhut *(Digitalis)*, Schöterich *(Erysimum)*, Silberling *(Lunaria)*, Vergißmeinnicht *(Myosotis)*, Eselsdistel *(Onopordum)*, Islandmohn *(Papaver nudicaule)* und Stiefmütterchen *(Viola* x *wittrockiana)*.

Sind die Winter sehr kalt, sollte man die empfindlicheren Zweijährigen bis zum Vorfrühling im Frühbeetkasten überwintern.

Aussäen von winterharten einjährigen Pflanzen

In Gegenden mit milden Wintern lassen sich jetzt durchaus einige der winterharten, im nächsten Jahr früh blühenden Einjährigen jetzt schon aussäen, ohne daß man darum bangen muß, daß sie den Winter nicht überstehen würden: *Calendula, Centaurea, Delphinium, Eschscholzia, Iberis, Nemophila, Nigella* und *Xeranthemum.*

Blumenzwiebeln und -knollen

Pflanzzeit für Blumenzwiebeln

Blumenzwiebeln, die im Frühling und Sommer blühen, müssen im Frühherbst in den Boden, damit sie vor den ersten Frösten ein kräftiges Wurzelwerk entwickeln können. Im Frühherbst ist die Auswahl in den Geschäften an Zwiebeln am größten. Vor dem Pflanzen arbeitet man reifen Kompost und phosphatreiches Knochenmehl in die Erde ein.

Es gilt die Faustregel: die Pflanztiefe entspricht dem dreifachen Durchmesser der Zwiebel.

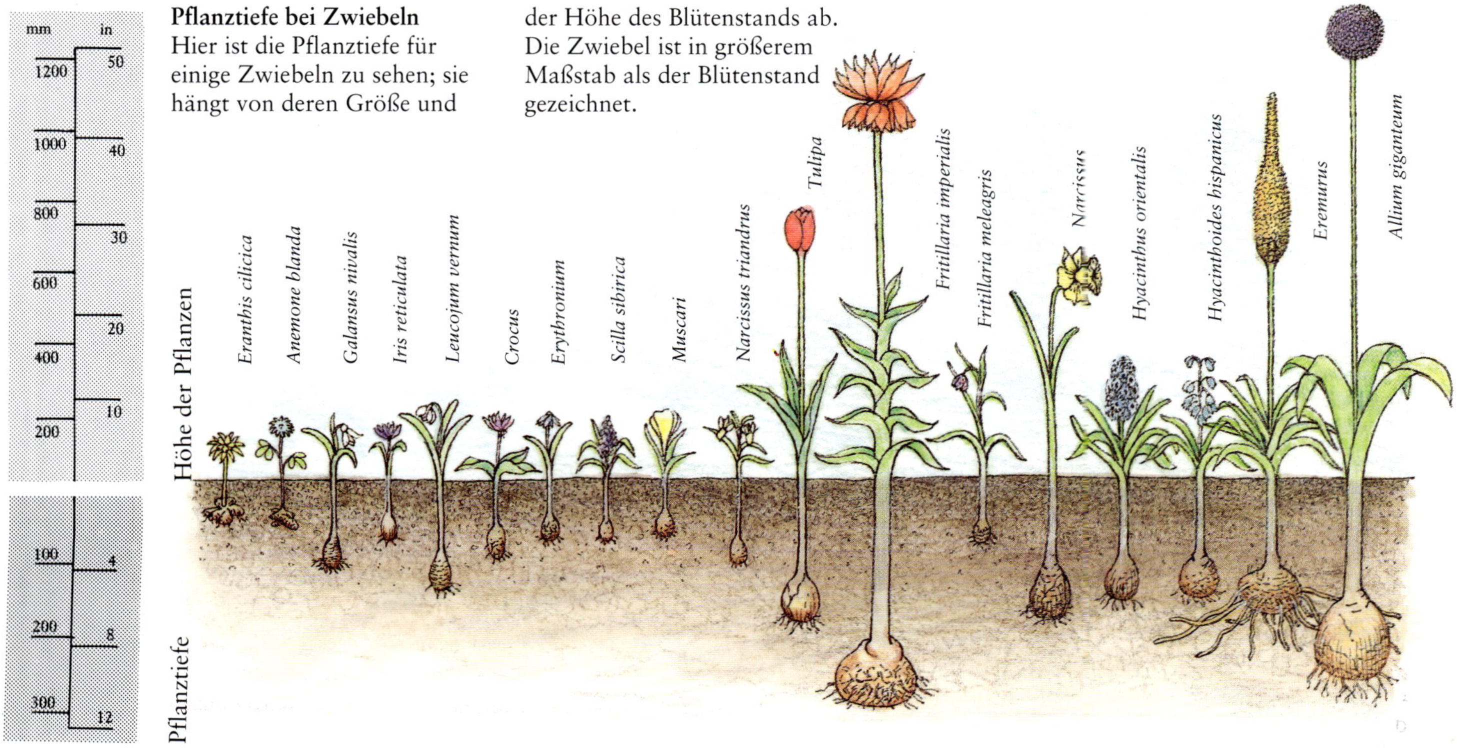

Pflanztiefe bei Zwiebeln
Hier ist die Pflanztiefe für einige Zwiebeln zu sehen; sie hängt von deren Größe und der Höhe des Blütenstands ab. Die Zwiebel ist in größerem Maßstab als der Blütenstand gezeichnet.

Eintopfen von Blumenzwiebeln

Jetzt kann man Frühlingszwiebeln in Töpfe einsetzen, damit sie im Winter im Haus blühen. Nicht alle Arten eignen sich dafür, aber Hyazinthen, Tulpen und Narzissen lassen sich gut vortreiben, ebenso Krokusse, Zwergiris und *Chionodoxa*. Man sollte möglichst große Zwiebeln besorgen und sie bald eintopfen. Pflanzt man so viele Zwiebeln, wie in einem Topf Platz haben, ergibt dies ein hübsches Bild von Blüten und Blättern. Besonders üppig wirkt es, wenn man Tulpen oder Narzissen in zwei Schichten in einen etwas tieferen Behälter pflanzt.

Gut bewährt hat sich normale Blumenerde oder eine Mischung aus je einem Teil Gartenerde, Sand und Torf. Zunächst füllt man den Topf bis zur Pflanzhöhe mit Erde; bei kleineren Zwiebeln kann der Abstand zwischen Zwiebelspitze und Topfrand 2-3 cm ausmachen, bei Hyazinthen und Narzissen kann die Spitze über den Topfrand ragen. Nach dem Einsetzen der Zwiebeln füllt man so weit mit Erde auf, daß 1 cm Gießrand unter der Topfkante bleibt. Danach die Töpfe gut wässern und etikettieren.

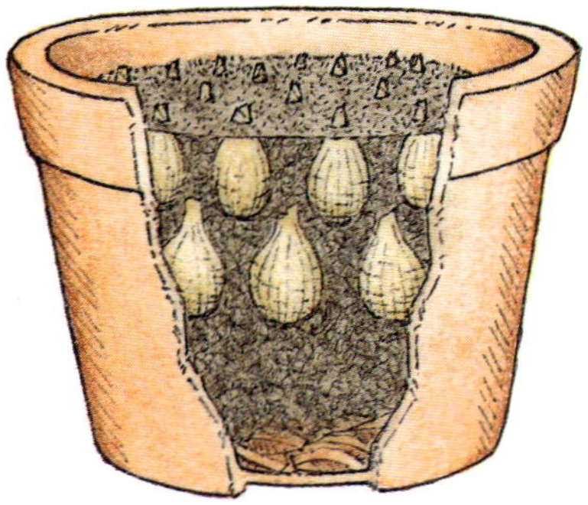

Zwiebeln in Töpfen
Üppigkeit entsteht, wenn man zwei Schichten pflanzt. Setzen Sie die oberen Zwiebeln (bei verschieden großen Zwiebeln die kleineren) in die Lücken der unteren. Bei Tulpen die flachere Seite der Zwiebel dem Topfrand zugekehrt. Die ersten Blätter bilden eine hübsche Einfassung.

Treiben von Blumenzwiebeln

Entscheidend beim Treiben von Zwiebeln ist die erste Phase. Nach dem Pflanzen stellt man sie an einen dunklen, kalten Platz und achtet darauf, daß die Töpfe nicht austrocknen. Solange die Wurzeln nicht ausgetrieben haben, ist eine Temperatur zwischen 4 und 10°C richtig. Je nach Zwiebelart dauert diese Phase zwölf bis sechzehn Wochen.

Erst wenn die Wurzeln den ganzen Topf durchziehen, ist es Zeit, den Prozeß des Treibens zu beschleunigen. Zwar sollte man die Töpfe nicht sofort der Zimmertemperatur aussetzen, aber man stellt sie an einen hellen Platz mit circa 15°C. Nach ein paar Tagen brauchen sie noch mehr Licht und Wärme, ungefähr zwischen 18 und 22°C. Krokusse und Narzissen mögen es etwas kühler, während Hyazinthen und Tulpen mehr Wärme brauchen, sie schätzen … Temperatur von 20°C.

Winterquartier für empfindliche Zwiebeln

Die Zwiebeln und Knollen der empfindlichen, im Sommer blühenden Arten wie Gladiolen, *Acidanthera, (Gladiolus calliathus), Tigridia,* Knollenbegonien, *Crocosmia, Canna* und *Caladium* gräbt man vor dem ersten Frost aus und lagert sie im Haus. Man gräbt sie ca. sechs Wochen nach dem Verblühen aus, oder wenn die Blätter gelb werden; die Brutzwiebeln und -knollen kann man zum Vermehren verwenden. Sie werden getrocknet, gesäubert und in

Die Behandlung von empfindlichen Zwiebeln
1 LINKS Viele Zwiebeln und Knollen müssen im Haus überwintert werden. Am besten nach der Blüte ausgraben. Man holt sie mit einer Grabgabel heraus, und entfernt die Erde.

2 RECHTS Man schneidet den Schaft auf 5 cm zurück. An einem warmen, luftigen Ort breitet man die Zwiebeln aus und lagert sie bis zum Frühling.

3 LINKS Die kleinen Brutzwiebeln löst man ab und hebt sie separat auf. Drei Jahre, nachdem sie gepflanzt worden sind, blühen sie.

Gladiolenknollen
RECHTS Gladiolen werden genauso behandelt, nur mit dem Unterschied, daß man die alten Knollen nach dem Austrocknen aussondert und nur die neuen Tochterknollen aufhebt. Sie werden so versorgt wie Brutzwiebelchen.

trockenem Torf gelagert, an einem trockenen, gut belüfteten Ort bei Temperaturen zwischen 5 und 10 Grad C.

Im Frühjahr setzt man sie wieder im Garten ein. Wenn die Brutzwiebeln oder Knollen alljährlich umgesetzt werden, blühen sie nach drei Jahren.

Pflanzen von Lilien

So schnell wie möglich sollte man jetzt auch die Lilienzwiebeln pflanzen. Mit Ausnahme der Madonnenlilie, die man im Spätsommer setzt, gilt der Frühherbst für die meisten Lilienarten und deren Hybriden als die beste Pflanzzeit. Lilien mögen lockere, humusreiche Erde. Deshalb arbeitet man viel reifen Kompost, Lauberde, Torf und gut verrotteten Mist vor dem Pflanzen ein, ca. 30 cm tief. Ganz wichtig ist eine gute Drainage, denn stauende Nässe ist für Lilien tödlich.

Die Pflanztiefe hängt von der Größe der Zwiebeln und der Art ihrer Wurzelbildung ab. Lilien, deren Wurzeln unten aus dem Zwiebelboden austreiben, brauchen nur mit 5 cm Erde zugedeckt sein. Das gilt für die meisten europäischen Lilienarten und viele amerikanische Lilien. Viel tiefer müssen dagegen die Lilien gesetzt werden, die am Schaft Wurzeln bilden, wie etwa *Lilium regale* und die bekannte Hybride 'Enchantment'. Die Spitze des Triebs muß bis zum Zwei- bis Dreifachen der Höhe der Zwiebel mit Erde zugedeckt werden. In jedem Fall ist es wichtig, daß unter der Zwiebel ein paar Zentimeter gute Erde liegt. Auch sollte das Pflanzloch so groß sein, daß sich die Wurzeln nach allen Seiten ausbreiten können.

Der Wassergarten

Pflege

Die Pflanzen des Wassergartens sterben langsam ab, wenn der Herbst dem Ende zugeht und die Nächte kälter werden. Gerade jetzt ist es äußerst wichtig, alle welken Blätter, Blüten und Zweige, die das Wasser faulig werden ließen, zu entfernen. Mit einem Fischnetz kann man die Wasserlinse einfangen und herausnehmen. Die Unterwassertriebe der sauerstoffliefernden Pflanzen sollte man in Ruhe lassen – sie geben auch im Winter Sauerstoff ab, selbst unter dem Eis. Im Frühjahr kann man sie zurückschneiden, wenn sie zu stark gewuchert haben.

Pflanzen von Sumpfstauden

Um noch Teichpflanzen einzusetzen, ist das Wasser inzwischen viel zu kalt. Doch die frostharten Sumpfpflanzen kann man jetzt noch pflanzen, z.B. die Dotterblume *(Caltha)*, Wollgras *(Eriophorum)*, Binse *(Juncus)*, Sumpfvergißmeinnicht *(Myosotis)* und Knöterich *(Polygonum)*.

Rasen und Blumenwiese

Wo man den Rasen während eines heißen Sommers etwas länger hat wachsen lassen, schneidet man ihn, solange es noch einigermaßen warm ist und die Gräser schnell wachsen, auf die normale Höhe zurück. Wie oft und wie stark man mähen sollte, hängt von der Grashöhe ab – und sie hängt wiederum vom Wetter, der Düngung und der Vitalität des Rasens ab. Also gilt eine ganz einfache Regel: man muß sich eigentlich nur daran halten, wie hoch der Rasen ist.

Bei einem Freizeitrasen gilt die Faustregel, daß man ihn auf etwa 4 cm zurückschneidet, sobald er eine Höhe von 8 cm erreicht hat. Einen Zierrasen dagegen läßt man bis zu einer Höhe von 6 cm wachsen und schneidet ihn dann ebenfalls auf die Hälfte, also 3 cm, zurück.

Wenn sich die Vegetationsperiode dem Ende zuneigt und der Rasen des kühlen Wetters wegen nicht mehr so stark wächst, mäht man seltener und setzt die Schnitthöhe um 5-10 cm herauf; denn wenn die Gräser länger sind, ist der Rasen vor dem bevorstehenden Kälteeinbruch weit besser geschützt.

Rasen neu säen

In vielen Gegenden ist der Frühherbst die beste Jahreszeit, um einen neuen Rasen anzulegen oder kahle Rasenstellen durch Nachsäen auszubessern. Denn der Boden ist noch warm genug, damit der Samen schnell keimt und der Rasen bis zum Winter anwächst (s. S. 35). Die Rasenmischung sollte entsprechend dem Boden und dem Kleinklima des Gartens ausgesucht werden, aber auch danach, wie man den Rasen nutzen will.

Für einen Zierrasen empfiehlt sich eine Mischung aus 80 % Horstrotschwingel *(Festuca rubra* var *commutata)* und 20 % Gemeinem Straußgras *(Agrostis tenuis)*. Diese beiden Gräser stellen die Basis für die meisten Zierrasenmischungen dar und erzeugen einen feinen, dichten, kompakten Rasen, der auch starkes Mähen verträgt. Hin und wieder wird auch der Ausläufer treibende Rotschwingel *(Festuca rubra* var.*)* beigemischt.

In die Samenmischung für den üblichen Gebrauchsrasen wird oft zusätzlich das robuste mehrjährige Deutsche Weidelgras *(Lolium perenne)* und die Wiesenrispe *(Poa pratensis)* beigemischt. Diese Arten vertragen es nicht, wenn man sie zu dicht über dem Boden abschneidet, und eignen sich deshalb nicht für einen feinen Zierrasen. Wer auf einen hochwertigen Gebrauchsrasen Wert legt, dem sei eine Mischung mit langsam wachsendem, dünnblättrigem Weidelgras empfohlen.

Am Markt werden Rasenmischungen eigens für schattige Lagen angeboten; aber wichtiger als eine spezielle Samenmischung zu kaufen ist es, Rasen der im Schatten liegt, nicht so häufig und stark zu mähen.

Zwiebeln im Rasen pflanzen
Mit einem scharfen Spaten sticht man nicht zu große Rasenstücke aus.

Man sticht bis zu einer Tiefe von 4-5 cm ein, rollt das Rasenstück zurück und lockert die Erde mit einer Grabgabel.

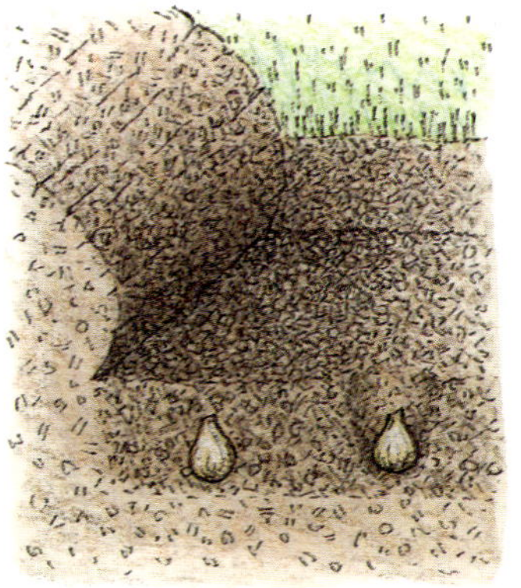

Nun pflanzt man die Zwiebeln, klopft die Erde fest und legt die Sode vorsichtig wieder darüber.

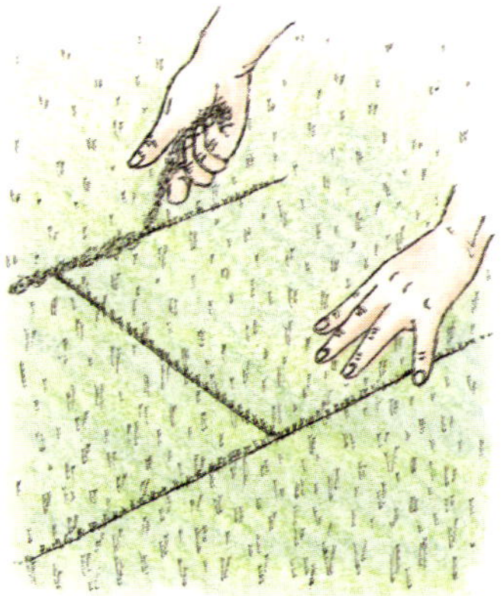

An den Schnitträndern füllt man Erde nach. Man kann auch mit einem Gerät zylindrische Pflanzlöcher stechen.

Verwildern von Blumenzwiebeln

Wer kennt sie nicht, die Stimmungsbilder der großen Parkanlagen und alten Gärten mit den Zwiebelblühern in großen bunten Rabatten von nebeneinander und nacheinander blühenden Schneeglöckchen, Krokussen und Narzissen, die den nahen Frühling verkünden. Wer meint, dies sei das Werk fleißiger Gärtner, der irrt. Einmal gepflanzt, haben sich die Blumenzwiebeln im Lauf der Jahre von allein vermehrt. Denn viele der im Frühjahr blühenden Zwiebelblumen kann man in der Blumenwiese verwildern lassen. Fühlen sie sich einmal heimisch, dann blühen sie Jahr für Jahr aufs Neue: Narzissen, Krokusse, *Colchicum*, *Leucojum*, *Fritillaria* und *Galanthus*. Man muß nur die natürlichen Lebensverhältnisse der Arten nachahmen. Einiges gilt es jedoch zu beachten: die Zwiebeln müssen ihr Grün einziehen können, bevor gemäht wird, d.h. gemäht werden sollte erst im Frühsommer. Bis dahin muß man also den nicht sehr ansehnlichen Anblick der welkenden Blätter der Zwiebelblumen und des langen Grases akzeptieren. Zwiebelblumen passen also nicht in einen erstklassigen Zierrasen, da er unmöglich so lange nicht gemäht werden kann.

Wenn man Zwiebelblumen verwildern läßt, sollte ein möglichst natürlicher Eindruck entstehen. Nachdem man die Wiese gemäht hat, öffnet man die Tüten mit je einer Zwiebelsorte auf der Wiese und läßt die Zwiebeln einfach fallen und ausrollen. Wo sie liegen bleiben, da werden sie eingepflanzt. Auf einige Regeln sollte man aber achten: auf keinen Fall dürfen Arten und Farben durcheinandergeraten. Die einzelnen Sorten werden auf kleinen Flächen angepflanzt; nur an den Nahtstellen sollte man ein kunterbuntes Durcheinander zulassen.

Balkon und Terrasse

Vorbereitungen auf den ersten Frost

Im Herbst enden auf dem Balkon und der Terrasse die Gartenarbeiten. Als letztes müssen die Vorbereitungen für den Winter und die Blüte im nächsten Frühjahr getroffen werden. Pflanzen in Gefäßen werden jetzt nicht mehr gedüngt und auch weniger gegossen, damit kein neues Wachstum gefördert wird. Wichtig ist, daß nun die Zweige reifen und winterhart werden.

Den Strauchrosen und winterharten Kübelpflanzen hilft eine letzte Gabe kalireichen Düngers beim Ausreifen der frischen Triebe. Die empfindlichen Kübelpflanzen müssen vor den ersten starken Frösten ins Winterquartier gebracht werden.

Der Miniatur-Wassergarten

Wenn das Wasser im Faß, Trog oder Kübel sicher nicht gefrieren wird, kann man die frostunempfindlicheren Pflanzen an Ort und Stelle lassen. Am besten ist es, wenn man den Miniteich von allen Seiten isoliert und zusätzlich eine kleine Aquariumheizung installiert, die die Temperatur nicht unter 4 °C absinken läßt. Tropische Seerosen und andere empfindliche Wasserpflanzen dagegen kommen zur Winterruhe immer ins Haus, in einen kühlen Raum.

Pflanzen von Zwiebelblumen

Wer auf seinem Balkon zeitig den Frühling genießen will, sollte jetzt die Kästen und Töpfe mit Blumenzwiebeln bepflanzen (s. S. 118). Ihre Blüte ist wie ein erster bunter Frühlingsgruß, der über das oft trübe und kalte Wetter im Vorfrühling hinwegtröstet.

KAPITEL 8

HERBST

SIGNALPFLANZEN DES HERBSTS

Der Herbst ist gekommen, wenn die Bucheckern, die Roßkastanien und die Eicheln reif sind. Zur selben Zeit nehmen die Blätter vieler heimischer Laubbäume ihre herbstlichen Farben an. In Deutschland wie in ganz Mitteleuropa sind in der Regel die Weißbirke (*Betula pendula*) und die Roßkastanie (*Aesculus hippocastanum*) die ersten, gefolgt von der Winterlinde (*Tilia cordata*), der Stieleiche (*Quercus robur*) und der Weißbuche (*Fagus sylvatica*).

Nun ist die Zeit der bunt verfärbten Blätter, der glänzenden Nüsse und der reifen roten Beeren, die von der tiefstehenden herbstlichen Sonne in ein funkelndes Licht getaucht werden. Auch wenn dieses Spektakel nur kurz währt, kann man diese atemberaubende Szenerie doch im eigenen Garten entfalten – durch eine geschickte Auswahl von Bäumen und Sträuchern mit feurigen Rot- und Gelbtönen. Viele Beerenfrüchte tragen zu diesem Farbenspiel Weiß, Blau und Schwarz bei.

An sonnigen Tagen saugen die Bienen den letzten Nektar aus dem Heidekraut, aus *Sedum* und den im Herbst blühenden Krokussen. Blühende Sträucher wie *Hamamelis virginiana* und *Viburnum* x *bodnantense* erfreuen uns mit ihrem Duft.

Am Höhepunkt des Herbstes wird oft eine Phase sonnigen Wetters von einer Periode kühler, wechselhafter Wetterverhältnisse abgelöst, die vom Laubfall bei den meisten sommergrünen Gehölze begleitet ist. Zuerst lassen die Weißbirke, Winterlinde, Kastanie und Stieleiche ihr Laub fallen, kurz darauf werfen es die Buchen ab.

DER GARTEN IM HERBST

Obwohl jetzt nicht mehr allzuviel im Garten blüht, müssen wir im Herbst nicht auf lebhafte Farben verzichten. Denn das bunte Herbstlaub, die Früchte der Sträucher und viele Arten und Züchtungen von Herbstkrokussen, *(Crocus speciosus, C. banaticus, C. goulimyi* und *C. longiflorus)* erfreuen uns mit ihren ausdauernd blühenden blauen und fliederfarbenen Blumen; und die Krokusse harmonieren hervorragend mit den feurigen Farben des Herbstlaubes und der glänzenden Beeren.

Die Beeren hängen unterschiedlich lange an den Sträuchern. Denn zuerst verleiben sich die Vögel die saftigsten dunkelblauen und schwarzen Beeren ein. Hagebutten, Weißdornbeeren, Cotoneaster- oder Stechpalmenbeeren werden erst richtig genießbar für sie, wenn sie gefroren sind; der Frost macht das Fruchtfleisch weicher. Die Beeren der Stechpalme bleiben bis zum Frühling ansehnlich. Die Früchte einiger Felsenmispeln und Berberitzen behalten ihren guten Zustand den ganzen Winter über; ebenso die Schneebeeren, die erst nach Neujahr braun werden. Trotz ihrer appetitlich roten Farbe bleiben auch die Früchte des gemeinen Schneeballs länger hängen. Doch die meisten der hübschen roten oder orangefarbenen Früchte, wie von Feuerdorn und Vogelbeere, werden ziemlich schnell weggefressen; die Vogelwelt scheint einem eigenen Speiseplan zu folgen.

Richtig farbig werden die meisten europäischen Bäume und Sträucher erst nach einem kräftigen Frost, unmittelbar nach einer schönen, sonnigen Woche. Doch die Blätter der allermeisten laubabwerfenden Bäume, die aus den gemäßigten Gegenden des östlichen Nordamerikas oder Ostasiens stammen, verfärben sich im Zuge ihres Alterungsprozesses, der lange vor dem Abfall des Laubs und den ersten strengen Frösten einsetzt. Verstärkt wird dieser Prozeß durch mehrere sonnige, warme Tage und kalte Nächte. In Gärten mit saurem Boden verläuft die Verfärbung besonders intensiv, denn die meisten Waldbäume und -gehölze, deren Blätter besonders bunt werden, lieben saure Böden. Aber es gibt auch viele Sträucher, die einen kalkhaltigen Standort bevorzugen.

Große Bäume mit attraktivem Herbstlaub

Einige der schönsten Herbstbäume zählen zugleich zu den größten Zierbäumen und dürften für den modernen kleinen Garten zu groß sein. Wer jedoch Platz hat in seinem Garten, sollte diese Bäume unbedingt anpflanzen; schon lange vor ihrer Geschlechtsreife danken sie es mit herbstlicher Farbenpracht.

Die Scharlacheiche (*Quercus coccinea*) z.B. ist ein großer Baum aus Nordamerika mit herrlichen Herbstfarben. Sie wird bis zu 20 m hoch, gedeiht gut auf kalkfreiem Boden und wächst für eine Eiche enorm schnell. Man sollte den Klon 'Splendens' kaufen, da er das leuchtende Scharlachrot immer zuverlässig entwickelt, das für die *Quercus coccinea* so typisch ist.

Noch größer, bis zu 40 m hoch, wird der Kanadische Rotahorn (*Acer rubrum*) – allerdings nur in seinem Ursprungsland. In Europa erreicht er normalerweise nur eine Höhe von 10 m.

Die dominanten Farben im herbstlichen Garten sind die warmen Töne des Laubs und der Beeren. Die Herbstfarben intensivieren sich gegenseitig und harmonieren hervorragend mit den gedämpften Farbtönen der Sträucher und Stauden.

Das Pfaffenhütchen ist an Dramatik unübertroffen, wenn sich sein Laub im Herbst zu einem leuchtenden Scharlachrot, Karmesin und Orange verfärbt. Es ist den ganzen Herbst über ein Schmuck für den Garten, da seine Früchte sehr viel länger als das Laub hängen bleiben. Sie sind besonders attraktiv, wenn sich die bonbonrosa Kapseln öffnen und der leuchtend orangefarbene Samen sichtbar wird.

Die auffallenden grünen Blätter mit ihrer Fächerform verfärben sich im Herbst rot bis scharlachrot. Drei Klone haben besonders intensive Herbstfarben: 'Scanlon', dessen zweifarbige Blätter im Herbst rostrot werden; 'October Glory' und 'Schlesingeri', deren Blätter sich in ein kräftiges Scharlachrot verfärben. Zwar verträgt der Rotahorn kalkhaltigen Boden, aber er entwickelt in ihm keine so schönen Herbstfarben.

Fächerartige Blätter, die in Form und Größe denen des Ahorns ähneln, bringt auch ein anderer im östlichen Nordamerika beheimateter Baum hervor, der Amberbaum, *Liquidambar styraciflua*. Auffallend an ihm ist die stattliche Form und das schöne Blattwerk. Im Sommer sind die gelappten Blätter von einem glänzenden, kräftigen Grün; im Herbst verwandelt es sich in eine herrliche Mischung aus purpurnen, karmesinroten und orangefarbenen Tönen. Wenn er direkt aus Samen gezogen wurde, sind die Wuchsform und Herbstfarben bei *Liquidambar* wie bei vielen anderen Bäumen unzuverlässig. Zwei Klone haben sich besonders gut bewährt: 'Lane Roberts' und 'Worplesdon'.

Ein Baum, der sehr groß wird, doch ziemlich langsam wächst, ist *Nyssa sylvatica*, der Tupelobaum aus dem östlichen Nordamerika, wo er in sumpfigen Böden wächst. Dementsprechend verlangt er im Garten einen feuchten, lehmig-humosen, kalkfreien Boden. Die glänzend dunkelgrünen Blätter sehen im Sommer nicht schlecht aus, ihren Höhepunkt haben sie jedoch im Herbst mit ihren scharlachroten, orangefarbenen und gelben Tönen. Der Tupelobaum ist gegen jede Wurzelverletzung äusserst empfindlich und sollte daher nur als junge Containerpflanze gepflanzt werden.

Kleinere Bäume für den Herbst

Das Angebot von kleinen Bäumen und Sträuchern mit attraktivem herbstlichem Laub für den kleinen Garten ist recht beachtlich. Gerade unter den vielen wertvollen orientalischen Ahornen gibt es eine ganze Reihe besonders hübscher Cultivare. *Acer davidii* 'George Forrest' z.B. ist eine besonders vitale Selektion des Pater David's Ahorn aus China. 'George Forrest' entwickelt eine lockere, offene Krone mit weitausladenden Ästen und ist völlig winterhart. Die großen dunkelgrünen Blätter mit ihren rhabarberroten Blattstielen sind im Sommer recht hübsch anzusehen, aber am schönsten ist der kleine Baum, wenn im Herbst die geflügelten rötlichen Samen in Büscheln zwischen

Das Laub des Tupelobaums (Nyssa sylvatica) *verfärbt sich sehr zuverlässig. Er braucht einen feuchten, kalkfreien Boden; an einem guten Platz wird er jedes Jahr ein aufregendes Schauspiel von Gold, Orange und Rot entfalten. Da seine Wurzeln sehr empfindlich sind, muß er als junger Baum gepflanzt werden. Werden seine Wurzeln beschädigt, gedeiht er nicht.*

den roten und orangen farbenen Blättern hängen. Unter den verschiedenen Sorten des Fächerahorns *(Acer japonicum)* ragen zwei wegen ihres feurigen Herbstlaubes besonders hervor: zum einen *A. j.* 'Aconitifolium', ein runder, 2,5 m großer Busch mit kräftig grünen Blättern, die sich im Herbst karmesinrot verfärben. Ganz anders sieht die Sorte 'Vitifolium' aus: sie hat auffallend gelappte Blätter, die an Feigenbäume erinnern. Sie sind erstaunlich groß, bis zu 15 cm lang und breit; im Herbst nehmen sie eine phantastische Farbenpracht wie kein anderer Ahorn an. Das besondere daran ist, daß die inneren Blätter zunächst grün bleiben, während die äußeren Zweige in allen Schattierungen von Orange, Scharlachrot, Karmesinrot und Purpurot leuchten.

Von *Acer palmatum*, einer japanischen Ahornart mit unzähligen Sorten, gibt es ebenfalls viele Vertreter mit buntem Herbstlaub. 'Lutescens' z.B. mit seinen glänzenden, gelappten Blättern, die im Sommer kupfergrün sind und sich im Herbst zu einem strahlenden Buttergelb verfärben. Eine große, langsamwachsende Form mit aufrechtem Wuchs ist 'Shishigashira'. Das Dunkelgrün der auffallend gefächerten Blätter verwandelt sich im Herbst in ein dunkles, kräftiges Altgold.

Auch die Blätter von *Rhododendron luteum*, der einzigen in Europa heimischen gelbblühenden Azalee, verwandeln sich im Herbst in alle Schattierungen von karmesin-, purpurfarben und orange. Eine zweite ganz besondere Azaleenart, der Koreanische *R. schlippenbachii* hat im Erstfrühling große, hellrosa, tellerartige Blüten. Von allen Azaleen trägt sie die auffallendsten Blätter: sie schimmern im Frühjahr und Sommer purpurn und verfärben sich im Herbst gelb, orange und karmesinrot.

Eine nahe Verwandte der Zaubernuß, *Fothergilla major*, der Federbuschstrauch, ist ein langsamwachsendes Gehölz aus dem Süden der USA. Im Frühjahr trägt *Fothergilla* noch vor der Blattentfaltung weiße, flaschenbürstenähnliche Blüten. Im Herbst verfärben sich die Blätter gelb, orange oder karmesinrot; die schönste Herbstfarbe entfaltet die Pflanze in voller Sonne.

Ein großer japanischer Strauch mit aufrechtem Wuchs ist die Prachtglocke, *Enkianthus campanulatus*. Sie wächst in jedem feuchten, kalkfreien Boden in der Sonne oder im Halbschatten. Die Prachtglocke hat zwei Höhepunkte: im Frühling mit ihren unzähligen bronzegelben Blüten, die ungemein lang halten, und im Herbst, wenn die Blätter in verschiedenen Schattierungen rot und gelb zu leuchten beginnen.

Auch die eichenblättrige Hortensie, *Hydrangea quercifolia*, ist für den herbstlichen Garten geeignet. Im Sommer

Die flammenden Farben machen die Prachtglocke, Enkianthus campanulatus, *zu einem der aufregendsten Sträucher. Sie wirkt gut als Solitärpflanze, aber auch, wenn sie mit anderen Pflanzen kombiniert wird.*

Im Schatten verfärbt sich die Parrotia persica goldgelb. Im Frühling trägt sie kleine rote Blüten an den kahlen Ästen. Sie bevorzugt, feuchten, wasserdurchlässigen Boden.

weiß, ihre eigentliche Schönheit entfaltet sie jedoch erst beim Herbstlaub. Die eichenblattähnlichen Blätter verfärben sich karmesinrot, orange oder purpur. Diese Hortensie mag viel Sonne und bevorzugt einen geschützten Standort mit feuchter, fruchtbarer und saurer Erde.

Ein weiteres Mitglied der Zaubernußfamilie ist der Eisenbaum, *Parrotia persica*, aus dem Nahen Osten. Der große Busch mit seinen weitausladenden Ästen, die von grünen, grauen und braunen Flecken und Streifen durchzogen sind, ist sicherlich eines der schönsten kleinen Gehölze mit herbstlichen Farben. Die großen Blätter verwandeln sich im Herbst in ein herrliches Potpourri aus Karmesin, Orange, Bronze und Rosa und Goldgelb.

Einer der letzten Sträucher, der sein herbstliches Farbenkleid sie weißdornähnliche Blüten hervor, aus denen rote Beeren werden. Das mit scharlachroten und goldenen Farbtönen vermischte orangerote Laub von *Photinia* bleibt bis weit in den Winter hinein am Baum.

Herbstfarben auf neutralen oder kalkhaltigen Böden

Eine große Zahl erstklassiger Bäume und Sträucher mit buntem Herbstlaub gibt es auch für Gärten mit neutralem oder kalkhaltigem Boden.

Die zwei größten Bäume mit aufregendem Herbstlaub, die auf alkalischem Boden wachsen, sind sehr alten Ursprungs: *Gingko biloba* und der amerikanische Tulpenbaum (*Liriodendron tulipifera*). Die Blätter beider Bäume verfärben sich zu einem sattem Buttergelb. Vor allem der Tulpenbaum ist wegen seiner anmutigen Form und seines Laubs sehr beliebt.

Zu den kleineren Bäumen für einen neutralen oder kalkhaltigen Standort zählt der Spitzahorn, *Acer platanoides*. Er wächst sehr schnell, und sein Blattwerk verfärbt sich im Herbst zu einem klaren Gelb. Einige Kultivare bringen besonders zuverlässig schöne Herbstfarben hervor. 'Cucullatum' und 'Schwedleri' etwa, zwei aufrecht wachsende Bäume, die ein wundervolles kräftiges Gelb hervorbringen, und 'Reitenbachii', ein mittelgroßer Baum. Seine großen, fünffingerigen Blätter sind beim Austrieb rot, im Sommer hellgrün und verfärben sich schließlich im Herbst zu einem kräftigen Dunkelrot.

Einen wunderschönen herbstlichen Anblick bietet auch der Perückenstrauch, *Cotinus coggygria*, der nur 3-4 m hoch wird. Seine Heimat ist Südeuropa; seine runden graugrünen Blätter werden im Herbst gelb oder rot. Im Sommer trägt der Strauch ganze Wolken rehfarbener Blütenköpfe. Die Blüten- und Herbstfarben sind am stärksten entwickelt bei der Sorte 'Flame', deren Blätter im Herbst orange und scharlachrot werden.

Relativ selten, aber wunderschön ist *Cotinus obovatus*. In Europa wird er nur 4,5 m hoch. Im Frühjahr sind die Blätter bronzerosa; im Herbst zeigen die Blätter verschiedene Schattierungen von Scharlachrot, Orange, Gelb und Violett. Am richtigen Standort entfaltet sich *Cotinus obovatus* zu einem phantastisch gefärbten Herbststrauch. Er bevorzugt gut drainierten Lehmboden und pralle Sonne.

Weitausladend wächst der Lampionbaum oder Goldblasenbaum, *Koelreuteria paniculata*. Er bevorzugt lehmigen Boden und braucht lange, heiße Sommer, um seine volle Blütenpracht zu entfalten. Die großen, farnartigen Blätter sind im Frühjahr hummerrot, werden im Sommer leicht bronzegrün und verfärben sich im Herbst zu einem kräftigen Goldgelb.

Und schließlich gibt es drei Sorbusarten mit schönen herbstlichen Früchten und buntem Laub, die sich speziell für den kleinen Garten eignen. *Sorbus americanast*, ein kleiner Baum mit starr aufrechtstehenden Ästen. Die kleinen, kräftig roten Beeren, die in großen dichten Büscheln herunterhängen, sind für Vögel eine wahre Delikatesse. Die Blätter verfärben sich aprikosenfarbig oder rot. Ein kleiner Baum mit offener Krone ist *S. esserteauiana*, der scharlachrote Beeren hervorbringt, die später als die anderer Ebereschen reifen; oft hängen die Beeren noch nach Neujahr am Baum. Steht diese Eberesche an einem Standort mit genügend Feuchtigkeit, dann werden die Blätter, dunkelrot bevor sie abfallen. Als hübscheste Eberesche gilt *S. sargentiana*, die bis zu 9 m hoch wächst. Die mahagonibraunen Blätter verfärben sich im Herbst zu einem leuchtenden, kräftigen Orangerot. Ein Blickfang sind die sehr spät reifenden scharlachroten Früchte, die in langen Büscheln herabhängen.

Beeren und Früchte

Zwar ist das bunte Herbstlaub die Hauptattraktion im herbstlichen Garten, doch die vielen Sträucher und kleinen Bäume, die mit leuchtenden Früchten und glänzenden Beeren beladen sind, runden den bunten Farbenreigen des Laubwerkes wunderbar ab. Wenn im Herbst die letzten Blätter abgefallen sind, dann bewahren die fruchttragenden Sträucher den Garten noch einige Wochen lang davor, leer und trostlos auszusehen. Das milchige Weiß der Schneebeeren ist ebenso reizvoll wie das Rosa, Rot, Orange und Gelb der Stechpalmen, Ebereschen, Felsenmispeln, Berberitzen und des Schneeballes oder die Purpurfarbe des Liebesperlenstrauches. Hinzu kommen die Gehölze mit schwarzen Früchten, wie bestimmte Felsenmispeln und Berberitzen.

Der Liebesperlenstrauch, *Callicarpa bodinieri* var. *giraldii*, der 180 cm groß wird, ist ein vollkommen winterharter chinesischer Strauch, bei dem besonders die fliederfarbenen Beeren zwischen dem rot verfärbten Herbstlaub auffallen. Er gedeiht gut an einem sonnigen, geschützten Standort mit fruchtbarem Boden. Damit die Beeren reifen können, ist Fremdbefruchtung notwendig - man sollte also eine Gruppe von mehreren *Callicarpa*-Sträuchern nebeneinander pflanzen.

Unglaublich vielfältig ist die Familie der Berberitzen: es gibt immergrüne und laubabwerfende Berberitzen, zwergwüchsige oder baumhohe, mit roten, orangen farbenen, gelben, blauen oder schwarzen Früchten. Allen gemeinsam ist, daß sie einen warmen, lehmigen Boden bevorzugen. Vier empfehlenswerte, im Spätherbst beerentragende Sorten sind: *Berberis aggregata*, *B. koreana*, *B.* x *carminea* 'Buccaneer' und *B. wilsoniae*. *B. aggregata* stammt aus China, wird zwischen 90 und 150 cm groß und entwickelt eine dichte Krone. Wenn die bunt und kräftig verfärbten Blätter abgefallen sind, geben sie den Blick frei auf unzählige rote Beeren. Eine andere bemerkenswerte orientalische Züchtung ist *B. koreana* mit langhaltenden wächsernen roten Beeren. Die Blätter dieser Berberitze werden im Herbst rostrot.

Beinah unscheinbar sind im Frühling und Sommer die Blüten und das Laub der laubabwerfenden Pfaffenhütchen, zu denen der Europäische *Euonymus* zählt. Im Herbst jedoch zeigen sie ihre ganze Pracht, wenn sich die Blätter leuchtend scharlachrot, karmesinrot oder orange verfärben und die Früchte reifen. Wichtig: Alle Euonymusarten wachsen am liebsten in lehmigem Boden an einem sonnigen, gut drainierten Standort. Sie wirken am besten, wenn man sie vor einen dunklen Hintergrund pflanzt.

Eine Art kriechender Zwergstrauch, der sich hervorragend als Bodendecker im Rhododendronbeet eignet, ist die Nordamerikanische Scheinbeere *Gaultheria procumbens*, die in der Regel nicht höher als 15 cm wird. Sie zeichnet sich aus durch

Die winterharte mongolische Clematis tangutica *blüht bis in den Herbst hinein, und ihre nickenden zitronengelben Blüten erscheinen neben den seidigen, silbrigen Samenköpfen.*

Ilex aquifolium *'Bacciflava' bildet unzählige hellgelbe Früchte aus, die zwischen den dunkelgrünen Blättern ein Blickfang ohnesgleichen sind.*

ein dunkelgrünes Laub, unter dem die kleinen rosa-weißen Blüten versteckt sind. Wenn die immergrünen Blätter im Spätherbst eine rötlichen Ton annehmen, werden aus diesen Blüten große, rote eßbare Beeren mit einem angenehm herben Geschmack.

Winterhart ist auch ein anderer kleiner immergrüner Strauch aus Japan, *Skimmia japonica*. Die Skimmie wird vor allem wegen ihrer herrlichen Früchte gepflanzt. Damit weibliche Pflanzen wie 'Veitchii' oder 'Nymans' rote Früchte entwickeln, muß zumindest eine männliche Pflanze gepflanzt werden. Der beste männliche Klon ist 'Rubella', wegen seiner auffallenden, den ganzen Winter über roten Blütenknospen, die im Erstfrühling aufspringen und ganze Büschel elfenbeinfarbener, intensiv nach Maiglöckchen duftender Blüten hervorbringen. Früchte trägt er natürlich keine.

Es gibt aber eine zweigeschlechtliche Skimie, die auch als einzeln gepflanzter Strauch Beeren trägt: *Skimmia reevesiana*. Die weißen Blüten, die in großen Büscheln herabhängen, duften sehr angenehm. Sie trägt Beeren von einem stumpfen Karmesinrot, die denganzen Winter über am Strauch hängen bleiben. Die kompakt wachsende, attraktive Pflanze mit ihrem dunkelgrünen Laub ist völlig winterhart und wächst am besten im Halbschatten.

Die Orangenkirsche *(Idesia polycarpa)*, ein laubabwerfender Baum, ist in China und Japan beheimatet. Sie wächst sehr schell, wird 12-15 m groß und breitet ihre Äste horizontal in Etagen aus. Ihre großen Blätter sind ähnlich eindrucksvoll wie die des Trompetenbaums. Da die männlichen und weiblichen Blüten an verschiedenen Bäumen entstehen, müssen männliche und weibliche zusammen gepflanz werden. Die duftenden, in langen Büscheln herabhängenden gelblich grünen Blüten sind unauffällig. Die weiblichen Bäume bringen fleischige, erbsengroße Beeren hervor, die in Trauben an den Zweigen hängen. Wenn sie reifen, werden sie zunächst rot und nach einigen Wochen meist schwarz; sie bleiben etliche Monate am Baum hängen. Wohl fühlt sich Idesia in lehmigen Boden.

DIE FARBPALETTE DES HERBSTS

Zu dieser Jahreszeit blühen sehr wenige Pflanzen, einige wichtige Ausnahmen sind:

Blau und Lila
Caryopteris x *clandonensis* Hybriden
Ceratostigma plumbaginoides
Gentiana sinoornata
Hosta tardiflora
Crocus banaticus
C. goulimyi
C. longiflorus
C. sativus
C. serotinus
C. speciosus 'Conqueror'

Weiß und Cremefarben
Calluna vulgaris Sorten 'Alba Plena','Christina', 'Long White'
Eleagnus x *ebbingei*
Osmanthus heterophyllus
Prunus subhirtella 'Autumnalis'
Clematis maximowicziana
Fallopia aubertii
Anaphalis triplinervis 'Silberregen'
Crocus ochroleucus
Galanthus reginae-olgae

Gelb und Orange
Potentilla fruticosa Sorten
Sternbergia lutea

Rot und Rosa
Calluna vulgaris 'Annemarie', 'Battle of Arnheim', 'Cramond', 'Finale', 'H.E.Beale', 'Marleen', 'Peter Sparkes', 'Schurigs Sensation', 'Underwoodii', 'J.H.,Hamilton'
Elsholtzia stauntonii
Erica carnea 'Eileen Porter', 'Praecox Rubra'
Lespedeza thunbergii
Viburnum x *bodnantense*
Sedum 'Herbstfreude'
Cyclamen hederifolium

Duftpflanzen
Eleagnus x *ebbingei*
Hamamelis virginiana
Osmanthus heterophyllus
Viburnum x *bodnantense*
Crocus longiflorus

Bäume, Sträucher und Kletterpflanzen mit buntem Herbstlaub
Acer - viele Arten, insbesondere:
A. capillipes
A. cappadocicum
A. circinatum
A. davidii
A. ginnala
A. griseum
A. japonicum Sorten
A. palmatum Sorten
A. pensylvanicum
A. platanoides
A. rubrum
A. saccharum
A. saccharinum
Amelanchier laevis
A. lamarckii
Berberis - viele laubabwerfende Arten, insbesondere:
B. aggregata
B. dictyophylla
B. koreana
B. x *rubrostilla* 'Fireflame'
B. thunbergii Sorten
B. wilsoniae
Betula Arten
Cercidiphyllum japonicum
Chionanthus virginicus
Clethra alnifolia
C. barbinervis
Cornus 'Eddies White Wonder'
C. florida
Cotinus coggygria + Sorte 'Flame'
C. obovatus
Cotoneaster bullatus
C. divaricatus
Crataegus pedicellata
C. x *prunifolia*
Enkianthus campanulatus
Euonymus alata
E. latifolia
E. oxyphylla
E. planipes
Fothergilla gardenii
F. major
Fraxinus excelsior
F.ornus
Ginkgo biloba
Hamamelis x *intermedia* 'Jelena'
H. japonica
H. mollis
Hydrangea anomala petiolaris
H. quercifolia
Koelreuteria paniculata
Larix decidua
Liquidambar styraciflua
Liriodendron tulipifera
Malus coronaria 'Charlottae'
M. tschonoskii
Metasequoia glyptostroboides
Nyssa sylvatica
Oxydendrum arboreum
Parrotia persica
Parthenocissus quinquefolia
P. tricuspidata
Prunus sargentii
Pyrus calleryana
P. ussuriensis
Quercus alba
Q. coccinea
Q. dentata
Q. palustris
Q. rubra
Rhododendron luteum
R. schlippenbachii
R. vaseyi
Rhus typhina
Ribes aureum
Sassafras albidum
Sorbus alnifolia
S. commixta
S. 'Embley'
S. sargentiana
S. serotina
Viburnum dentatum
V. furcatum
V. prunifolia

Bäume, Sträucher und Kletterpflanzen mit dekorativen Früchten
Berberis Arten + Sorten
Callicarpa bodinieri Sorte *giraldii*
Celastrus orbiculatus
Choenomeles Sorten
Clematis tangutica
C. vitalba
Cornus Arten
Cotoneaster Arten + Sorten
Crataegus Arten
Eleagnus umbellata
Euonymus Arten
Gaultheria Arten
Idesia polycarpa
Ilex Arten + (weibliche) Sorten
Malus Arten + Sorten
Mespilus germanica
Photinia villosa
Pyracantha Sorten
Rhodotypos scandens
Rosa Arten, insbesondere:
R. moyesii
R. rugosa Hybriden
R. glauca
R. pendulina
R. sweginzowii
R. villosa
Skimmia japonica - weibliche Sorten
Sorbus Arten
Viburnum Arten

WICHTIGE ARBEITEN

Der Boden

Bodenproben ziehen

Der gute Gärtner sollte möglichst viel über seinen Boden wissen: um welchen Bodentyp es sich handelt, welchen pH-Wert er hat und wieviel er von den wichtigsten Nährstoffen enthält. Dann weiß man auch, welche Pflanzen am besten in einem Boden wachsen und wie man düngen muß. Nährstoffmangel, der durch jahrelange Vernachlässigung oder den Nährstoffentzug einer einzigen Vegetationsperiode entstanden ist, läßt sich meist beheben.

Der günstigste Zeitpunkt, um eine Bodenuntersuchung vorzunehmen, ist der Herbst. Sollte sich herausstellen, daß gekalkt werden muß, um den pH-Wert zu erhöhen, oder daß Nährstoffe oder wichtige Spurenelemente fehlen, dann läßt sich in den Wintermonaten einiges für die Bodenverbesserung tun.

Wer die Bodenproben von professionellen Laboratorien untersuchen lassen möchte, sollte sich deren Informationsbroschüren schicken lassen und die Bodenprobe genau so entnehmen, wie es darin beschrieben wird. Dann kann nichts schiefgehen. Auch wenn man den Boden selbst untersuchen möchte, mit einem der Testsets, die auf dem Markt sind, ist das Ziehen der Bodenprobe für verwertbare Ergebnisse entscheidend.

Die Nährstoffe sind oft ganz unterschiedlich verteilt in einem Garten; deshalb sticht man spatentief an 6-8 gleichmäßig über das Grundstück verteilten Stellen gleichgroße Bodenstücke heraus, entnimmt jeweils eine Handvoll Boden und vermischt die Proben in einem Eimer. Spaten und Eimer müssen sauber sein.

In Blumenrabatten und Gemüsebeeten wird die Bodenprobe von den oberen 25 Zentimeter Erde gezogen, bei Rasenflächen genügt eine Tiefe von 10 cm. Wenn tiefwurzelnde Gehölze gepflanzt werden sollen, dann empfiehlt es sich, zwei separate Proben zu ziehen: eine von der oberen Bodenkrume bis zu 20 cm Tiefe, und eine zweite vom Unterboden im Bereich zwischen 20 und 40 cm Tiefe.

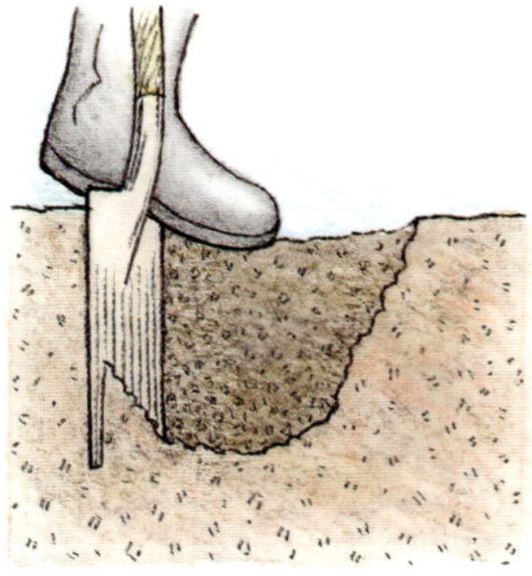

Bodenproben ziehen
Man gräbt im gesamten Testbereich Löcher, von 25 cm Tiefe oder mehr. Eine Lochwand muß vertikal und glatt sein. Von dieser Seite kratzt man Erde ab, von jeder Schicht gleich viel. Die Proben mischt man gründlich, um ein repräsentatives Ergebnis zu erhalten. 500 g davon gibt man für die Untersuchung in eine saubere Plastiktüte.

Nistkästen für kleine Vögel
Der Nistkasten oben ist z.B. für Meisen. Um größere Vögel fernzuhalten, mißt das Loch nur 3 cm im Durchmesser. Eine Seite kann man öffnen, zum Putzen. Der andere rechts ist für Vögel die freien Blick schätzen. Haltbares Holz und rostfreie Stahlnägel sind wichtig. In den Boden bohrt man 2-3 Abflußlöcher.

Bodenvorbereitung für die Frühjahrspflanzung

Flächen, auf denen im nächsten Frühjahr Staudenrabatten oder gemischte Pflanzungen angelegt werden, kann man jetzt schon umgraben und für die Pflanzung vorbereiten. Vor allem bei schweren Lehmböden lohnt es sich, sie im Herbst umzugraben. Denn der Frost sprengt beim Gefrieren und Auftauen des Bodens die Strukturen und lockert somit den Boden.

Beim Umgraben mengt man Kalk, Sand, Kompost, Torf, Dünger, kompostierte Rinde, oder was der Boden sonst noch für seine

Fruchtbarkeit brauchen könnte, unter. Alles was man jetzt unternimmt, um den Boden zu verbessern, zeitigt oft schon bis zur nächsten Pflanzzeit im Frühjahr einen Effekt.

Die Tierwelt des Gartens

Nistkästen für Vögel

Viele heimische Vogelarten nisten von Natur aus eigentlich in Höhlen und Spalten und nicht in Nestern in Bäumen oder auf dem Boden. Doch in den letzten Jahrzehnten hat man den ordentlichen Garten so sehr propagiert, daß natürliche Nistplätze wie verrottende Bäume verschwunden sind. Glücklicherweise akzeptiert eine ganze Reihe von Vogelarten künstliche 'Höhlen', die Nistkästen. Man kann sie selbst basteln oder das große Angebot an käuflichen Nistkästen nutzen. Die beste Zeit, sie aufzuhängen, ist der Spätherbst: die Vögel nehmen Kästen, die im Winter draußen gehangen haben, leichter an; außerdem bieten sie für Vögel, die während der kalten Wintermonate bei uns geblieben sind, einen willkommenen Unterschlupf.

Die Nistkästen sollten immer im Spätherbst gesäubert werden. Es können dann keine Parasiten im Vogelnest überwintern.

Bäume und Sträucher

Pflanzen von laubabwerfenden Wildgehölzen

Spätherbst ist die beste Zeit des Jahres, um laubabwerfende Bäume und Sträucher zu pflanzen, vor allem, wenn sie im Freien gezogen worden sind. Der Verkauf beginnt in der Regel sofort, nach dem Laubfall; gepflanzt werden kann, solange der Boden nicht gefroren oder nicht zu naß ist. Im Herbst zu pflanzen ist meistens vorteilhaft, weil der Boden noch relativ warm ist und die Pflanzen bis zum Anfang des Winters neue Wurzeln bilden, die dann im Frühjahr den Blattknospen, die sich gerade öffnen, bereits genügend Feuchtigkeit liefern können (s. auch S. 152-153).

Pflanzen von laubabwerfenden Hecken

Viele Gärtnereien bieten im Herbst eine gute Auswahl kleiner laubabwerfender Sträucher mit und ohne Ballen für Hecken an. Wer eine Hecke pflanzen will, sollte ein oder zwei Wochen zuvor den Boden vorbereiten.

Zunächst wird ein 50-100 cm breiter Graben in einer Tiefe von zwei Spatenlängen ausgehoben. Der Boden des Grabens wird gelokkert und die ausgehobene Erde verbessert, mit Kompost, Torf, Sand oder Mist. Dann wird die ausgehobene Erde in den Graben zurückgefüllt. Hat sich die Erde gesetzt, kann mit dem Pflanzen begonnen werden (s. S. 152-153).

Pflanzen einer Hecke

1 Man markiert den Verlauf der Hecke mit einer Schnur. Dann hebt man einen Graben aus. Für eine dichte Hecke setzt man eine Doppelreihe in einen zweimal so breiten Graben. Der Graben muß so tief sein, daß man reichlich Kompost und Dünger einfüllen kann. Vor dem Pflanzen müssen sich die Wurzeln mit Wasser vollsaugen.

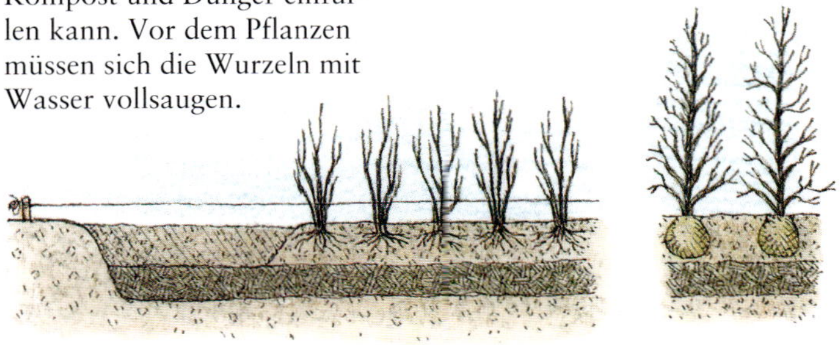

2 Im empfohlenen Abstand in den Graben setzen. Man füllt mit Erde auf und tritt sie fest; es dürfen keine Hohlräume bleiben. Gründlich gießen. Jute, die um die Wurzeln gewickelt ist, stört nicht; nur am Stamm wird sie gelockert.

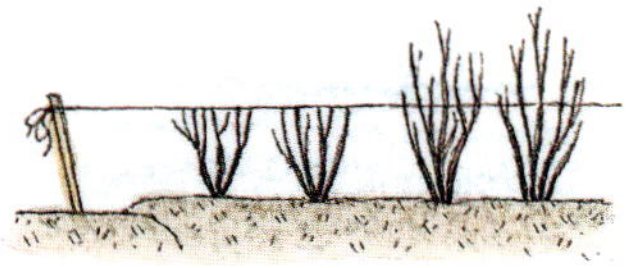

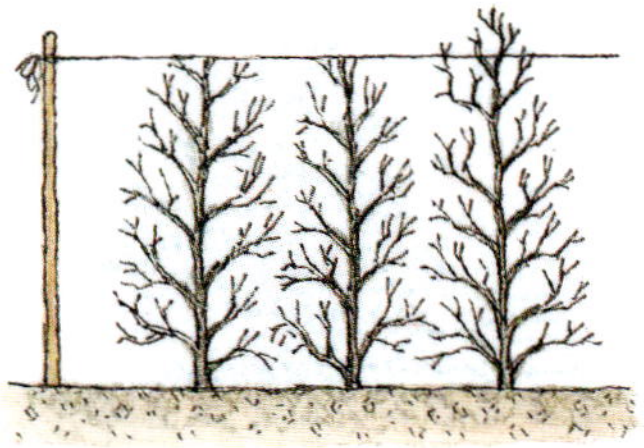

3 Besteht die Gefahr, daß starker Wind die Sträucher entwurzelt, sollte man sie gleich zurückschneiden. Wenn nicht, schneidet man sie erst im Frühjahr. Mit einer Schnur markiert man die Schnitthöhe.

Baumstützen

Die Stützen aller neu gepflanzten Bäume müssen stark und sicher genug sein, um den Winterstürmen standzuhalten. Es ist die Aufgabe der Stützpfosten, daß sie das Anwurzeln der Pflanze so lange unterstützen, bis die Wurzeln kräftig genug sind. Die Baumkrone und die neuen Triebe im Frühjahr sollten genügend Bewegungsspielraum haben, ohne daß durch das Reiben am Stützpfahl Verletzungen entstehen dürfen. Deshalb sollten die Seile und Schnüre an den Stützpfosten regelmäßig kontrolliert werden. Besteht die Gefahr, daß die Befestigung die Rinde einschnürt und das Wachstum stranguliert, sollte sie gelockert und neu gebunden werden.

Baumstützen sollten sogleich entfernt werden, wenn sie nicht mehr nötig sind. Bäume brauchen normalerweise nicht länger als zwei Jahre eine Stütze. Es ist besser, den Pfosten abzusägen, als ihn herauszuziehen und dabei womöglich die Wurzeln zu verletzen.

Gießen von Immergrünen

Ist der Herbst trocken gewesen, mit wenig Niederschlägen, dann sollte man immergrüne Bäume und Sträucher vor dem Frost ein letztes Mal kräftig wässern. Dies gilt vor allem für Rhododendren, andere Immergrüne mit flachen Wurzeln und für alle neugepflanzten Sträucher, deren Wurzeln noch nicht kräftig genug sind, um die Pflanzen ausreichend mit Wasser zu versorgen. Dabei sollte man nicht übersehen, daß alle Immergrünen an sonnigen Wintertagen über ihre Blätter und Nadeln weiterhin Feuchtigkeit abgeben, sogar bei Bodenfrost.

Vorbereitung von Frostschutzmaterial

Alles, was man zum Winterschutz empfindlicher Gehölze braucht, sollte man rechtzeitig besorgen, da man das Frostschutzmaterial bei einem plötzlichen Kälteeinbruch sofort zur Hand haben muß. Das Schutzmaterial sollte jedoch nicht zu früh angebracht werden; meist ist es ratsam, so lange zu warten, bis der Boden 5 cm tief gefroren ist. Beginnt man zu früh mit dem Zudecken, fühlen sich Mäuse und andere Nagetiere eingeladen, sich im Schutz der Abdekkung einzunisten. Das Schutzmaterial selbst darf nicht zu dicht liegen; es soll genügend Luft dazwischen sein, damit die Abdeckung nicht so leicht vom Schnee niedergedrückt wird. Als Material dienen trockenes Laub, Stroh und immergrüne Zweige. Meist reicht eine Lage, die den Boden gerade abdeckt. Hauptziel des Frostschutzes ist neben dem Schutz vor großen Schneemengen, die Temperaturunterschiede zwischen Gefrieren und Auftauen zu reduzieren und einen Schutz vor Sonne und Wind zu bieten. Es geht nicht darum, die Pflanzen warm zu halten.

Nicht vergessen sollte man Jutewände oder Fichtenäste für die Immergrünen. Sie werden so in die Erde gesteckt, daß sie Schatten bieten und die Kraft der kalten Winterstürme brechen.

Wohin mit dem Herbstlaub?

Das Herbstlaub kann zum Teil am Boden liegen gelassen werden, als natürliche Mulchdecke. Dies gilt vor allem unter Hecken und Bäumen, die nicht im Rasen stehen. Allerdings sollte man darauf achten, daß die Laubschicht gerade in Staudenbeeten nicht zu dick liegt und empfindliche Pflanzen nicht darunter leiden oder gar erstickt werden. Deshalb sollte man das Laub herausrechen, wenn es zuviel ist. Auf dem Rasen dürfen abgefallene Blätter deshalb nicht zu lange liegen, weil sie den Gräsern Licht entziehen und Pilzinfektionen fördern.

Das Herbstlaub ist keineswegs als Abfall anzusehen, sondern als eine Art Ernte, die man zum Abdecken verwenden oder kompostieren kann. Entweder kompostiert man Laub allein oder zusammen mit anderen Haus- und Küchenabfällen.

Schnitt von laubabwerfenden Hecken

Geometrische Schnitte können bei Hecken noch im Spätherbst gemacht werden. Es hat sogar einige Vorteile, mit dem Schnitt so lange zu warten: kahle Gehölze lassen sich akurater schneiden. Zudem werden keine Blätter zerschnitten und zerfetzt wie beim Sommerschnitt. Da sich die Heckenpflanzen nun im Ruhestadium befinden, vertragen sie einen kräftigen Schnitt ohne Probleme: die Schnittwunden heilen schnell.

Stecklinge

Viele winterharte laubabwerfende Bäume und Sträucher vermehrt man am leichtesten durch Steckholz. Stecklinge lassen sich während der ganzen Ruheperiode schneiden, der günstigste Zeitpunkt ist jedoch kurz nach dem Laubfall im Herbst. Stecklinge von blattlosen Trieben wachsen in der Regel besser an als weiche Stecklinge mit Blättern. Der Grund: ohne Blätter verlieren sie kaum Feuchtigkeit. Steckhölzer, die jetzt gewonnen werden, werden entweder gleich im Freien gepflanzt oder in feuchtem Sand oder Torf draußen gelagert und erst im nächsten Frühjahr gepflanzt (s. auch S. 156).

Rosen

Herbstpflanzung

In Regionen mit strengen Wintern ist es besser, Rosen im Frühjahr zu pflanzen; grundsätzlich im Frühling pflanzt man Hochstammrosen, da der Frostschutz bei frisch gepflanzten Hochstämmen etwas problematisch ist. Doch im allgemeinen spricht einiges dafür, die Rosen im Herbst zu pflanzen. So ist im Herbst die Auswahl in den Gärtnereien größer, und im Winter gelagerte Rosen sind auch etwas teurer. Kauft man im Herbst, spart man also Geld – aber man muß dafür auch das Risiko tragen, daß die ein oder andere Pflanze den Winter vielleicht nicht überleben wird.

Liegt der Garten geschützt, und sind die Winter in der Gegend nicht zu kalt, dann ist die Herbstpflanzung auf jeden Fall günstiger. Doch sollte man warten, bis die Rosen ihre Blätter verloren haben. In einigen Gegenden darf man allerdings nicht zu lange zögern, da der Zeitraum zum Pflanzen recht kurz ist. Die Rosen wachsen sicher an, wenn der Boden noch warm genug ist, daß neue Wurzeln gebildet werden. Dann kann der Nährstoff- und Wassernachschub von unten her so weit funktionieren, daß die frischen Blätter und Triebe keinen Mangel leiden und die Pflanzen gut anwachsen.

Zum Pflanzen eignet sich ein milder, trockener, bewölkter Tag. Die Erde darf nicht zu naß sein, damit sie nicht schmiert. Auch sollen die Wurzeln während des Pflanzens nicht trocken werden. Geschnitten werden nur verletzte Wurzeln. Die grünen Teile der Rosen werden erst im Frühjahr geschnitten.

Nach dem Pflanzen (s. S. 15) werden die Büsche gewässert und mit einem kleinen Erdhaufen geschützt. Später erhalten sie denselben Frostschutz wie andere empfindliche Pflanzen (s. S. 132)

Beseitigen von Rosenlaub

Die Blätter von Rosen sollten unmittelbar, nachdem sie abgefallen sind, beseitigt werden. Gesundes Laub wirft man auf den Kompost; waren jedoch während des Sommers Anzeichen von Mehltau oder anderen Krankheiten auf den Blättern zu beobachten, müssen sie so gründlich beseitigt werden, daß die Pilzsporen keine anderen Pflanzen im Garten mehr befallen können. Es lohnt sich wirklich, darauf Mühe zu verwenden, da man damit auch die Gesundheit der Rosen im nächsten Jahr schützt. Am gefährlichsten von allen Rosenkrankheiten sind die Fleckenkrankheit und Rosenrost. Beide befallen vorwiegend die Blätter und schädigen sie so, daß sie abfallen. An jedem kranken abgefallenen Blatt hängen Millionen von Pilzsporen, die eine große Ansteckungsgefahr bedeuten, wenn sie den Winter überdauern. Vorbeugende Hygiene ist also das beste Mittel dagegen.

Windschutz für Rosen

Normalerweise sollte man Gartenrosen erst im Frühjahr zurückschneiden; wenn jedoch einzelne Zweige so kräftig und lang sind, daß sie dem Wind eine größere Angriffsfläche bieten, dann empfiehlt es sich, sie zu kürzen. Denn wenn sie ein Spielball des Windes werden, kann auch dabei das Wurzelwerk gelockert werden. Winterstürme können den Halt der Wurzeln so beeinträchtigen, daß ein Rosenbusch eingeht.

Dieselbe Gefahr ist auch bei Kletter- und Parkrosen zu beachten. Besonders ausgesetzt sind neue lange Triebe, die vom Wind geknickt werden können und dann abbrechen.

Windschutz für Rosen
Wenn Rosen starkem Wind ausgesetzt sind, sollte man, einige der längsten Äste vor dem Winter zurückzuschneiden. Wenn man sie um ein Drittel kürzt, kann der Wind nicht so leicht Zweige knicken und Wurzeln reißen lassen.

Kletterpflanzen

Pflanzen

Solange es das Wetter erlaubt, lassen sich relativ winterharte Kletterer jetzt noch einsetzen. Im allgemeinen behandelt man sie genauso wie andere Gehölze oder Rosen. Die Kletterpflanzen müssen in dieser Jahreszeit so schnell wie möglich in den Boden. Er sollte jedoch nicht naß oder gefroren sein. Wichtig ist, die Pflanzen gut zu gießen und sie, wenn nötig, gegen Sonne und Wind zu schützen. Immergrüne Kletterer pflanzt man besser im Erstfrühling, wenn sie von der Wintersonne und vom Wind nicht mehr ausgetrocknet werden können (s. S. 30).

Gießen von Kletterpflanzen an der Mauer

Bevor die Temperaturen unter Null fallen, sollte man Kletterpflanzen an Wänden und Mauern nochmals kräftig gießen; dies gilt vor allem dann, wenn sie im Regenschatten wurzeln. Falls nötig, wird der Wurzelbereich nach dem Gießen mit einer dicken organischen Mulchschicht abgedeckt; sie schützt die Wurzeln und den Boden vor extremem Winterwetter.

Winterschutz

Es ist ratsam, die Kletterpflanzen im Winter vor starkem Wind und Regen, vor Schnee und Eis zu schützen. Dabei geht man wie bei den Rosen vor (s. l. u.).

Stauden

Pflanzen

In der Mitte des Herbsts beginnt für viele Stauden die Hauptpflanzzeit. Sie bilden schnell neue Wurzeln, vorausgesetzt, der Boden ist noch vom Sommer warm genug und nicht zu naß. Jetzt gepflanzt, wachsen sie schneller an und bringen im nächsten Jahr eher eine volle Blüte als im Frühjahr gepflanzte Stauden. Bei schwerem oder kaltem, nassem Boden sollte man das Pflanzen jedoch lieber auf den Frühling verschieben. Stauden wie Farne, Ziergräser und andere empfindliche Arten pflanzt man ohnehin besser im Frühjahr.

Spätestens zum Zeitpunkt des Laubfalls sind alle Pflanzarbeiten bei Stauden zu beenden. Denn selbst in lockeren, warmen, gut drainierten Böden wird es riskant; man sollte die Arbeit lieber auf das Frühjahr verschieben.

Pflege von Beeten

Wenn die Blätter der Beetstauden und die letzten Blüten nach den ersten Frösten verwelkt sind, dann ist der richtige Zeitpunkt für die alljährliche große Aufräumaktion in den Stauden- und gemischten Beeten. Aber nichts überstürzen - solange das Blattwerk grün ist und die Blätter assimilieren, sollte man sie in Ruhe lassen. In diesem Stadium wird in den Wurzeln immer noch Energie für nächstes Jahr eingelagert.

Sind die Blätter abgestorben, werden die meisten Stauden bis knapp über dem Boden zurückgeschnitten. Doch gibt es Ausnahmen: Ziergräser und alle Stauden mit dekorativen Stengeln oder Samenköpfen, die hübsch aussehen, wenn sie von Reif oder Schnee bedeckt sind, läßt man genauso stehen wie Samenstände, die Futter für die Vögel sind.

Der meiste Abfall kann kompostiert werden, abgesehen natürlich von Überresten kranker Pflanzen, die ganz aus dem Garten entfernt werden sollten. Verholzte Zweige von Stauden bricht man in Stücke von 10-15 cm Länge, damit sie schneller verrotten.

Zugleich entfernt man alle Stützen und Pfosten. Intakte Stützhilfen kann man reinigen, an einem trockenen Platz lagern und nächstes Jahr wiederverwenden. Beschädigte Stützen aus natürlichem Material sollte man nicht in die Mülltonnen werfen, man kann sie zerkleinern und kompostieren.

Winterschutz für Stauden

Empfindliche Stauden brauchen unbedingt einen Winterschutz. Zu ihnen zählen gerade viele Alpinpflanzen, da sie in ihrer Heimat durch den Schnee ideal geschützt sind und im Garten auf diese isolierende Hülle oft längere Zeit verzichten müssen. Sie benötigen vor allem Schutz gegen feuchte Kälte und die in schneelosen Phasen sehr gefährliche Wintersonne. Den Pflanzen ist leicht zu helfen, mit einer Abdeckung aus Laub, auf dem obenauf noch Fichtengrün liegt.

Achten sollte man darauf, daß kleine immergrüne Pflanzen unter der Abdeckung nicht ersticken; bei rosettenförmigen Pflanzen muß das Innere, das grüne Herz, freibleiben. Bewährt hat sich eine dünne Schicht organischen Mulchmaterials rund um die Stauden, die verhindert, daß der Boden einem zu starken Wechselbad von Gefrieren und Auftauen ausgesetzt ist. Denn nichts ist gefährlicher als sehr große Temperaturschwankungen im Winter. Darüber stülpt man Koniferenzweige als Schutz vor dem Austrocknen durch Wind und Sonne. Aber man sollte den Winterschutz erst dann anbringen, wenn der Boden gefroren ist.

Ein- und zweijährige Pflanzen

Ausdünnen und pflanzen von zweijährigen Pflanzen

Zwei- und Einjährige, die im Spätsommer oder Frühherbst gesät wurden, werden jetzt ausgedünnt, damit sie nicht zu dicht stehen und Pilzkrankheiten zum Opfer fallen. Man braucht nicht so stark wie im Frühjahr ausdünnen, ein Abstand von 5-6 cm zwischen den einzelnen Pflänzchen genügt. Endgültig ausgedünnt wird erst im Frühjahr nach den letzten Frösten.

Winterharte Zweijährige kann man jetzt in freie Stellen in den Gartenbeeten setzen, etwa dort, wo Einjährige entfernt worden sind. Zweijährige lassen sich noch aus- und umpflanzen, bis sie ihre volle Größe erreicht haben. Dies gilt vor allem für Stiefmütterchen, Gänseblümchen, Primeln, Marienglockenblumen und Bartnelken. Die Pflanzzeit für Zweijährige ist zu Ende, wenn das Laub von den Bäumen fällt oder es vorzeitig kalt wird und die Pflanzen nicht mehr anwachsen können. Frisch gepflanzte Zweijährige sollten beim geringsten Anzeichen, daß der Boden zu trocken ist, gründlich gewässert werden. Nach dem ersten oder zweiten kräftigen Frost sollte man, wenn es wieder taut, kontrollieren, ob die Pflanzen auch noch fest in der Erde sitzen. Wo eine schützende Schneedecke fehlt, hilft lockeres Abdecken der Pflanzen mit Koniferenzweigen.

Blumenzwiebeln und -knollen

Winterlager für empfindliche Zwiebelblumen

Ab jetzt kann man Zwiebeln und Knollen von empfindlichen Pflanzen ausgraben und im Winterlager aufbewahren. Solange die Blätter grün sind und noch einigermaßen assimilieren, werden im unterirdischen Teil der Pflanze Nährstoffe für das nächste Jahr eingelagert. Man sollte also mit dem Ausgraben bis nach dem ersten Frost warten. Das gilt vor allem für Dahlien, Kaladien, Blumenrohr, Knollenbegonien und Montbretien.

Pflanzen von Frühlingszwiebelblühern

Wer mit dem Pflanzen seiner im Frühjahr blühenden Zwiebeln noch nicht fertig ist, hat jetzt noch Gelegenheit. Wichtig ist nur, daß der Boden noch warm genug und nicht zu naß zum Graben ist. Sollen sie im nächsten Frühjahr üppig blühen, dann brauchen die Zwiebeln ausreichend Zeit, um Wurzeln zu schlagen, bevor es kalt wird.

Vortreiben von Zwiebeln

Ebenso lassen sich jetzt auch noch Hyazinthen, Narzissen und Tulpen eintopfen, um sie gegen Ende des Winters vorzutreiben. Je eher man die Zwiebeln eintopft, umso früher blühen sie. Vor dem

Treiben müssen sie mindestens zwölf Wochen an einem kalten Platz gelagert werden (s. S. 118).

Pflanzen von Lilien

Der günstigste Zeitpunkt zum Lilienpflanzen ist längst vorbei (s. S. 118). Doch was tun, wenn die bestellten Lilien erst im Spätherbst kommen? Frische Lilienzwiebeln lassen sich im Garten einpflanzen, solange das Wetter gut ist und der Boden nicht zu kalt, nicht zu naß und gut zu bearbeiten ist. Treffen die Zwiebeln so spät ein, daß sie nicht mehr ausgepflanzt werden können, dann sollte man sie in gute Erde eintopfen und die Töpfe an einem möglichst kühlen, jedoch frostfreien Platz im Glashaus, im Schuppen oder in der Garage lagern. Wenn im Frühjahr die Zwiebeln ausgetrieben haben, pflanzt man sie so bald wie möglich in die Beete.

Ausgraben von Dahlien
1 Sobald die Blätter schwarz geworden sind, schneidet man den Stiel auf 5 cm Höhe zurück; die Reste wirft man auf den Kompost. Jetzt sollte man auch unleserliche Bestimmungsschildchen erneuern.

2 Mit einer Grabgabel hebt man die Knollen vorsichtig aus dem Boden; man muß sehr darauf achten, sie nicht anzustechen oder zu brechen. In die Wundenkönnten Bakterien und Pilze eindringen, und die Knollen würden faulen. Ein paar Tage läßt man die Knollen austrocknen.

3 Bevor man die Knollen in Kisten mit Torf legt, entfernt man vorsichtig die Erde, die noch an den Wurzeln hängt. Am besten lagert man sie an einem kühlen, frostfreien trockenen und luftigen Platz im Keller.

Der Wassergarten

Winterschutz

Exotische Sommergäste aus tropischen Zonen müssen vor dem ersten Frost aus dem Teich genommen und ins Haus gebracht werden. Dazu gehören die Wasserhyazinthe (*Eichhornia crassipes*), der Schwimmfarn (*Azolla caroliniana*), der Wassersalat (*Pistia stratiotes*). Sie werden im Aquarium oder in einer Wasserwanne im Gewächshaus gelagert. Um zu überleben, benötigen sie viel Licht und Wassertemperaturen, die nicht unter 8-12 Grad Celsius sinken. Bei zuwenig Licht ist es ratsam, die Pflanzen ganz kühl zu halten, etwa um 8 Grad Celsius.

Andere Pflanzen aus mäßig warmen Regionen sind zumindest begrenzt winterhart. Da manche dieser Wasser- und Sumpfpflanzen besonders attraktiv sind, lohnt es sich, sie sicher über den Winter zu bringen. Beispiele dafür sind die Goldkeule (*Orontium aquaticum)*, die Afrikanische Wasserröhre (*Aponogeton distachyos*), Hechtkraut (*Pontederia cordata)* und die Scheinkalla (*Lysichiton americanus*). Sie vertragen alle leichten Frost, jedoch nicht allzulange. Günstig ist es, wenn sie im Container wachsen; dann stellt man sie einfach in einen tieferen Teil des Teichs, wo er nicht zufriert. Ist dies nicht möglich - z.B wenn sie in der Sumpfzone fest verwurzelt sind -, breitet man zum Schutz der Pflanzen eine Lage von Fichtenzweigen über sie aus. Wichtig ist, daß man die Zweige im Frühjahr entfernt, bevor die Wasserpflanzen neu treiben.

Bei Seerosen ist es normal, daß sie ihr Laub einziehen. Mit Ausnahme der tropischen Seerosen, die im Haus in einem Aquarium oder Becken überwintert werden müssen, sind Seerosen in der Regel ziemlich kälteresistent, vorausgesetzt, ihre oberen Wurzelteilen befinden sich mindestens 30 cm unter Wasser. Man kann die Seerosen auch im abgelassenen Teich überwintern, wenn man die Wurzeln mit einer dicken Schicht Stroh und den ganzen Teich mit einer Plastikfolie abdeckt, damit er sich nicht mit Regen- oder Schneewasser auffüllt.

Sonstige Schutzmaßnahmen:

Bei betonierten Gartenteichen werden am Rand Blöcke aus Styropor ins Wasser gelegt, um den Ausdehnungsdruck des Eises abzufangen.

In einem Gartenteich, der möglicherweise bis zum Boden gefriert, dürfen keine Fische bleiben. Entweder bringt man sie ins Haus oder sorgt dafür, daß der Teich nicht völlig gefriert.

Ein guter Frostschutz für den Gartenteich sind dicke Styroporplatten, die man auf die Oberfläche legt. In Kombination mit einer einfachen Belüftungspumpe, die man so lange laufen läßt, als die Temperaturen unter 0°C liegen, bringt man die Wasserpflanzen und auch die Fische gewiß durch den Winter. Eine teuere Heizung ist sehr selten notwendig.

Aus allen Wasserleitungen und Schläuchen im Garten sollte das Wasser abgelassen werden, da sie gefrieren könnten.

Luft- oder Wasserpumpen, die nicht gebraucht werden, sollten geleert, gereinigt und ins Haus gebracht werden.

Rasen und Blumenwiese

Herbstdüngung

Wer Wert darauf legt, daß sein Rasen im Winter ein kräftiges Grün behält, sollte ihn gegen die Mitte des Herbsts düngen. Ungeeignet sind stickstoffhaltige Dünger, die das oberirdische Wachstum anregen und Pilzkrankheiten fördern. Dagegen wird das Wurzelwachstum gefördert und die Produktion von Blättern gebremst, wenn man einen Dünger mit relativ niedrigem Stickstoffgehalt, aber viel Phosphor und Kali einsetzt.

Letztes Mähen vor dem Winter

Da die Rasengräser jetzt sehr langsam wachsen, braucht man nicht mehr so oft zu mähen. Man stellt die Messer des Rasenmähers höher ein, je nach Rasentyp, und mäht, wenn es notwendig wird. Nicht mähen sollte man, wenn der Rasen gerade feucht vom Tau oder naß vom Regen ist; und auf keinen Fall bei Temperaturen unter 0°C. Den letzten Rasenschnitt sollte man für den Spätherbst planen, damit das Gras im Winter nicht zu lang ist; zu hohes Gras wird leichter von Fusariumpilzen befallen.

Falls die Blumenwiese seit dem letzten Schnitt zu stark gewachsen ist, sollte man sie noch einmal mähen. Das Gras hat die richtige Höhe, wenn es von Regen und Schnee nicht zu Boden gedrückt wird. Besonders wichtig ist der letzte Schnitt bei einer Blumenwiese, in der man Zwiebelblumen gepflanzt hat.

Laub rechen

Der Rasen zählt zu den wenigen Bereichen im Garten, in denen man Herbstlaub entfernen muß. Es muß im Herbst wenigstens einmal pro Woche zusammengerecht und kompostiert werden.

Aerifizieren und vertikutieren

Moos im Rasen ist meistens ein Zeichen von Bodenverdichtung. Dagegen hilft das Belüften des Rasens mit Hilfe einer Gabel mit hohlen Zinken; doch sollte man damit fertig sein, bevor der Boden zu naß wird oder gar gefriert. Verfilzte Stellen im Rasen und totes Gras beseitigt man mit einem Vertikutierer (s. S. 7).

Balkon und Terrasse

Pflanzen im Winter

Selbst im Winter und Erstfrühling lassen sich Farben auf Balkon und Terrasse zaubern. Eine Reihe kleiner, breitblättriger Immergrüner und Koniferen, Erikasorten und im Winter blühender Kleinsträucher eignet sich für die Balkon- und Terrassenbepflanzung. Bewährt haben sich auch zwergwüchsige, im Winter blühende Stauden und kleine Zwiebelfrühlingsblüher; sie brauchen wenig Wurzelraum und können nach Lust und Laune kombiniert werden. (Legt man sich einen zweiten Satz von Balkonkästen zu, so hat man einen für den Sommer und einen für eine Dauerbepflanzung, die vor allem im Winter attraktiv ist.)

Winterquartier für Kübelpflanzen

Sobald die ersten Fröste drohen, sollte man alle empfindlichen Kübelpflanzen zum Überwintern ins Haus bringen. Einige Pflanzen, insbesondere aus dem mediterranen Bereich, sind jedoch erstaunlich winterhart und halten ohne weiteres einige Minusgrade aus. Sie sollte man so lange wie möglich draußen lassen.

Wichtig beim Einräumen der Pflanzen ins Winterquartier ist, daß man alle Blüten und Blütenknospen ausbricht und alle unreifen weichen Triebe zurückschneidet. Ebenso werden alle kranken, von Schädlingen befallenenen Teile ausgeschnitten.

Je heller das Winterquartier, desto besser; außerdem sollte es kühl und vor Frost geschützt sein. Für die meisten Kübelpflanzen ist eine Temperatur von 5-12 Grad Celsius ideal zum Überwintern; selten brauchen sie mehr Wärme.

RUHEPHASE FÜR DIE PFLANZEN

Geht man nach dem biologischen Kalender, dann ist der Winter in den meisten Gegenden der gemäßigten Klimazonen die längste Jahreszeit. Der Winter ist auch die Jahreszeit mit den größten geographischen Unterschieden, abhängig von der Höhe, dem Breitengrad und der Entfernung vom Meer. Diese Umstände sind für die Art des Winterwetters und vor allem seine Dauer entscheidend, die bis zu sechs Wochen variiert.

Den Winter zeigen keine Signalpflanzen an, denn alle einheimischen Pflanzen legen zwischen Spätherbst und Vorfrühling ihre Ruhephase ein. Das erste Signal für das Wiedererwachen setzen die Schneeglöckchen mit ihren Blüten; sie signalisieren das Ende des Winters, das Wiedereinsetzen des natürlichen Vegetations- und Jahreszeitenzyklus und den Anfang eines neuen Jahres des Wachsens und Hoffens.

Man kann den Winter in drei Phasen einteilen: die erste Phase ist bestimmt von dunklen, trüben Tagen mit dichten Nebeln und niedrighängenden Wolken, die bisweilen die Sonne endlos lange fernhalten. Die Niederschläge, die meist noch als Regen fallen, sind heftig und lang anhaltend. Die zweite Winterphase ist im allgemeinen von einem starken Temperatursturz gekennzeichnet, zunächst verbunden mit schönem Wetter, das oft unmittelbar von Schneefall gefolgt ist. Im Spätwinter steigen die Temperaturen mit den längerwerdenden Tagen wieder an. Hin und wieder stellt sich für kurze Zeit mildes Wetter ein, die Illusion eines Frühlings - doch das kalte Wetter kehrt oft noch einmal zurück.

DER GARTEN IM WINTER

Der Winter ist für jeden Garten der unbequeme Moment der Wahrheit. Sobald die Blüten verwelkt sind, die Bäume und Sträucher ihre kahlen Äste in den Himmel recken, treten die formgebenden Elemente der Anlage des Gartens und der Pflanzungen mit einem Mal deutlich - und manchmal unbarmherzig – hervor. Pfade, Plattenwege, Hecken und Mauern, müssen nun allein wirken, da das Auge nicht mehr von der Fülle der Blütenfarben angezogen und abgelenkt wird. Wenn sich die Anlage des Gartens auch im Winter bewährt und einem der Garten noch gefällt, dann sind wirklich wesentliche Ziele einer Gartengestaltung erfüllt. Und es gibt sie, die wunderschönen Gärten, die die Sinne zu jeder Jahreszeit befriedigen, unabhängig davon, ob sie im tiefsten Winter unter einer Schneedecke schlafen oder im Sommer in vollem Überschwang duften und blühen.

Man sollte sich seinen Garten im Winter einmal mit dem kritischen Auge eines Besuchers betrachten. Prüfen Sie die Formen und Umrisse der Bäume und Sträucher, den Hintergrund, den Immergrüne und Hecken bilden, und ob Ihr Auge genügend Farbe im Garten findet, die im Winter selten und umso wertvoller ist.

Richtige Winterblüher gibt es nur sehr wenige. Selbst in den mildesten Regionen blühen die meisten als Winterblüher bekannten Pflanzen in Wirklichkeit erst im Vorfrühling. Es gibt allerdings ein paar wichtige Ausnahmen (s. S. 144). Farbe und somit Abwechslung bringen in den winterlichen Garten vor allem immergrüne Blattpflanzen, insbesondere diejenigen, die varigierte Blätter besitzen, aber auch Bäume und Sträucher mit dekorativen Früchten und Gehölze mit attraktiven, schön gefärbten Rinden und Zweigen.

Weil die Palette der farbigen Rinden und Zweige nicht allzu groß ist, stellt sich das Problem der Farbzusammenstellung im Winter kaum. Besonders hübsch sind z.B. die jungen Zweige der Silberweide *Salix alba* 'Britzensis' - ob sie neben den gelben Ästen der Weiden, dem roten Hartriegel, dem Zimtahorn oder der weißen Birke leuchten. Gelbe und orangefarbene Rinde wirkt besonders schön neben Birkenrinde, gegen einen dunklen Hintergrund. Eine kleine Gruppe von Weißbirken, die man mit ein oder zwei niedrigen Goldweiden wie etwa *S. a.* var. *vitellina* kombiniert, wird im reflektierenden Licht der heiteren Weidenzweige zum Leuchten gebracht. Die farbigen Jungtriebe der Weiden und des Hartriegels nehmen neben den Stämmen und Ästen von Birken, Ahornarten mit abblätternder Rinde und verschiedenen orientalischen Zierkirschen in den Strahlen der niedrigstehenden Wintersonne ein warmes Licht an. Doch sollte man nicht vergessen, daß diese Bäume und Sträucher mit ihrer dünnen Rinde fragil wirken; breitblättrige Immergrüne und Koniferen sind notwendig, um dem winterlichen Garten Halt und Form zu geben.

Immergrüne im Wintergarten

Um einem Garten ein räumliches Gerüst, Textur, Form und Tiefe zu verleihen, gibt es nichts besseres als immergrüne Sträucher. Gerade die immergrünen Bodendecker wie Efeu, Pachy-

Wenn Reif auf den letzten Blättern und den Samenköpfen liegt, ergeben sich kühne Formen und Texturen von selbst. Hier bilden ein Spalier und eine Ziegelmauer den Hintergrund für Euphorbien und Immergrün.

KAPITEL 9

WINTER

Immergrüne Hecken und hohe Koniferen bilden einen bleibenden stabilen Hintergrund mit klaren Konturen und beleben so die winterliche Szenerie mit interessanten Silhouetten, die dem Garten Form und Struktur verleihen.

sander oder *Vinca*, die sich durch die Beete ziehen, sind unverzichtbar wichtige Elemente für den optischen Zusammenhalt eines winterlichen Gartens. Das kräftige Grün der Immergrünen bildet den Hintergrund für die farbigen Elemente im Wintergarten. Koniferen variieren sehr in Größe und Form, und das Farbenspektrum ihrer Blätter ist schier endlos.

Ebenso überraschend ist die Vielfalt der Blättertextur. Da Immergrüne während der langen Wintermonate für den Garten so wichtig sind, sollte man einige Mühe darauf verwenden, Koniferen auszuwählen, die von ihrer Silhouette, Farbe, Textur und Größe her am besten in den Garten passen. Es gibt eine Vielzahl von Grüntönen, vom blassen, kalten Graugrün bestimmter Wacholderarten bis zum beinahe Schwarzgrün der dunklen Eibe. Mit Immergrünen lassen sich ganz unterschiedliche Stimmungen hervorrufen: dramatische oder melancholische, heimelige oder feierliche. Man sollte dies berücksichtigen, wenn man für Bäume und Sträucher mit farbigen Rinden und Zweigen einen geeigneten Hintergrund sucht.

Farbige Rinden

Nichts charakterisiert eine mit Schnee oder Reif überzogene Winterlandschaft besser als das blendende Weiß der Weißbirken. Alle Bäume mit weißer oder hellgrauer Rinde rufen im Winter den Eindruck von Kälte hervor. Andererseits mildern Bäume mit warmer brauner oder rauher dunkelzimtbrauner Rinde das Bild eisiger Kälte etwas ab. Und die sanft grünen und weißen, schlangenhautartigen Rindenstreifen an den Stämmen einiger Ahornarten verleihen trüben Wintertagen eine scharf ziselierte Anmut.

Mit ihren hübschen, wie ein Flechtwerk herunterhängenden Zweigen und ihrer milchig weißen, rosafarbenen oder orangebraunen Rinde sind die graziösen Birken ein besonders wertvoller Bestandteil des winterlichen Gartens. Bei vielen Arten ist der Hauptstamm im Winter genauso attraktiv wie im Sommer - ein Grund mehr, diesen schnellwachsenden, sehr winterharten Bäumen selbst im kleinsten Garten einen Platz einzuräumen.

Bei weißen Birken denkt der Gärtner meistens an die Europäische Weißbirke; aber es gibt eine exotische Art, die mit ihrem strahlenden Weiß die Europäische Birke übertrifft: die Himalajabirke, *Betula utilis jacquemontii*. Es ist einfach herrlich zu beobachten, wie die in Streifen abblätternde, papierdünne Rinde eine glatte Oberfläche von reinstem Weiß freigibt. Sie ist ein geradezu sensationeller Winterbaum, mit ihrer milchig weißen Rinde, die bis weit in die Krone hinaufreicht. Sie wächst schnell zu einem mittelgroßen, weitausladenden, wohlgeformten Baum heran, ist aber vielleicht nicht ganz so elegant wie die Europäische Weißbirke. Die Himalajabirke ist bestens für schattige Winkel oder für den Rand einer Gehölzpflanzung geeignet, die an einen Rasen angrenzt. Wenn man sie in die Nähe von Sträuchern mit bunten Zweigen und Ästen pflanzt, deren Farben vom Spiel der tiefstehenden Wintersonne erfaßt werden, bereitet sie den ganzen Winter über Freude.

Die Nordamerikanische Papierbirke, *Betula papyrifera*, ist im Winter ebenfalls ein hübscher Baum: ihre cremefarbene, papierartige Rinde schält sich in großen Stücken ab und gibt darunter eine orange- und lederfarbene Tönung frei. Sie hat von allen Birken den glattesten Stamm, er ist von einem klaren Weiß bis auf die unterste Rindenschicht und wird nicht einmal im Alter schwarz und rauh wie bei der Weißbirke. *B. papyfera* wird bis zu 20 m groß; ihre große offene Krone braucht unter Umständen mehr Platz als die Europäische Weißbirke. Auch wenn ihr vielleicht etwas von der Anmut fehlt, die die europäischen Arten auszeichnet, ist sie für jeden Garten ein attraktiver Baum.

Mehrere Birkenarten haben eine Rinde mit warmen Farben wie z.B. Rosa und Orange. *Betula albosinensis* etwa ist eine Chinesische Birke mit einer außergewöhnlich schönen, seidigen Rinde, deren leuchtendes Orangebraun von Rosa und Grau durchzogen ist. Die Russische Birke *Betula ermanii*, eine weitausladende Asiatische Birke, hat eine aprikosenfarbene Rinde, die in dünnen Streifen abblättert und darunter weiße und orangebraune Flecken enthüllt. Die jüngsten Zweige sind viel heller in der Farbe, fast weiß. *Betula maximowicziana* ist sicher die Königin unter den Birken; dieser japanische Baum hat von allen Birkenarten die größten Blätter, sie sind gut 15 cm lang und fast ebenso breit. Sie ähneln in der Form denen der Linde; ihr glänzendes kräftiges Grün verfärbt sich im Herbst zu einem satten Altgold. Diese Birke ist zu jeder Jahreszeit schön, besonders dekorativ jedoch im Winter, wenn ihre Rinde ein dunkles Orangebraun annimmt, das waagrecht graubraun und rosa gestreift ist.

Auch die Gattung Ahorn scheint viele ihrer hübschesten Merkmale bis zum Ende des Jahres aufzuheben. Nicht nur, daß sie zum großen Teil atemberaubend schönes buntes Herbstlaub hervorbringt, manche Ahornarten bezaubern auch in völlig kahlem Zustand den ganzen Winter über mit den einzigartigen Farben und Texturen ihrer Rinde. Im Sommer ist das Blattwerk in der Regel nie so dicht, daß es die Attraktivität der Rinde ganz verdecken würde. Manche haben Stämme mit schöner Schlangenhautrinde, bei anderen treten nach dem Abblättern der oberen Schichten helle Farben hervor.

Eine der schönsten Fächerahornsorten, *Acer palmatum* 'Sangokaku', besitzt eine korallenfarbene Rinde. Ihr fein verzweigtes Astwerk wird im Winter korallenrot und ist gerade in der winterlichen Sonne ein wunderschöner Anblick. Der völlig winterharte Ahorn wird bis zu 9 m hoch und bevorzugt wie alle japanischen Ahornarten einen fruchtbaren, feuchten Boden. Das bronzegrüne Blattwerk von 'Sangokaku' verfärbt sich im Herbst gelborange. *A. capillipes*, der rote Schlangenhautahorn, ist eine andere japanische Art, die zur Gruppe der Bäume mit schlangenhautartiger Rinde gehört. Hierzu zählen auch die engverwandten Arten *A. grosseri*, *A. pensylvanicum* und *A. rufinerve*. Als einziger in dieser Gruppe besitzt *A. capillipes* glänzende Blätter. Seine Rinde ist hell und der Länge nach graugrün gestreift, die frischen Triebe dagegen sind dunkelrot. Im jungen Alter wächst dieser Ahorn sehr rasch; sobald sich die Äste nach unten biegen, wächst er langsamer und erreicht nur eine Höhe von 10 m. *A. capillipes* ist winterhart und stellt an den Boden keine besonderen Ansprüche; Gehölz- oder Waldrandstandorte sagen ihm am ehesten zu, denn er gedeiht am

Betula utilis jacquemontii, *die hellste der Weißbirken, ist ein stattlicher Baum mit offener Krone und im Herbst reingelben Blättern. Seine Höhe von 9 m erreicht er schnell.*

besten in lichtem Schatten. Im Frühjahr leuchten die jungen Blätter und Zweige kräftig rosarot; im Herbst ist der Baum sehr bunt, seine Blätter werden gelb, orange und karmesinrot.

Vielfach gilt die chinesische Art *Acer grosseri* als der schönste Schlangenhautahorn. Ihre leuchtend grüne Rinde ist weiß gestreift. Selbst in seiner Heimat wird der kleine Baum selten größer als 6 m. Besonders hervorhebenswert ist, daß *A. grosseri* sein kräftiges, gestreiftes Rindenmuster bereits entwickelt, wenn er noch jung ist; erst wenn er ausgewachsen ist, werden die weißen Streifen braun und grau und verkorken. Der Ahorn wächst schnell und entwickelt eine schöne Krone mit langen gebogenen Ästen, die wie die Wasserstrahlen eines grünen Springbrunnens herunterfallen. Im Frühherbst entfalten die Blätter ein herrliches Orange in allen Schattierungen.

Ein anderer attraktiver Winterahorn ist *Acer pensylvanicum* aus Nordamerika, auch Streifenahorn genannt. Der hübsch gestreifte Ahorn bringt sehr große Blätter hervor. Es ist wirklich faszinierend, wenn der Streifenahorn im Winter seine jadegrüne, mit silbernen und weißen Streifen durchzogene Rinde voll zur Geltung bringt. Die etwa 20 cm großen, leicht rosa angehauchten Blätter werden im Herbst dunkelgelb. Im Osten der USA wird der Streifenahorn bis zu 9 m hoch, in Europa erreicht er kaum mehr als 6 m. Die nach oben ragenden Äste sind zunächst grün, werden jedoch im Lauf der Jahre rötlich braun und entwickeln dann ihr wunderschönes grün-weiß gestreiftes Schlangenhautmuster. Ein Klon namens 'Erythrocla-

Ein warmer und willkommener Anblick mitten im Winter: die Rinde der Prunus serrula *ist von einem glänzenden Mahagonibraun und regelmäßig waagrechten Streifen.*

dum', der rosafarbene Streifenahorn, hat hell und dunkelrosa gestreifte junge Zweige. In ausgewachsenem Zustand sind der Stamm und die Äste lachsrosa, mit beigen und grauen Mustern. Wenn im Herbst das Laub fällt, werden die jungen Zweige glänzend karmesinrot. 'Erythrocladum' besitzt die farbenfroheste Rinde aller winterharten Bäume. Er ist jedoch kein allzu kräftiger Baum. Sowohl der grüne als auch der rosafarbene Streifenahorn sind äußerst empfindlich gegenüber kalkhaltigen Böden.

Eng verwandt mit dem Streifenahorn ist auch der Japanische *Acer rufinerve*, der rostnervige Ahorn. Er wird etwa 9 m hoch und ähnelt dem Streifenahorn sowohl in der Blattform als auch in der Markierung der Äste. Die Grundfarbe der auffallend weiß gestreiften Rinde ist ein kühles, silbergraues Grün. Die jungen rötlich rosafarbenen Triebe bilden dazu einen auffälligen Kontrast. Dieser hübsche Ahorn ist leicht zu kultivieren; im Winter wirkt er am besten, wenn er vor einem dunklen Hintergrund steht.

Ganz anders sieht der faszinierende Zimtahorn (*Acer griseum*) aus, eine wirkliche Bereicherung für den winterlichen Garten. Die alten, in Fetzen herunterhängenden rostfarbenen Rindenstreifen geben eine darunterliegende zimtfarbene Rindenschicht frei. Der Zimtahorn wird bis zu 8 m hoch, ist völlig winterhart und auch nicht allzu anspruchsvoll bezüglich des Bodens. Er wächst zu einem wohlgeformten, kleinen Baum heran, mit mehreren Stämmen; über dem niedrigen Hauptstamm entfaltet sich eine fächerartige Silhouette. Im Sommer ist er eine freundliche, kühle Erscheinung, die sich jedoch im Herbst ändert, wenn der ganze Baum rot, orange und gelb entflammt ist. Am meisten begehrt ist der Zimtahorn jedoch wegen seiner Rinde mit ihren warmen, braunen Tönen. Wer einen Zimtahorn im Garten haben möchte, sollte einen jungen Baum, der von unten an gut verzweigt ist, auswählen: die Wirkung der abblätternden braunen Rinde kommt dann voll zum Tragen. Pflanzt man den Zimtahorn in einen Teppich aus winterblühender Schneeheide (*Erica* 'Springwood White'), erzielt man einen besonders aparten Kontrast.

Den Vorzug einer glatten, glänzenden, lebhaften Rinde an einem kräftigen Stamm besitzt die Zierkirsche in ganz besonderem Maß: so z.B. die Tibetanische Kirsche (*Prunus serrula*) mit ihrem leuchtend mahagoniroten Stamm. Solch eine auffallende Schönheit wie die Tibetanische Kirsche sollte man möglichst nah an Eingänge und Gartenwege pflanzen, wo ihr Rindenglanz besonders gut zur Geltung kommt. Im Spätsommer und Herbst löst sich die alte Rinde in Streifen ab und gibt eine junge, glänzende Rindenschicht frei. Kein anderer Baum, vielleicht bis auf *Acer griseum*, sieht so umwerfend aus wie *Prunus serrula*. Sie ist normalerweise nach fünf Jahren schon 4 m groß und erreicht maximal 10 m. Als junger Baum wächst sie sehr schnell, im Alter etwas langsamer. Die Tibetanische Kirsche fügt sich hervorragend in Innenhofbepflanzungen oder in den Vorgarten am Hauseingang ein. Im Sommer ist sie sehr hübsch anzusehen mit ihrem feinen weidenähnlichen, dunkelgrünen Sommerblattwerk, das sich im Herbst zu einem gelbbraun getönten Orange verfärbt. Die kleinen weißen Blüten, die im Erstfrühling in Büscheln zwischen den Ästen hängen, sind jedoch nicht so attraktiv wie die der Japanischen Zierkirschen.

Nicht weniger attraktiv, doch nicht ganz so hell glänzend ist die Rinde der Mandschurischen Kirsche, *Prunus maackii*. Anfangs ist die Rinde glänzend honigfarben, im Laufe der Jahre geht sie in ein helles Orangebraun oder dunkles Orange über und blättert schließlich ähnlich wie bei der Birke ab. *Prunus maackii* ist ein kleiner, weitausladend wachsender Baum, der maximal 12 m hoch wächst. Er ist mit der Vogelkirsche verwandt, seine kleinen, aufrechten, duftenden, weißen Blüten

Im schrägen Licht der Wintersonne heben sich die jungen Triebe des hochroten Cornus alba *'Sibirica' gut von dem dunklen Hintergrund einer immergrünen Hecke ab. Im Vordergrund bildet der varigierte Strauch Eunonymus fortunei eine starke Basis, die den Hartriegel gut in das Gesamtbild einbindet.*

erscheinen relativ spät in der Kirschsaison. Die jungen gelbgrünen Blätter erzeugen einen phantastischen Kontrast zur aufgerissenen Rinde an den ausgewachsenen Ästen. Wenn bernstein- und goldfarbenes Herbstlaub im Winter verschwunden ist, ist die warm leuchtende Rinde immer noch eine Quelle goldener Lichteffekte. Verstärkt wird dieser Effekt, wenn man *Prunus maackii* mit einem Teppich aus Eranthis unterpflanzt.

Glänzende Stämme

Weiden und Hartriegel, die besonders schnell und kräftig wachsen, müssen regelmäßig stark zurückgeschnitten werden, um ihr expansives Wachstum einzuschränken und die Bildung junger, kräftig leuchtender, farbiger Triebe anzuregen; alte Äste haben nur noch stumpfe Brauntöne. Eine bewährte Methode, beides zu fördern, ist, die Gehölze entweder knapp über dem Boden oder in Schulterhöhe abzuschneiden (s. S. 29).

Von dunklem Pflaumenblau ist die Rinde der Reifweide, *Salix daphnoides*. In der meist dunklen, trüben Winterzeit werden oft vor allem die hellen Farben bei der Gartengestaltung berücksichtigt, doch die dunkleren violetten Zweige dieser Reifweide sind ebenso attraktiv und sehen vor einem hellen Hintergrund apart aus. Die jungen, wie von einem feinen Hauch überzogenen purpurnen Zweige entfalten sich am besten, wenn man die Pflanze jedes zweite Jahr bis auf Schulterhöhe zurückschneidet.

Die Hartriegel wirken am besten, wenn man sie in großen Gruppen pflanzt, als Dickicht neben einen weitläufigen Rasen oder am Rand eines Gartenteichs, in dem sich ihre leuchtenden Farben widerspiegeln. Der rotrindige Hartriegel etwa, die Wildform von *Cornus alba*, ist mit seinen hellen roten Trieben eine attraktive Gartenpflanze. Manche Gärtner bevorzugen jedoch den weniger ungestüm wachsenden Klon *C. a.* 'Sibirica', dessen Zweige intensiv orangerot sind. Dieser Hartriegel ist weniger widerstandsfähig und darf deshalb auch nicht jedes Jahr völlig zurückgeschnitten werden. Zu erwähnen ist noch ein anderer Klon von *C. alba*, und zwar die Sorte 'Kesselringii' mit dunkelpurpurnen, oft fast schwarzen jungen Trieben.

Ungemein dicht wächst der gelbe Hartriegel *Cornus stolonifera* 'Flaviramea', ein mittelgroßer Strauch aus Nordamerika, der im feuchten Boden von unten her kräftig austreibt und Ausläufer bildet. Wo man keinen Wert auf allzu dichtes Dickicht legt, sollte man sein Wachstum reduzieren. Dem zu starken Wuchern läßt sich durch einen jährlichen Rückschnitt Einhalt gebieten. Der Strauch bringt unmittelbar danach eine ganze Fülle gelber bis grünlich gelber junger Triebe hervor. Er erreicht in etwa die Höhe von *C. a.* 'Sibirica' und bildet mit ihm einen sehr wirkungsvollen, lebendigen Kontrast. Damit das Gelb nicht überhandnimmt, sollte man von der nicht so starkwachsenden, karmesinroten 'Sibirica' etwas mehr Pflanzen einsetzen. Diese Kombination von gelben und roten Hartriegeln sieht gut aus, vor allem dann, wenn man sie als Farbstreifen neben einen Weg oder einen Teich pflanzt. Das Rätsel des Erfolgs bei diesen Hartriegeln besteht darin, daß man sie durch den Rückschnitt im Erstfrühling jung hält.

Wohl keine andere Weide erregt im Winter solches Aufsehen wie die Silberweide (*Salix alba* 'Britzensis') mit ihren scharlachroten Zweigen und Ästen. Sie verträgt es ohne weiteres, wenn man sie alle zwei Jahre in Schulterhöhe köpft. Legt man jedoch Wert auf einen großen, buschigen Wuchs, dann sollte man sie jedes zweite Jahr im Erstfrühling kurz vor dem Austrieb der Knospen zur Gänze knapp über dem Boden abschneiden. Die jungen Triebe leuchten rotorange und bilden einen hübschen Kontrast zu dem gelblichen alten Holz. Zusammen mit einer Gruppe Hartriegel bilden sie einen wunderbaren Hintergrund für winterblühende Erika.

Seit der Römerzeit ist in Europa die Goldweide bekannt, bzw. genauer ihr Klon *Salix alba* 'Vitellina'. Mit ihren eidottergelben Zweigen bringt sie helle frische Farben in den winterlichen Garten. Wird sie nicht geschnitten, verblassen die lebendigen Farben von 'Vitellina' im Laufe der Zeit, wächst aber zu einem dennoch attraktiven, weitausladenden Baum mit maximal 9 m Höhe heran. Ihr idealer Standort ist in der Nähe eines Gewässers, sie wächst aber auch in armem, trockenem Boden.

DIE FARBPALETTE DES WINTERS

Gelb und Orange
Chimonanthus praecox
Hamamelis Arten + Sorten
Jasminum nudiflorum

Weiß und Cremefarben
Erica carnea Sorten 'Snow Queen', 'Springwood White'
Prunus subhirtella 'Autumnalis'
Viburnum farreri
Helleborus niger 'Praecox'

Rot und Rosa
Erica carnea 'Winter Beauty','Vivelli', 'December Red', 'Pink Spangles', 'Praecox Rubra', 'King George'
Hamamelis Arten + Sorten
Viburnum x *bodnantense* 'Dawn', 'Charles Lamont'
Helleborus Hybride 'Atrorubens'

Duftpflanzen
Chimonanthus praecox
Hamamelis Arten + Sorten
Viburnum farreri
V.x bodnantense 'Dawn'

Bäume und Sträucher mit dekorativen Früchten und Beeren, die bis Weihnachten hängen bleiben:
Berberis Arten + Sorten
Cotoneaster, einige Arten, insbesondere:
C. conspicuus 'Decorus'
C. dammeri
C. franchetii
C. horizontalis
C. microphyllus Sorte 'Cochleatus'
C. sternianus
Euonymus europaea 'Red Cascade'
Ilex Arten + Sorten
Malus 'Crittenden', 'Golden Hornet', 'Prof. Sprenger', 'Red Jade', 'Wintergold'
M. x *zumi* 'Calocarpa'
Photinia villosa
Pyracantha Sorten
Rosa, viele Arten + Sorten, insbesondere:
R. acicularis
R. canina
R. davidii
R. glauca
R. moyesii
R. pendulina
R. rubiginosa
R. rugosa
R. sweginzowii
R. villosa
R. willmottiae
Skimmia japonica 'Nymans', 'Veitchii'
S. reevesiana
Sorbus esserteauiana
S. sargentiana
S. 'Joseph Rock'
Viburnum opulus

Bäume und Sträucher mit farbenprächtiger Rinde
Acer capillipes
A. davidii
A. griseum
A. grosseri
A. laxiflorum
A. palmatum 'Sangokaku'
A. pensylvanicum + Sorte 'Erythrocladum'
A. rufinerve
Betula albosinensis
B. ermanii
B. jacquemontii
B. x koehnei
B. maximowicziana
B. papyrifera
Cornus alba 'Sibirica', 'Kesselringii'
C. stolonifera + Sorte 'Flaviramea'
Prunus maackii
P. sargentii
P. serrula
Rubus cockburnianus
Salix alba 'Chermesina', 'Vitellina'
S. daphnoides

WICHTIGE ARBEITEN

Der Boden

Pflege

Sofern das Wetter Erdarbeiten im Garten erlaubt, eignet sich der Winter hervorragend, um die Bodenfruchtbarkeit zu verbessern. Wenn eine Bodenuntersuchung (s. S. 130) z.B. gezeigt hat, daß der Boden zu sauer ist oder es ihm an wichtigen Nährstoffen oder einer guten Bodenstruktur mangelt, dann kann man im Winter – am besten an einem trockenen, fast windstillen Tag – Kalk und andere Mineraldünger auf die Beetoberfläche streuen. Im Winter kann alles langsam und gleichmäßig in den Boden sickern, und bis zum Frühjahr hat sich der Boden soweit gebessert, daß den Pflanzen eigentlich alles zur Verfügung steht, was sie für ein kräftiges Wachstum benötigen.

Kalk kann eine Wohltat für den Boden sein. Drei Dinge gilt es jedoch beim Kalken des Gartenbodens zu beachten: erstens sollte man wissen, wie hoch der pH-Wert des Bodens ist. Alkalische Böden muß man nicht kalken. Als zweites gilt es, den idealen pH-Wert herauszufinden. Sandige oder torfhaltige Böden z.B. kommen mit niedrigeren pH-Werten zurecht als ein schwerer, lehmiger Boden. Drittens ist wichtig, welchen pH-Wert die auf der untersuchten Fläche wachsenden Pflanzen bevorzugen.

Handelt es sich um einen Gartenboden, der weder zu sandig noch zu schwer ist und in dem keine säureliebenden Arten wie Rhododendren wachsen werden, dann sollte man möglichst einen Bodenwert von ca. pH 6,5 anstreben. Sandiger, kiesiger oder torfhaltiger Boden sollte einen Wert von ca. pH 5,8 aufweisen, während ein schwerer, lehmiger Boden bis zu pH 7,0 haben kann.

Vom Bodentyp hängt auch ab, wieviel Kalk auszubringen ist: um sandige Erde von pH 5,5 auf 6,5 zu bringen, braucht man 270 g kohlensauren Kalk pro qm. Um denselben Effekt auf lehmigem Boden oder schwerem Tonboden zu erzielen, streut man 540 g bzw. 800 g aus. Falls der pH-Wert um mehr als 1 Grad erhöht werden soll, dann empfiehlt es sich, dies schrittweise, über 2-3 Jahre hinweg, zu tun.

In der Regel tendiert der Boden dazu, im Laufe der Zeit von allein etwas saurer zu werden; durch gelegentliches Kalken schafft man Abhilfe. Nicht so leicht wie das Anheben des pH-Wertes ist es, einen Boden saurer zu machen. Man erreicht dies mit einer Schwefelgabe von 135g pro qm; recht wirkungsvoll ist auch das Einarbeiten von saurem Torf.

Ein Futterhäuschen bauen
Ein Futterhäuschen sollte ein Dach haben, damit das Futter nicht naß wird, und einen Rand (mit Lücken für die Reinigung), damit es die Körner nicht wegweht. Eine Blechdose unter dem Häuschen verhindert, daß unerwünschte Gäste wie das Eichhörnchen an das Futter herankommen.

Die Tierwelt des Gartens

Winterfütterung von Vögeln

Wenn der Garten unter der Schneedecke liegt, dann ist es Zeit zum Aufstellen von Futterstellen für die Singvögel. Denn das natürliche Futterangebot ist auf ein Minimum geschrumpft und in der kalten Jahreszeit brauchen sie zusätzliche Nahrung für Energie und Wärme. Doch mit der Winterfütterung erreicht man nur einen kleinen Prozentsatz der heimischen Vogelarten, und keine davon zählt vermutlich zu den gefährdeten Arten. Die Winterfütterung hat keine Wirkung auf die Populationsdichte der einzelnen Arten, man erreicht aber, daß sich einige Vogelarten stärker rund ums Haus konzentrieren. Es gibt jedoch einige Voraussetzungen und Regeln, die man beim Füttern von Singvögeln im Winter beachten sollte:

(1) Wenn man Futterstellen einrichtet, dann sollte man damit beginnen, wenn die Temperaturen unter Null fallen, und solange fortfahren, wie Schnee liegt und Frost herrscht.

(2) Am Boden liegendes Futter, das noch dazu durch Kot verschmutzt wird, ist für die Vögel gefährlich. Deshalb sollte man alles tun, um den Futterplatz sauber zu halten und Ansteckungsgefahren zu vermeiden. Deshalb sind mehrere kleine Futterhäuschen auch besser als eine große Futterstation.

(3) Das Futterhäuschen sollte katzen- und taubensicher sein und so konstruiert sein, daß das Futter trocken bleibt. Für Körnerfutter empfehlen sich kleine, siloartige Vorratsbehälter.

(4) Es ist keinesfalls nötig, teures Vogelfutter zu kaufen. Ein bevorzugtes Winterfutter für insektenfressende Vögel ist Rindertalg, und alle Körnerfresser schätzen Sonnenblumenkerne, Hirse- und Hanfsamen.

(5) Das Füttern muß man vor dem Beginn des Nestbaus einstellen.

Gehölze einschlagen
Man gräbt ein Loch, das groß genug für die Wurzeln ist. Man legt die Pflanzen schräg hinein und bedeckt die Wurzeln schnell mit Erde und feuchtem Torf. Die Erde tritt man leicht fest.

Bäume und Sträucher

Pflanzen und lagern

Solange der Boden nicht gefroren ist, lassen sich noch laubabwerfende Bäume und Sträucher einpflanzen. Falls dies vor dem Einbruch des Winters nicht gelungen ist, muß man die Gehölze so lange lagern, bis das Einpflanzen wieder möglich ist.

Das Lagern von Pflanzen ohne Ballen schützt die Wurzeln vor dem Austrocknen und hält die Gehölze pflanzbereit, wenn sie im Moment nicht eingesetzt werden können. Man kann sie über Wochen oder den ganzen Winter lagern, je nach dem, wann die Bedingungen wieder günstig fürs Pflanzen werden.

Man wählt dafür einen geschützten, etwas schattigen Platz aus. Die Bäume werden schräg in einen Graben gesetzt, mit der Spitze nach Süden, damit möglichst wenig Sonne auf sie fällt. In den Graben schaufelt man dann Erde oder feuchten Torf.

Frostschäden bei Bäumen und Sträuchern

Der Wechsel von Frost- und Tauwetter hebt bisweilen gepflanzte Sträucher hoch, insbesondere kleine Pflanzen mit flachen Wurzeln wie z.B. das Heidekraut. Die jungen zarten Wurzeln reißen dann, und der Kontakt zwischen dem Wurzelballen und der Erde ist unterbrochen, was für die Pflanze lebensgefährlich ist. Deshalb sollte man nach dem Auftauen des Bodens neue Pflanzungen überprüfen und die Pflanzen wieder in das Erdreich drücken oder im Extremfall noch einmal ausgraben und neu einpflanzen.

Winterschutz

Immergrüne Sträucher und Bäume, breitblättrige genauso wie bestimmte Koniferen, müssen im Winter gelegentlich vor dem Austrocknen durch die Sonne und den Wind geschützt werden. Diese Art von Winterschutz empfiehlt sich vor allem in Regionen, die an kalte Klimazonen angrenzen oder für Gärten in exponierter Lage. Denn die grünen Teile der Pflanzen dürfen nicht mehr Feuchtigkeit verlieren als die Wurzeln nachliefern.

Abgefallenes Laub sollte man als schützende Mulchschicht unter Bäumen und Sträuchern liegen lassen. Zusätzliches Mulchmaterial bringt man erst aus, wenn der Boden einige Zentimeter tief gefroren ist. Es verhindert, daß der Wechsel von Gefrieren und Auftauen die Wurzeln abreißt und die jungen Pflanzen hochhebt. Äste schützen das lose Laub oder Stroh vor dem Wind.

Gießen von Immergrünen

Immergrüne Laub- und Nadelgehölze müssen bei außergewöhnlich trockenem, sonnigem oder windigem Wetter gegossen werden. Denn Immergrüne geben auch im Winter Feuchtigkeit über ihre

Schutz für immergrüne Sträucher
Junge immergrüne Sträucher schützt man besser vor Wind und Sonne mit Koniferenzweigen, die man rings um sie in den Boden steckt.

Um Sträucher in Beeten häuft man trockenes Laub oder Stoh auf, um sie gegen Frost bzw. Tauwetter zu schützen. Mit abgeschnittenen Zweigen fixiert man das Material.

Größere Sträucher und Hecken schützt man mit Wänden aus Jute oder Strohmatten, aufgezogen an einem Rahmen. Der Rahmen muß starke Pfosten haben, die man fest in den Boden rammt. Die Pflanze sollte an zwei Seiten abgeschirmt sein: gegen die Hauptwindrichtung und nach Süden.

Blätter ab. Wenn nicht genug Wasser von unten nachgeliefert wird, dann welken die Triebe und sterben ab.

Immergrüne von Schneelast befreien

Verschiedene immergrüne Gehölze erleiden durch die Schneelast bisweilen Bruchschäden. Besonders gefährlich ist nasser, schwerer Schnee. Deshalb ist es ratsam, den sich auf Zweigen und Ästen ansammelnden Schnee hin und wieder abzuschütteln, bevor der Schnee naß und schwer wird oder gar gefriert. Vorsicht beim Abschütteln, damit die ohnehin schon belasteten Äste nicht abbrechen. Man nimmt besser einen Besen oder Rechen zu Hilfe.

Schnitt von im Sommer blühenden Sträuchern

Wenn die sommerblühenden Sträucher in der Blüte nachgelassen haben und auch weniger gewachsen sind als normal, dann kann der

Teilweiser Rückschnitt
Die hier gezeigten Rückschnitte (rechts und unten) eignen sich für Hecken und Sträucher, die überaltert sind oder ihre Form verloren haben, die man aber nicht auf einmal radikal kürzen will.

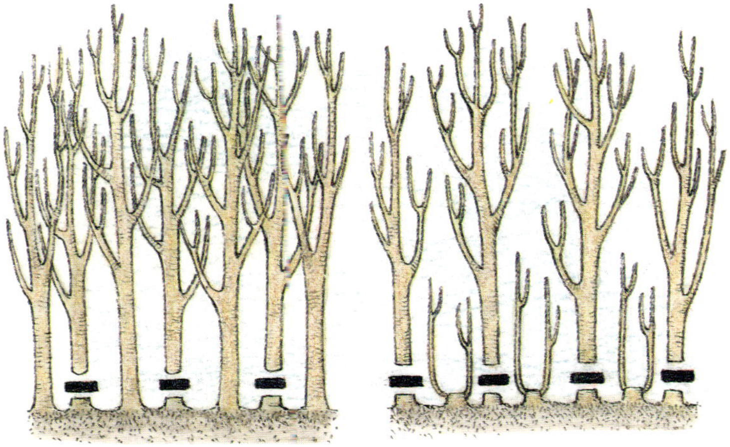

OBEN Diese Methode ist sinnvoll bei einer natürlichen Hecke, die den Garten abschirmen soll oder wenn eine Sträucherart die anderen überwuchert hat. Im ersten Winter (links) schneidet man jeden zweiten Trieb ab. Im nächsten Jahr (oben) sind neue nachgewachsen, so daß man die restlichen alten Zweige abschneiden kann.

OBEN Bei Sträuchern, die einen radikalen Rückschnitt brauchen, aber dennoch wachsen und blühen sollen, schneidet man etwa die Hälfte der Triebe ab (links); den Rest kürzt man zwei bis drei Jahre später (oben).

OBEN Bei geometrisch getrimmten Hecken – vor allem bei langsamwachsenden – schneidet man die der Sonne zugewandte Seite und die Oberseite stark zurück; die andere Seite kürzt man ein oder zwei Jahre später.

Winterschnitt dazu beitragen, daß sie neue Triebe und Blütenknospen bilden. Man schneidet die ältesten Äste von innen heraus weg, ebenso alles schwache, kranke, verletzte Holz, so daß ein luftiger und wohlgeformter Strauch entsteht. Man kann auch bis zum Ende des Winters warten; den radikaleren Verjüngungsschnitt führt man am besten möglichst früh im Winter durch.

Verjüngung von laubabwerfenden Hecken und Sträuchern

Vernachlässigte oder überalterte Hecken und Sträucher, die zu groß oder unten kahl geworden sind, lassen sich durch einen radikalen Rückschnitt im Winter verjüngen. Man unterscheidet dabei zwischen mehreren Arten des Verjüngungsschnitts.

Die einfachste, radikalste Methode, die vor allem bei Sträuchern angewandt wird, die von unten an ein Dickicht von Ästen entwickeln, besteht darin, daß man alle Triebe bis auf die Höhe von 30 cm zurückschneidet. Im nächsten Jahr werden viele neue Triebe wachsen, von denen zwei Drittel im folgenden Winter zurückgeschnitten werden; nur die stärksten Triebe werden belassen.

Bei der zweiten Methode schneidet man zwei oder drei Jahre hintereinander im Winter jeweils ein Drittel bis die Hälfte der Äste heraus, in der Regel die ältesten. Man wendet diese Methode oft beim Verjüngen von Heckensträuchern an.

Bei zu großen oder vernachlässigten geometrischen Hecken bietet sich auch an, im einen Winter nur die eine Seite zu schneiden und im nächsten die andere.

Winterdüngung

Laubabwerfende Bäume und Sträucher in einem Rasen oder in einer Wiese kann man durchaus im Winter düngen; es sollte allerdings kein Schnee liegen. Die Nährsalze gelangen an den Gräserwurzeln vorbei direkt in den Bereich der Baumwurzeln (s. S. 64).

Auch lassen sich jetzt unliebsame Mangelerscheinungen an Koniferen, wie z.B. Magnesiumchlorose bei der Serbischen Fichte (*Picea omorica*), kurieren. Typisch für Magnesiummangel sind gelbe Nadeln. Junge Nadeln werden völlig gelb, ältere hingegen vergilben nur an der Spitze. Magnesiummangel tritt vor allem bei leichten, sauren, sandigen Böden auf; eine Gabe Bittersalz im Winter schafft Abhilfe. Bittersalz enthält 10 % Magnesium; wieviel zu streuen ist, richtet sich nach den Resultaten der Bodenuntersuchung (s. S. 130).

Stecklinge

Bis zur Mitte des Winters kann man von vielen laubabwerfenden Sträuchern Stecklinge schneiden. Die besten Überlebenschancen haben Steckhölzer, die zu Beginn des Winters gewonnen werden (s. S. 156).

Winterschutz für Rosen

Winterschutz für Rosen
OBEN Schutz ist wichtig – jedoch nicht zu früh anbringen. Erst wenn es zweimal stark gefroren hat, häuft man um die Basis Erde auf, um die Stelle zu schützen, an der die Edelrose aufgepropft ist.

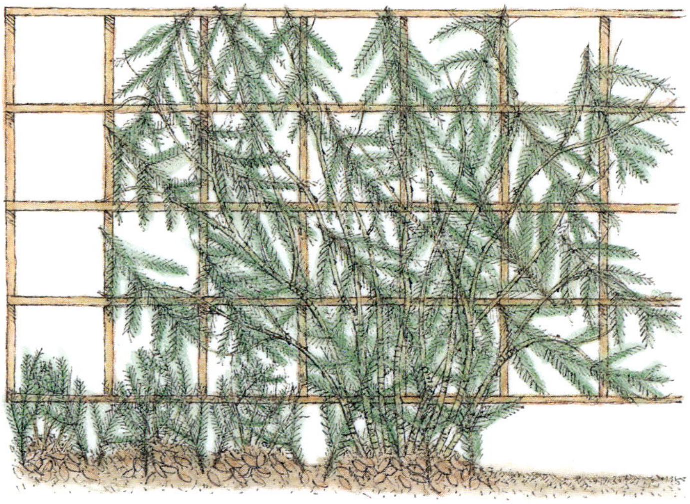

Wenn der Boden bis 7 cm tief gefriert, bedeckt man Kletterrosen mit einem Vorhang aus Koniferenzweigen oder Jute. Rosenbüsche bedeckt man mit Laub, Stroh oder anderem lockeren Material. Es ist wichtig, daß die Luft darunter noch zirkulieren kann; muffige Luft ist schädlich.

Rosen

Schutz vor extremer Winterkälte

Rosen leiden im Winter nicht so sehr unter extremer Kälte als vielmehr unter plötzlichem oder häufigem Temperaturwechsel. Bei heftigen Temperatursprüngen nach unten oder nach oben können die Zellwände reißen und die Zweige absterben. Das zweite große Risiko im Winter ist, daß sie der Wind austrocknet. Besonders bei gefrorenem Boden trocknen die Winterwinde die Zweige leicht aus; sind sie durch die Kälte schon etwas verletzt, dann können die geschwächten Zellen die Feuchtigkeit schlecht halten; die Zweige schrumpfen und werden schwarz.

Entgegen landläufiger Meinung besteht der beste Winterschutz nicht darin, die Rosen vor Kälte zu schützen, sondern sie kühl zu halten. Ideal wäre es, wenn man die Ruten in einen Winterschlaf mit konstanter Temperatur zwischen -5 und -10 Grad versetzen könnte. Das Wichtigste ist jedoch, die Rosen vor dem austrocknendem Wind und der Wintersonne zu schützen.

Stauden

Winterschutz

Jetzt ist noch Gelegenheit, empfindliche Stauden abzudecken. Ist der Boden bereits gefroren, lassen sich diese Arbeiten durchführen, solange noch kein Schnee liegt. In den gemischten Beeten und in den Staudenrabatten sollte der Winterschutz von Zeit zu Zeit überprüft werden, insbesondere nach stürmischen Winden gilt es die Abdekkung wieder in Ordnung zu bringen.

Pflege der Rabatten und Staudenbeete

Ob man Blumenrabatten und Staudenbeete am Ende des Jahres oder in den ersten Frühlingswochen ausputzt, ist weitgehend eine Frage der persönlichen Erfahrungen. Wenn verletzte oder tote Pflanzenteile jedoch häßlich aussehen oder die Gefahr besteht, daß Winterstürme die Pflanzen lockern und entwurzeln, dann sollte man die verletzten und abgestorbenen Teile jetzt bis auf höchstens 30 cm Länge zurückschneiden. Wenn die trockenen Stiele und Blätter nicht krank sind, sollte man sie stehen lassen: sie schützen die Wachstumszone und bieten zahlreichen kleinen Insekten und anderen nützlichen Tieren Unterschlupf.

Aussäen von Kaltkeimern

Der Samen vieler Stauden kann erst aufgehen, wenn die Keimhemmung durch eine Kälteperiode durchbrochen wird. Sie keimen optimal, wenn sie nach dem Säen 6-12 Wochen lang Temperaturen um den Gefrierpunkt ausgesetzt sind. Dies gilt vor allem für Arten wie Eisenhut, viele Primeln, Enzian, Scheinmohn, Zierlauch, Lilien und die meisten alpinen Pflanzen. Man sät den Samen im frühen Winter in Kistchen oder Töpfe, stellt diese ins Freie an einen schattigen Platz und deckt sie mit Fichtenzweigen ab.

Einjährige und zweijährige Pflanzen

Schutz von Zweijährigen

Goldlack, *Cheiranthus* und andere empfindlichere Zweijährige benötigen vor allem während der schneelosen Phasen im Winter eine Abdeckung mit Fichtenzweigen. Allerdings ist darauf zu achten, daß das Grün der Zweijährigen nicht unter zu dichtliegendem Herbstlaub oder anderem Material erstickt.

Blumenzwiebeln und -knollen

Einlagern von im Sommer blühenden Zwiebeln

In den wenig arbeitsintensiven Wochen am Winteranfang hat man Zeit, Blumenzwiebeln und Knollen wie Sterngladiolen, Knollenbegonien, Dahlien und Kanna zu säubern und in Kisten mit Torf an einem kühlen, dunklen Platz über den Winter zu bringen.

Vortreiben von Zwiebeln

Wenn die erste Charge der eingepflanzten Blumenzwiebeln zu treiben beginnt (s. S. 118), kommt sie ins Haus. Die grünen Blatttriebe sollten dann mindestens 5 cm lang sein; bei Hyazinthen ist es sehr wichtig, daß die Blütenknospen bereits ganz zu sehen sind. Von nun an müssen die Zwiebeln hell und kühl stehen, um kräftige Blüten hervorzubringen. Temperaturen um 10 Grad Celsius und ein heller, sonniger Standort sind gerade richtig für die Töpfe. Wenn sich die Blätter entfaltet haben und die Blütenknospen Farbe zu zeigen beginnen, kann man sie in einen nicht zu warmen, hellen Wohnraum stellen. Die Blüten halten länger bei Temperaturen zwischen 15 und 20 Grad Celsius.

Der Wassergarten

Winterschutz

Bevor der Teich einfriert, ist Gelegenheit, Pumpen und alle technischen Einrichtungen, die man im Winter nicht braucht, herauszunehmen und zu reinigen. Sind Fische im Teich, dann ist darauf zu achten, daß die Oberfläche nicht für längere Zeit zufriert und der Teich nicht bis zum Boden gefriert. Ein Teil der Oberfläche sollte immer eisfrei bleiben, allein um die bei der Verrottung von toten Pflanzenteilen entstehenden giftigen Abgase entweichen zu lassen.

Eis darf man nie mit dem Hammer aufschlagen, da man die

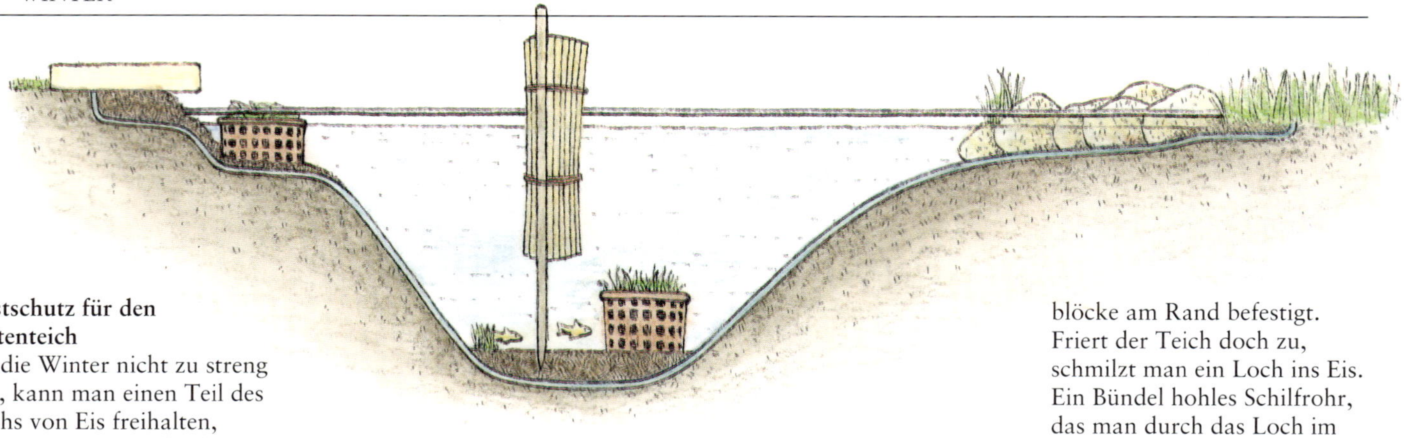

Frostschutz für den Gartenteich
Wo die Winter nicht zu streng sind, kann man einen Teil des Teichs von Eis freihalten, wenn man einen Ball schwimmen läßt oder einige Styroporblöcke am Rand befestigt. Friert der Teich doch zu, schmilzt man ein Loch ins Eis. Ein Bündel hohles Schilfrohr, das man durch das Loch im Eis steckt, kann das Wasser belüften.

Fische verletzen oder gar töten könnte. Man schmilzt ein Loch in das Eis, indem man ein mit kochendem Wasser gefülltes Gefäß auf das Eis stellt. Das Gefäß bindet man an, damit es nicht in das aufgetaute Loch verschwindet.

In Regionen mit extrem kalten Wintern läßt sich durch ein Luftpolster unter dem Eis eine zusätzliche Isolierung schaffen. Man läßt durch das Loch im Eis Wasser ab, bis der Wasserpegel um 5-7 cm gesunken ist. In das Eisloch stellt man ein Schilfbündel. Dies ist eine erprobte Methode, um den Teich vor dem vollständigen Gefrieren zu bewahren.

Rasen und Blumenwiese

Winterpflege

In den meisten Gegenden bringt der Winter dem Rasen eine Erholungsphase. Diese wird ihm jedoch nur vergönnt, wenn man den Rasen so wenig wie möglich betritt, vor allem bei hart gefrorenem Boden oder bei Reif. In trockenen Schönwetterperioden entfernt man Laub und anderen Unrat vom Rasen.

Der beste Schutz gegen Winterschäden ist eine dicke Schneeschicht auf dem Rasen. Der Rasen verträgt es jedoch nicht, wenn man zusätzlichen Schnee z.B. von den Wegen auf ihn ablädt.

Tauwetterperioden sind eine gute Gelegenheit, um verdichtete Stellen, an denen das Wasser stehen bleibt, festzustellen und zu markieren. Wenn der Boden trocken genug ist, kann man diese Stellen im Frühjahr aufgraben und drainieren.

In der ruhigen ersten Winterphase kann man sich auch den Rasenmäher vornehmen, ihn reinigen, Öl wechseln und überholen. Ausleeren und Trocknen des Benzintanks schützt vor Korrosion. Wer solche Arbeiten gerne aufschiebt, sollte sich vor Augen halten, daß der Frühling schneller kommen kann, als man denkt.

Balkon und Terrasse

Gießen

Dauerpflanzungen mit immergrünen Sträuchern und anderen Pflanzen in Balkonkästen oder Pflanztrögen brauchen auch im Winter Wasser. Denn die Pflanzen transpirieren selbst bei gefrorenem Boden Feuchtigkeit über ihre Blätter und Nadeln. Hinzu kommt, daß die Wasserreserven in Pflanzbehältern viel kleiner sind als in Beeten. Sogenannte Frostschäden sind in Wirklichkeit oft durch Austrocknen entstanden. Solange der Boden in den Pflanzbehältern nicht so gefroren ist, daß er kein Wasser mehr aufnimmt, gießt man die Pflanzbehälter auf Balkon und Terrasse.

Fuchsien und Pelargonien

Fuchsien, Geranien (*Pelargonium*) und andere empfindliche Balkonpflanzen, die im Haus überwintern, sollten nun regelmäßig kontrolliert werden. Zu entfernen sind Blüten und Blütenknospen, tote Blätter und alle von Pilz- oder Bakterienkrankheiten infizierten Pflanzenteile. Das Winterquartier sollte gleichmäßig kühl sein und möglichst oft gelüftet werden. Gießen sollte man nur gerade so viel, daß die Pflanzen nicht welken.

KAPITEL 10

GARTENARBEITEN

Der Boden

Vorbereitungen für das Pflanzen

Ob der Boden in einem Garten fruchtbar ist, erkennt man an einem guten Wachstum der Pflanzen. Ist dies der Fall, so muß man nur ein Loch graben, in dem die Wurzeln der neuen Pflanze ausreichend Platz haben, und die ausgehobene Erde mit Kompost oder anderem geeigneten organischen Material vermischen.

Mehr muß man dagegen in einem neu angelegten Garten oder bei länger vernachlässigten Böden tun. Zunächst gräbt man die Erde 45 cm tief um, entfernt Steine, Baumwurzeln, Bauabfälle und die Wurzeln von mehrjährigen Unkräutern. Wichtig ist, daß der verdichtete Oberboden und die darunterliegende Bodenschicht gelockert werden. Die eigentliche Verbesserung des Bodens geschieht durch das Einarbeiten von möglichst großen Mengen von Kompost, gut verrottetem Mist und kompostierter Baumrinde. Rindenkompost besitzt gegenüber Torf etliche Vorteile: durch den Verzicht auf Torf trägt man zur Erhaltung der durch den Torfabbau gefährdeten Moore und Feuchtgebiete bei. Zudem sind die Nährstoffgehalte des Rindenkomposts höher als des Torfs, und das kompostierte Rindenmaterial kann die Mineralsalze von Düngemitteln besser aufnehmen. Rinde nimmt außerdem beim Kompostieren einen neutralen pH-Wert an, während Torf sauer ist. Wo die Bodenanalyse (s.S.130) Nährstoffdefizite angezeigt hat, gleicht man dies durch Mineraldünger aus.

Wenn man einzelne Bäume in unbearbeiteten Boden einpflanzen will, gräbt man für größere Gehölze ein 60 cm tiefes Loch mit 120 cm Durchmesser, für kleinere Pflanzen ein Pflanzloch mit 50 cm Tiefe und 100 cm Durchmesser. Verdichtungen am Boden des Pflanzloches müssen auf jeden Fall behoben werden.

Mulchen

Mulchen nach dem Pflanzen halbiert den Wasserverlust durch die Bodenverdunstung, isoliert das Erdreich vor Hitze und Kälte, wirkt ausgleichend auf die Temperaturen im Wurzelbereich und mindert die Verdichtung des Bodens. Als Mulchmaterial eignen sich zerkleinerte Baumrinde, halbverrottetes Laub, Gartenkompost, gut verrotteter Mist oder eine Mischung. Eine 5-10 cm dicke Mulchschicht hält einjährige Unkräuter fern; wo Bodendecker gepflanzt werden, schließt dies das Mulchen aus.

Bäume und Sträucher

Pflanzen von ballenlosen Gehölzen

Die meisten laubabwerfenden Bäume und Sträucher ohne Wurzelballen können während ihrer Ruhephase vom Spätherbst bis zum Erstfrühling gepflanzt werden. Bis zum endgültigen Einpflanzen brauchen die Wurzeln Schutz vor Frost, Wind und Sonne, da beim Ausgraben in der Baumschule viele Feinwurzeln verlorengehen.

Das Pflanzloch sollte ca 30 cm größer und tiefer sein als es die Wurzeln verlangen. Die herausgenommene Erde wird verbessert, am Boden und an den Seiten des Pflanzlochs lockert man die Erde auf, so daß die Pflanzerde in den natürlichen Boden übergeht. Bei Bäumen ohne Ballen schlägt man den Stützpfosten immer vor dem Pflanzen ein (s. S. 154). Achten Sie darauf, daß jeder Baum eine Vorder- und eine Rückseite hat.

Verletzte Wurzeln werden unmittelbar vor dem Pflanzen zurückgeschnitten. Meist kann man an den Bäumen oder Sträuchern erkennen, wie tief sie zuvor im Boden gestanden sind; genauso tief sollte man sie am neuen Standort einsetzen.

Sind die Wurzeln ausgebreitet, beginnt man mit dem Auffüllen der Erde. Ab und zu schüttelt man die Pflanze leicht, damit die Erde zwischen die Wurzeln fällt und die Hohlräume füllt. Es hilft, wenn man sie locker an einen Pfahl bindet und die Erde vorsichtig mit der Hand oder dem Fuß andrückt. Ist das Loch halb aufgefüllt, schwemmt man die Erde mit Wasser in die restlichen Hohlräume; ist das Wasser weggesickert, wird die Erde ganz aufgefüllt, angedrückt und die Pflanze endgültig angebunden.

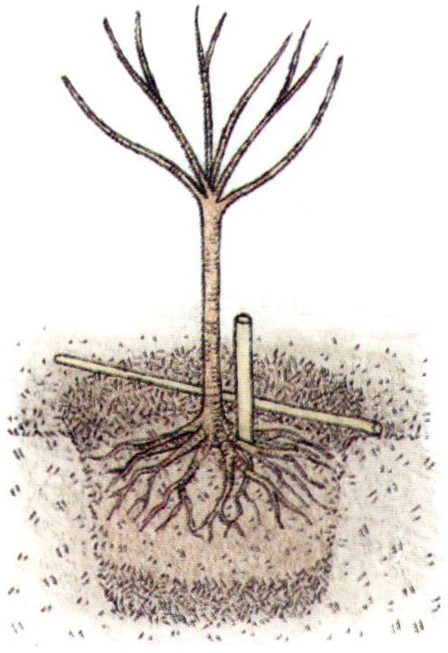

Pflanzen bei losen Wurzeln
Den Baum in das Loch setzen; mit einem Stück Holz an der Erdmarke am Stamm kontrollieren, ob neue und alte Pflanzhöhe übereinstimmen.

Dann gibt man der Pflanzscheibe die Form einer Untertasse. Noch einmal gießen, so daß die Erde im Wurzelbereich ganz durchtränkt ist.

Pflanzen von Bäumen und Sträuchern mit Ballen

Koniferen, breitblättrige Immergrüne und viele laubabwerfende Bäume und Sträucher werden mit Erdballen verkauft. Doch sie verlieren beim Herausnehmen und Ballieren einen Teil der Wurzeln. Gegen Verletzungen und Wasserverlust sind sie also ebenso empfindlich wie Pflanzen mit losen Wurzeln; sie dürfen nicht wie die unempfindlicheren Containerpflanzen behandelt werden.

Das Sackleinen hält den Wurzelballen zusammen. Der Ballen bleibt stabil, wenn man die Pflanzen nicht am Stamm packt, sondern wie ein Kind in den Armen hält. Das meist biologisch abbaubare Sackleinen braucht nicht vom Wurzelballen entfernt zu werden. Allerdings sollte man die Knoten um den Stamm aufbinden oder – nachdem die Pflanze im Loch plaziert ist – den oberen Teil des Ballentuches abschneiden.

Trockene Wurzelballen werden vor dem Pflanzen ca. 2-3 Stunden ins Wasser gestellt. Dies ist besser als Gießen nach dem Pflanzen, da ein ausgetrockneter Ballen nicht schnell genug ausreichend Wasser aus der Erde aufnehmen kann. Vorbereitet wird das Pflanzloch für Ballenpflanzen genauso wie sonst auch, indem man ausreichend Kompost und anderes geeignetes organisches Material untermischt und den Boden mit der Grabgabel lockert. Endgültig angebunden wird erst, nachdem sich die Pflanze etwas gesetzt hat.

Pflanzen bei Wurzelballen
Die Pflanze vorsichtig in das Loch setzen; bis zur Hälfte mit Erde auffüllen, kräftig gießen. Die Jute aufbinden und ausbreiten.

Auffüllen und die Erde festtreten; sie sollte den Wurzelballen gerade bedekken. Um die Pflanzscheibe einen Rand zum Wassersammeln formen und gut gießen.

Pflanzen von Bäumen und Sträuchern in Containern

Gehölze im Container lassen sich zu jeder Jahreszeit pflanzen, sogar mitten in der Wachstumsphase, solange der Boden nur bearbeitbar und nicht fest gefroren ist. Doch ist auch für sie der Frühling und der Herbst die beste Pflanzzeit.

Das Graben des Pflanzlochs und andere Pflanzvorbereitungen gehen bei Containerpflanzen nicht anders als bei den Ballenpflanzen vor sich. Ebenso wichtig ist genügend Feuchtigkeit im Wurzelballen. Man stellt die Pflanze so lange in einen Wasserbehälter, bis keine Luft mehr im Gefäß aufsteigt.

Bäume und Sträucher, die in der aktiven Wachstumsphase gepflanzt werden, müssen im ersten Jahr regelmäßig gegossen werden, bis sie einigermaßen angewurzelt sind.

Pflanzen mit Container

1 Setzen Sie den Container in das Loch, um die Tiefe zu prüfen. Die Oberfläche sollte mit der Umgebung auf einer Höhe liegen.

2 Den Container entfernen oder wegschneiden. Wenn die Wurzeln eng um den Wurzelballen gebunden sind, löst man sie vorsichtig, damit sie im Loch ausgebreitet werden können.

3 Man packt die Pflanze am Stamm und setzt sie ins Loch; mit Erde auffüllen und festtreten. Um die Pflanzscheibe einen Rand zum Wassersammeln machen und gründlich gießen.

Bäume stützen

Große Bäume, die einen erheblichen Teil ihrer Wurzeln verloren haben, müssen nach dem Verpflanzen gestützt werden, da die Wurzeln den Baum bei starkem Wind noch nicht halten können. Nach ein oder zwei Vegetationsperioden haben die Bäume in der Regel genügend Wurzeln und Stabilität entwickelt; es empfiehlt sich, den Stützpfosten dann zu entfernen. Da er nicht länger als zwei Jahre halten muß, braucht er nicht imprägniert zu werden.

Die Länge des Pfostens über der Erde sollte nicht mehr als ein Drittel der Höhe des Baums betragen, um dem oberen Teil des Stamms und der Krone Bewegungsspielraum zu geben. Gutgewachsene Bäume haben ausreichend starke Stämme, um die Krone zu halten; der wichtigste Zweck der Abstützung ist, vielmehr die Wurzeln zu stabilisieren. Bäume, die vom Wind hin- und herbewegt werden, entwickeln einen dickeren Stamm und kräftigere Zweige als solche, die so fest angebunden sind, daß ihnen kaum mehr Spielraum bleibt.

Nur größere Koniferen benötigen einen Stützpfahl; solange keine Gefahr besteht, daß sich der Wurzelballen lockert, sollte man darauf verzichten. Ohne Stütze gedeihen sie besser.

Heckenschnitt

Geometrisch geschnittene Hecken benötigen, um in Form zu bleiben, einen regelmäßigen Schnitt. Die Zweige und Knospen wachsen bei Heckenpflanzen so dicht, daß man sie fast an jedem beliebigen Punkt schneiden kann, ohne etwas falsch zu machen.

Das Handwerkszeug besteht aus einer kräftigen Baumschere und einer elektrischen oder Handheckenschere. Mit einer elektrischen Heckenschere kommt man leichter und schneller zurecht. Breitblättrige Immergrüne mit großen Blättern wie etwa die Stechpalme oder *Prunus laurocerasus* schneidet man am besten mit Baumscheren. Heckenscheren würden zu viele Blätter verletzen, und der Strauch sähe monatelang unansehnlich aus.

In welche Form man eine Hecke trimmt, kann dem persönlichen Geschmack überlassen werden, solange man die Hecke leicht trapezförmig schneidet. Denn ist sie oben schmäler als unten, fängt die Hecke mehr Sonnenlicht ein und bleibt auch im unteren Bereich dicht und grün. In schneereichen Regionen ist eine abgerundete Oberseite wichtig, da eine Hecke mit waagrechter Oberseite bei viel Schnee zuviel Druck aushalten muß.

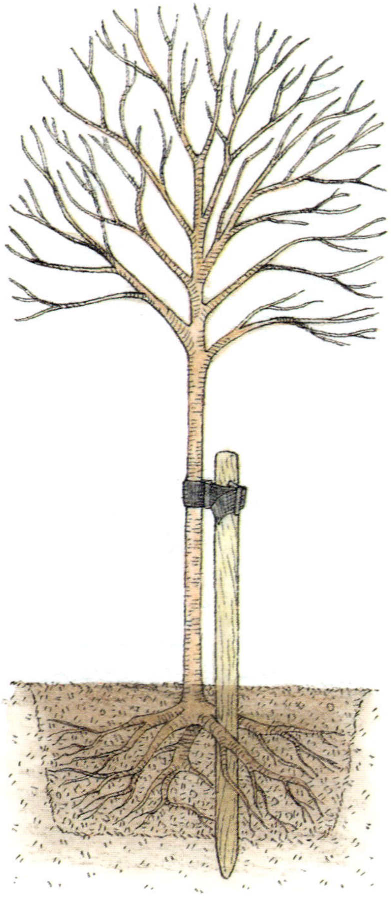

Stützen bei losen Wurzeln

LINKS Eine runde Stütze mit einem größeren Durchmesser als der Baum vor dem Pflanzen in den Boden stecken. Mit einem Baumband o.ä. festbinden; der Stamm darf sich nicht an ihr reiben können.

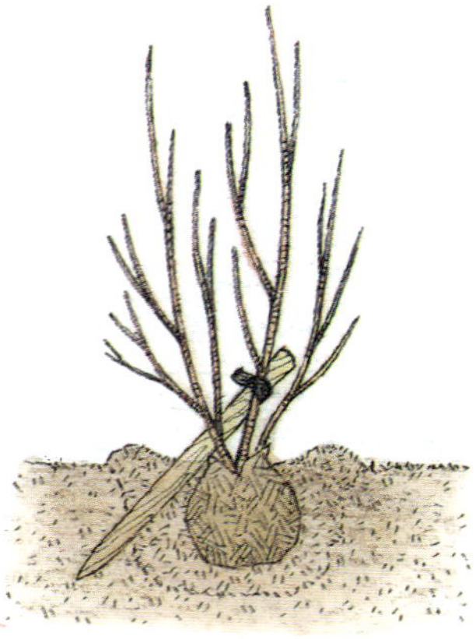

Stützen bei Wurzelballen

OBEN Nach dem Pflanzen die Stütze in die Erde treiben, in einem Winkel, der in die Hauptwindrichtung zeigt.

Geometrisch geschnittene Hecken

LINKS Ein einfacher Holzrahmen dient als Schnitthilfe für eine niedrige Hecke.

RECHTS Bei einer großen oder wachsenden Hecke empfiehlt sich ein Rahmen, den man auf die Höhe und Form der Hecke justieren kann. Mit einem Lot, das am Rahmen hängt, kann man die Senkrechte überprüfen.

Um scharfe Schnittkanten zu erreichen, können Richtschnüre beim Schneiden hilfreich sein, oder man verwendet Schablonen aus Holzlatten. Formlose Hecken muß man nicht regelmäßig schneiden, man behandelt sie wie Blütensträucher. Man schneidet sie nicht mit der Heckenschere, sondern kürzt einzelne Äste so, daß eine dichte, attraktive Wuchsform entsteht. Will man Hecken verjüngen, schneidet man über mehrere Jahre hinweg immer einen Teil der ältesten Triebe ganz unten ab.

Schneiden von laubabwerfenden Blütensträuchern

Selbst manche erfahrene Gärtner haben mit dem Gehölzschnitt so ihre Schwierigkeiten. Doch lassen sich Fehler vermeiden, wenn man einige Grundregeln beachtet.

Zum einen gibt es Sträucher, die man grundsätzlich nicht zurückzuschneidet. Bei den Blütensträuchern zählen z.B. Magnolien und *Hamamelis* dazu. Man entfernt nur das tote, kranke Holz oder verletzte Zweige. Nur gelegentlich putzt man sie aus, in der winterlichen Ruhepause, wenn ein oder zwei Äste die natürliche, ausgeglichene Wuchsform des Strauches stören.

Die anderen Sträucher, die einen regelmäßigen, unter Umständen sogar jährlichen Rückschnitt verlangen, lassen sich – entsprechend ihrer Blütezeit – in zwei Gruppen einteilen. Die erste Gruppe umfaßt die laubabwerfenden Sträucher, die im Frühjahr oder Erstsommer an dem im Jahr zuvor gebildeten Holz blühen. Diese Sträucher werden geschnitten, sobald ihre Blüten verwelkt sind.

Zur zweiten Gruppe zählen alle Sträucher, die von Hochsommer bis Herbst an den im laufenden Jahr gewachsenen Trieben blühen. Der richtige Zeitpunkt für sie ist der Vor- und Erstfrühling unmittelbar vor Beginn des neuen Wachstums, da die Pflanzen dann maximal Zeit haben, neue Blütentriebe zu bilden.

Grundsätzlich sollte man mit der Schere über einer Knospe ansetzen. Der Schnitt erfolgt in leicht schrägem Winkel zum Zweig; der untere Ansatz der Schnittfläche sollte dabei auf gleicher Höhe mit den gegenüberliegenden Knospen sein, allerdings nicht so knapp, daß die Knospe verletzt wird oder austrocknet. Einen sauberen, glatten Schnitt erreicht man nur mit einer kräftigen, scharfen Schere.

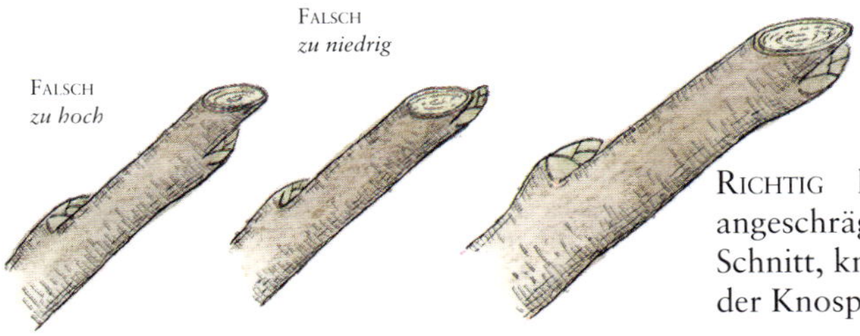

RICHTIG leicht angeschrägter Schnitt, knapp über der Knospe.

Der Schnitt soll neues Wachstum anregen, und je mehr man zurückschneidet, umso stärker wird der neue Austrieb sein. Der erste Schritt besteht darin, daß man alles tote, verletzte oder kranke Holz, welke Äste und diejenigen Zweige, die sich aneinander reiben, ausputzt. Zurückzuschneiden ist immer auf lebendes gesundes Gewebe. Danach schneidet man alles dünne, kranke Holz aus der Mitte des Strauches heraus, um sie für frische Luft und Licht zugänglich zu machen. Dies wiederum fördert die Entwicklung von gesundem, reifem Holz und reduziert die Anfälligkeit gegen Krankheiten.

Schnitt von Frühlingsblumen
UNTEN Nach der Blüte (links) bis zu zwei kräftigen Knospen zurückschneiden (Mitte). Neue Triebe wachsen im Spätsommer (rechts).

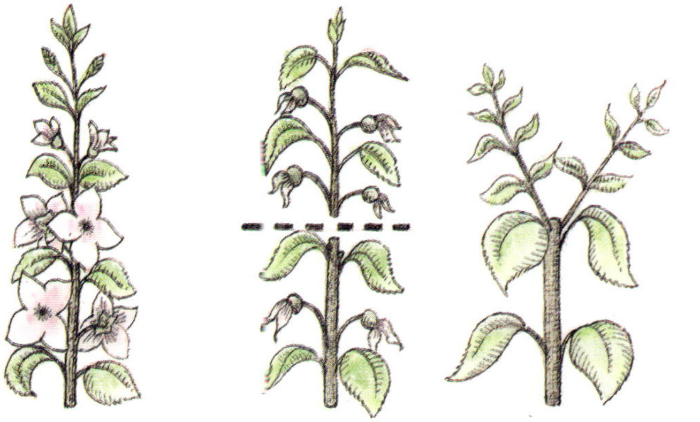

Schnitt für Sommerblumen
UNTEN Im Vor- und Erstfrühling die Triebe vom letzten Jahr bis zu zwei starken Knospen (links) zurückschneiden. Die nachkommenden Triebe blühen im Sommer (rechts).

Hat man den Baum auf nur noch gesunde, kräftige Äste und Zweige zurückgeschnitten, dann sollte man sich das weitere Vorgehen überlegen. Das Ziel des Rückschnitts ist, eine vitale, junge, gesund wachsende Pflanze mit einer natürlichen, ausgeglichenen Wuchsform zu erhalten. Mit Ausnahme von geometrisch geschnittenen Eiben und Buchsbäumen oder Hecken soll der Schnitt die Pflanze nicht verkleinern. Wer einen Strauch durch einen Rückschnitt verkleinern muß, hat das falsche Gehölz gepflanzt!

Die Phantasie zur Hilfe nehmen muß man, wenn man einen einseitig gewachsenen Strauch korrigieren will. Hat er kräftige Äste auf einer Seite und schwache auf der anderen, dann ist man versucht, die schönere Seite zu schneiden. Genau das wäre falsch, man erreicht damit nur den gegenteiligen Effekt, denn es verstärkt das Ungleichgewicht. Statt dessen schneidet man die schwachen Zweige und Äste bis auf eine kräftige Knospe stark zurück und kürzt die andere Seite nur leicht. Es dauert etwa zwei Jahre, bis auf der schwachen Seite des Strauchs wieder starke Äste wachsen.

Stecklinge von weichem und halbreifen Holz

Stecklinge von weichem Holz und von halb ausgereiften Trieben verlangen ziemlich genau die gleiche Behandlung. Wenn man die Stecklinge geschnitten und gepflanzt hat, werden sie gut gegossen und zur Verringerung des Wasserverlusts so lange mit einem Glas oder einer Plastikfolie zugedeckt, bis sie neue Blätter gebildet haben.

Stecklinge
1 Links Man schneidet einen 10 cm langen Trieb ab, genau unterhalb einer Blattachsel.

2 Rechts In Wurzelhormone (halbreifes) oder Fungizid (weiches Holz) tauchen.

3 Links Mit einem Pflanzholz macht man ein Loch und setzt den Steckling 4 cm tief in gute Anzuchterde.

Steckholz

Vermehrung durch Steckholz ist bei Gehölzen die einfachste Methode; geschnitten wird kurz nach dem herbstlichen Laubfall.

Stecklinge von hartem Holz
1 Rechts Man wählt einen jungen, geraden Trieb aus und schneidet ihn ziemlich weit unten ab.

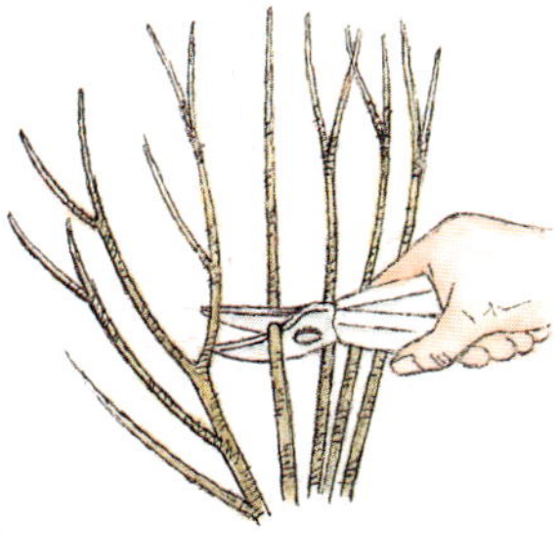

2 Rechts Eine starke Knospe als oberste aussuchen und den Steckling genau über ihr schräg abschneiden.

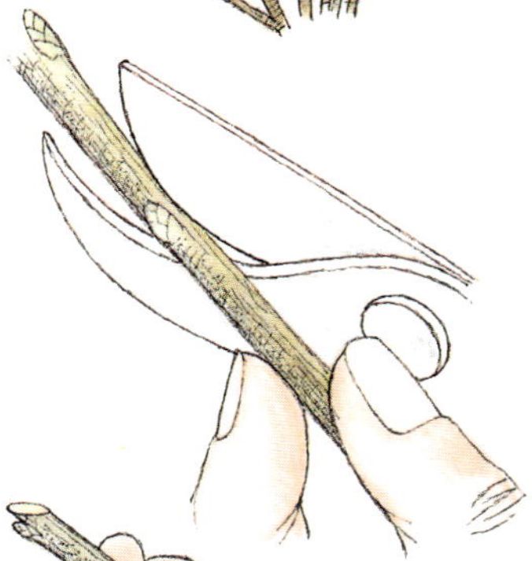

3 Rechts Genau 15 cm unter der obersten Knospe schneidet man gerade ab.

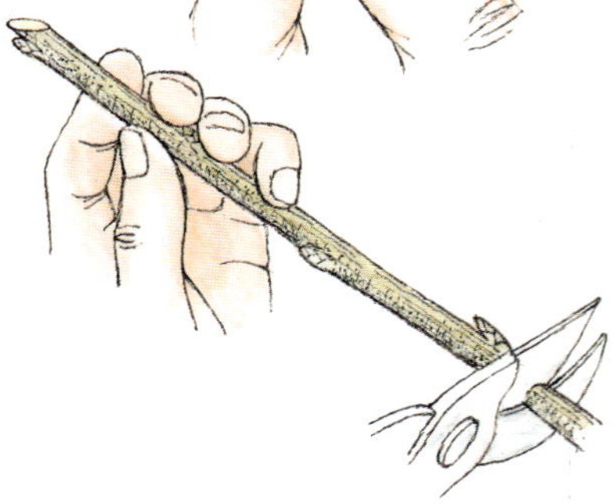

4 Rechts Wo die Winter kalt sind, lagert man die Stecklinge im Winter in einer Kiste mit feuchtem Sand, an einem kühlen Platz.

5 Links Nach dem Winterlager – oder in Gegenden mit milden Wintern sofort nach dem Abschneiden – zieht man einen kleinen Graben und setzt die Stecklinge senkrecht hinein.

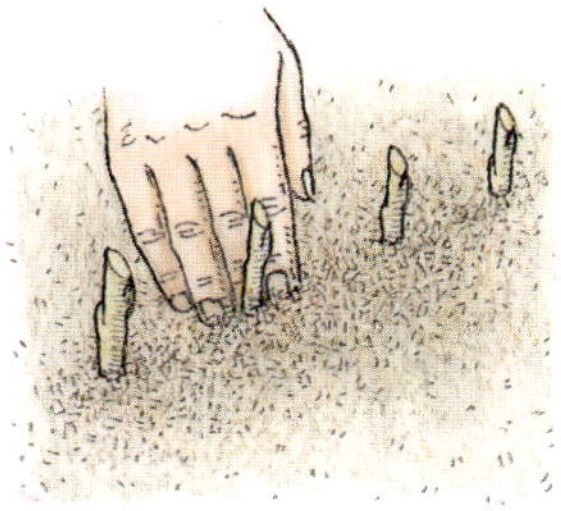

6 Links Die Erde wieder auffüllen und festklopfen; die Stecklinge 2-3 cm über die Erde hinaussehen lassen. Haben die Stecklinge neu ausgetrieben (meist im nächsten Herbst), kann man sie verpflanzen.

Vermehrung durch Absenker

Viele Gehölze lassen sich leicht durch Absenker vermehren, vor allem dann, wenn man nur ein paar neue Pflanzen wünscht. Da die Triebe bereits Wurzeln gebildet haben, bevor sie von ihren Eltern getrennt werden, ist die Gefahr des Austrocknens minimal. Dies macht die Methode besonders wertvoll bei seltenen Pflanzen, die bei anderen Methoden nur schwer anwurzeln.

Vermehrung durch Ableger
Diese ist bei den Pflanzen möglich, deren Äste so biegsam sind, daß sie am Boden befestigt werden können.

1 Einen jungen starken Ast zu Boden biegen; im Abstand von 25 cm zur Astspitze die Erde markieren. An dieser Stelle ein Loch graben, mit einer geraden Seite von der Pflanze weg und einer schrägen zu ihr hin.

2 Die Blätter am Ast, die unter die Erde kommen, abschneiden. Einen kleinen Schnitt in die Unterseite des Zweiges machen, dort, wo die Wurzeln wachsen sollen.

3 Den Ast sacht zur Erde biegen, im Loch befestigen; die Astspitze zur geneigten Seite hin nach oben richten.

4 Das Loch auffüllen und gut gießen. Wenn nötig, die Triebspitze mit einem geraden Stecken stützen. Feucht und frei von Unkraut halten, gut mulchen, bis neues Wachstum den Erfolg anzeigt und die Pflanze abgetrennt und verpflanzt werden kann.

Rosen

Rosen sind in ihrer Kultur und Pflege durchaus nicht schwieriger als andere Gartenpflanzen; man muß nur einige Grundregeln beachten. Sie sind zwar für bestimmte Schädlinge und Krankheiten anfällig, aber eine robuste Rose übersteht diese ohne weiteres. Die wichtigste Prophylaxe besteht darin, den Rosen bestmögliche Lebensbedingungen zu schaffen. Ungeeignetes Klima, ein falscher Standort, ein ausgelaugter Boden und fehlerhaftes Gießen oder Düngen lassen sich durch noch soviel chemischen Pflanzenschutz nicht ausgleichen.

Auswahl und Standort

Der erste Schritt ist, widerstandsfähige, für den jeweiligen Standort geeignete Sorten und gesunde, kräftige Pflanzen auszusuchen. Gedeiht eine Rose im Garten nicht recht, sollte man sie durch eine andere, robustere Züchtung ersetzen.

Für den Standort gilt, daß Rosen an eine sonnige, warme, zugleich aber offene und luftige Stelle gepflanzt werden sollen, denn sie brauchen viel frische Luft. Das Schlechteste für Rosen ist feuchte stehende Luft oder extreme, trockene Hitze.

Behagen ihnen der Standort und Boden, dann blühen Rosen 25 Jahre und selbst länger am selben Platz (zum Thema Pflanzen s. S. 15). Rosen dürfen allerdings nicht zu dicht gepflanzt werden; besonders wohl fühlen sie sich, wenn sie einzeln in Blumenrabatten stehen.

Düngen von Rosen

Rosen brauchen gerade so viele Nährstoffe, daß sie weder hungern noch übersättigt sind. Vorsicht ist vor allem bei Stickstoff geboten; im Dünger sollte nicht mehr als 7-9 % Stickstoff sein. Pro Quadratmeter darf man nicht mehr als 3-4 Gramm Stickstoff auf einmal ausbringen; nach dem Ende des Frühsommers sollte kein stickstoffreicher Dünger mehr gegeben werden. Günstig wirkt Kalium auf Rosen: es fördert das Reifen der neuen Triebe und erhöht die Robustheit; sind sie gut mit Kalium versorgt, können Pilzkrankheiten wie Sternrußtau und Rosenrost nicht mehr viel schaden. Günstig ist ein pH-Wert von 6,5-7 (s. S. 145); zuviel Kalk im Boden führt leicht zu Chlorose.

Rosenschädlinge

Gesundheitsprobleme bekommt man leichter in den Griff, wenn man die Rosen regelmäßig beobachtet. Einzelne Rosenkäfer, Raupen, Blattroller und andere große Schädlinge sammelt man am besten der Einfachheit halber mit der Hand ab. Einzelne infizierte Triebe oder Blätter werden beseitigt, bevor sich die Krankheit ausbreiten kann.

Sind einige Blätter krank oder angefressen, so ist dies kein Grund zu übertriebener Sorge. Allzugroße Gründlichkeit hat im Garten wenig Sinn. Wichtiger ist ein Gleichgewicht von Schädlingen und deren Widersachern, den Nützlingen. Man sollte die Rosenkrankheiten und die Schädlinge kennen und es ihnen nicht zu leicht machen; aber der Einsatz von Chemie sollte das allerletzte Mittel sein. Schädlinge vermehren sich oft genauso rasch wie sie wieder verschwinden; die Nützlinge dagegen erholen sich oft lange nicht von Pestiziden. Und die Nützlinge sind auf die Schädlinge als Nahrung angewiesen.

Ein weitverbreiteter Schädling ist die Blattlaus. Ihren ersten Auftritt hat sie im Erstfrühling auf dem frischen zarten Grün. Am wirkungsvollsten ist ein kräftiger kalter Wasserstrahl aus dem Gartenschlauch am frühen Morgen. Ein anderer Rosenschädling, die kleine Rote Spinnmilbe, vermehrt sich am stärksten bei heißem, trockenem Wetter. Auch hier hilft der Gartenschlauch: mit einem feinen, starken Wasserstrahl spritzt man die an der Blattunterseite sitzenden Schädlinge einfach weg. Wiederholt man die Behandlung mehrere Tage hintereinander, dann unterbricht man den Vermehrungszyklus des Schädlings und erreicht damit mehr als mit einem noch so giftigen Pestizid.

Rosenkrankheiten

Mehr noch als Insekten können Pilzkrankheiten wie Sternrußtau, Mehltau und Rost den Rosen schaden. Aber auch sie lassen sich ohne Chemie im Zaum halten. Am meisten kann Sternrußtau die Blätter zerstören, und ihm ist auch am schwersten beizukommen. Begünstigt wird er durch Kaliummangel und warmes, feuchtes Sommerwetter; übertragen wird er durch Spritz- und Tropfwasser, das die Pilzsporen von Blatt zu Blatt befördert. Befallene Blätter sollten sofort entfernt und alle abgefallenen infizierten Blätter, auf denen die Sporen überwintern können, beseitigt werden. Gefördert wird Sternrußtau auch durch stauende Bodennässe und zuviel Schatten auf dem Rosenbeet.

Ein Pilz, der überall dort gedeiht, wo Rosen wachsen, ist der Mehltau. Er wird durch stehende Luft, Wurzeltrockenheit und Stickstoffüberdüngung begünstigt. Am besten entwickelt er sich bei hoher Luftfeuchtigkeit, jedoch nicht bei Regenwetter. Im Unterschied zum Sternrußtau befällt er nur trockenes Laub. Zu dicht und womöglich auch noch schattig stehende Rosen sind anfälliger als Rosen, die in einer sonnigen, großzügigen Rabatte mit guter Luftzirkulation wachsen. Behutsames Mulchen beugt dem Mehltaubefall ebenfalls vor.

Relativ selten werden Rosen vom Rostpilz befallen, der vor allem bei heißer, trockener Erde und Kalimangel auftritt. Mit Beethygiene und angemessener Kaliversorgung sorgt man vor.

Pflege und wässern

Abgefallenes Rosenlaub, infizierte Blätter und Zweige müssen entfernt werden, bzw. aus dem Garten verschwinden. Gut ist auch ein regelmäßiges Lockern des Bodens zwischen den Rosen; Mulchen oder das Pflanzen von Bodendeckern reduzieren die Pilzübertragung ebenso, weil Regentropfen vom Boden nicht wieder abprallen und so die Blätter verschmutzen können; auch die Feuchtigkeit um den Rosenstrauch herum wird geringer, es kann sich also kaum stauende Nässe bilden.

Bei Trockenheit sollte man den Boden wässern, ohne Blätter naß zu machen – es sei denn, man will Schädlinge wegspritzen. Auch darf man die Blätter nicht mit schmutzigem Wasser in Berührung bringen. Immer stark gießen, wenigstens 20-30 Liter pro qm, jedoch stauende Nässe oder Bodenverdichtungen vermeiden, da dies den Sternrußtau fördert.

Stauden

Pflanzen

Stauden werden im Prinzip auf dieselbe Weise gepflanzt wie Sträucher. Meist bekommt man Stauden als junge Containerpflanzen zu kaufen; werden sie im eigenen Garten ausgegraben, geteilt und verpflanzt, dann behandelt man sie wie Sträucher ohne Ballen.

Wenn Stauden einige Jahre alt sind und es an der Zeit ist, sie herauszunehmen, zu teilen und zu pflanzen, dann sollte man keine Mühe sparen, den Boden gründlich zu verbessern. Nachträgliche Bodenverbesserung ist viel aufwendiger und auch weniger wirkungsvoll. Soll ein Beet ganz oder teilweise neu bepflanzt werden, ist es sinnvoll, die Fläche umzugraben und den Boden aufzubessern, am besten mit viel Komposterde oder anderem organischen Material und langsam abbauendem Dünger.

Bodenverbesserung und Pflanzen sollten zügig hintereinander erfolgen. Nährstoffverluste lassen sich vermeiden, wenn man den Dünger gleich beim Umgraben und Bodenlockern einarbeitet. Feuchtes Wetter und bedeckter Himmel sind ideal zum Pflanzen. Containerpflanzen werden zuvor solange ins Wasser gestellt, bis sie sich richtig vollgesaugt haben. Zunächst legt man die Pflanzen aus und korrigiert dabei die Anordnung, Abstände und Verteilung. Lose Wurzeln schützt man vor dem Austrocknen, indem man sie in nasses Papier oder Sackleinen einwickelt. Auf keinen Fall vor dem Pflanzen austopfen oder aus der schützenden Umhüllung wickeln!

Mit der Pflanzkelle wird ein Loch gegraben, etwa zweimal so groß wie das Wurzelvolumen. Den Aushub vermengt man vor dem Auffüllen des Pflanzlochs mit gutem, reifem Gartenkompost. Einen Teil des Substrats gibt man ins Loch, setzt die Pflanze darauf und füllt das Loch so auf, daß zwischen den Wurzeln keine Hohlräume entstehen. Man drückt die Erde mit den Fingern an und gießt vor dem endgültigen Auffüllen kräftig mit einer Gießkanne, ohne Brausekopf. Sieht es nicht nach Regen aus, muß der Pflanzbereich bis zu den tiefsten Wurzeln gründlich gegossen werden. Wenn die Oberfläche nach ein paar Tagen etwas abgetrocknet ist, lockert man die Erde zwischen den Pflanzen auf.

Teilen von Stauden
Bei Stauden mit faserigen Wurzeln das ganze Rhizom ausgraben; wenn es klein und geschmeidig genug ist, vorsichtig mit den Händen auseinanderziehen.

Bei größeren, weniger geschmeidigen Rhizomen steckt man eine Grabgabel mitten durch das Rhizom; dann sticht man eine zweite Gabel durch, Rücken an Rücken mit der ersten (links oben). Die Gabeln gegeneinander stemmen, durch Druck nach unten und außen (links unten). Das wiederholt man solange, bis man Rhizomstükke in der passenden Größe erhalten hat.

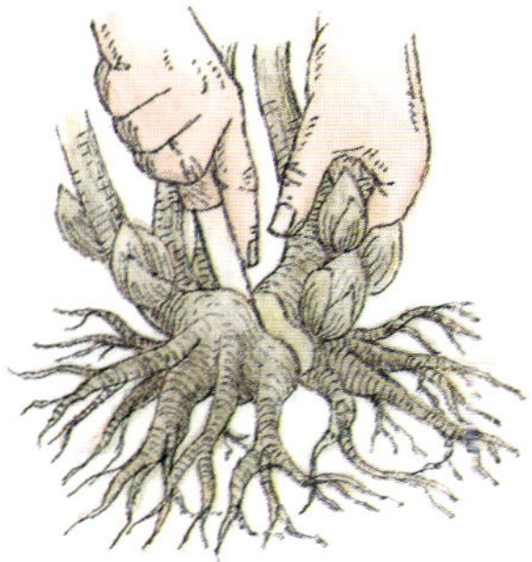

Bei Stauden mit einem dicken, fleischigen oder holzigen Rhizom gräbt man das Rhizom aus. Mit einem festen, scharfen Messer in Stücke schneiden, jedes Stück mit mindestens einer Knospe und vielen intakten Wurzeln.

Stauden teilen

Viele Stauden müssen regelmäßig geteilt werden, um sie jung, vital und blühfreudig zu halten. Das Teilen ist aber auch eine gute Methode, um den Bestand vieler wertvoller Sorten und Hybriden zu erhalten und zu vermehren.

Beim Teilen erhält man aus einer Staude zwei oder mehrere Teile mit jeweils genügend Wurzeln, Trieben und Knospen. Um vollwertige neue Pflanzen zu erhalten, braucht man nur ein paar Grundregeln zu befolgen. Der günstigste Zeitpunkt zum Teilen ist unmittelbar nach der Blüte, in einer Phase, in der die Stauden besonders aktiv neue Wurzeln und Triebe zu entwickeln beginnen. Für im Herbst blühende Stauden ist die beste Zeit das kommende Frühjahr.

Man nimmt die Pflanzen behutsam mit einer Grabgabel heraus, schüttelt Erde ab, bis man Triebe und Knospen gut erkennen kann. Viele Stauden besitzen ein Geflecht von Faserwurzeln und kräftige Triebe, so etwa Astern, Chrysanthemen, Sonnenbraut, Phlox und Sommermargariten. Es läßt sich oft mit den Fingern teilen. Einige Stauden wie überalterte Taglilien brauchen energischere Behandlung. Kleinere Pflanzenballen zerteilt man mit dem Messer oder der Schere.

Sind die Stauden in der Mitte überaltert, verholzt und ohne aktiv wachsende Knospen oder Triebe, dann gewinnt man kräftige, junge Teilstücke vom Rand der Rhizome. Jedes Teilstück sollte aus möglichst vielen gesunden unverletzten Wurzeln und wenigstens aus einem kräftigen Trieb oder einer starken Knospe bestehen. Die Teilstücke sollten nicht zu groß sein, denn kleinere sind meist vitaler als große. Nach dem Teilen kürzt man die Triebe, um den Verlust an Wurzeln auszugleichen.

Stauden mit fleischigen oder holzigen Wurzeln wie Lupinen, Rittersporn und Hosta lassen sich nicht ganz so leicht teilen, sie müssen auseinandergeschnitten werden. Die beste Zeit, sie zu teilen, ist am Ende ihrer Ruheperiode, wenn die Knospen zu schwellen beginnen. Man sieht die Knospen leichter, wenn man die Erde von den Wurzeln abspült.

Nach dem Teilen werden die Jungpflanzen möglichst schnell eingepflanzt und gut gegossen.

Düngen von Stauden

Gartenpflanzungen, die eingewachsen sind, brauchen wenig Dünger. Es müssen nur die Nährstoffe ersetzt werden, welche die Pflanzen dem Boden entzogen haben und beim Gießen und durch den Regen ausgewaschen wurden. Wenn die Pflanzen trotz dieser regelmäßigen Ergänzungsdüngung schwach aussehen oder deutlich Nährstoffmängel zeigen, ist eine Bodenuntersuchung erforderlich, um herauszufinden, was den Pflanzen fehlt (s.S.130). Erst dann sollte - entsprechend den Resultaten der Untersuchung - gedüngt werden. Sehr gründlich durchgeführte, statistisch repräsentative Reihenuntersuchungen von Gartenböden in den letzten Jahren haben ergeben, daß die meisten Böden überdüngt sind, insbesondere mit Phosphat.

Die einfachste Methode ist, gekörnten Mineraldünger direkt auf die Bodenoberfläche auszustreuen. In Gegenden mit viel Regen ist es auch die wirkungsvollste Methode, da sich die Nährstoffe rasch auflösen und an die Wurzeln kommen. In trockenen Regionen oder in regenarmen Zeiten arbeitet man den Dünger oberflächlich ein und gießt ihn kräftig. Sehr trockenen Boden feuchtet man ein oder zwei Tage vor dem Streuen von Mineraldünger etwas an.

In trockenen Gebieten setzt man gerne Flüssigdünger ein, da die Pflanzen die Nährstoffe so unmittelbar aufnehmen. Stauden, Zwiebelblumen, Einjährige, Rosen und kleinere Sträucher kann man durchaus mit der Gießkanne düngen, indem man die Nährstoffe im Gießwasser auflöst. Für die Flüssigdüngung von Bäumen und großen Sträuchern verwendet man an den Wasserschlauch angeschlossene spezielle Düngerlanzen oder -mischgeräte. Das Wasser nimmt die eingestellte Düngermenge aus dem Vorratsbehälter mit und bringt sie an die Wurzeln (s. S. 65).

Am schnellsten läßt sich Nährstoffmangel durch Blattdüngung beheben. Die Blätter nehmen den Dünger am schnellsten auf, wenn er über einen feinen Sprühnebel verabreicht wird. Der Dünger wirkt nur auf die Blätter, solange sie feucht sind; deshalb düngt man am besten spätnachmittags, abends oder an einem bewölkten Tag, damit die Sonne die Blätter nicht abtrocknet, bevor sie die Nährstoffe aufnehmen. Wenn das Wurzelwerk von Pflanzen verletzt ist, werden sie so auserdem zusätzlich versorgt.

Rasenpflege

Aerifizieren

Wenn ein Rasen nicht mehr richtig grün ist und das Gras einen kränklichen Eindruck macht, dann ist dies ein Zeichen für eine verdichtete Oberfläche. Die oberste Bodenschicht muß also durchbrochen werden. Ein bewährtes Mittel ist das Herausstechen von etwa 7 cm langen Erdpfropfen; durch die dünnen Löcher gelangt wieder Luft und Wasser an die Gräserwurzeln. Für kleine Rasenflächen gibt es hierfür einfache Handgeräte, größere Flächen sollte man mit einem motorbetriebenem Aerfizierer bearbeiten.

Bei sehr lehmigem und schwerem Boden werden die Erdpfropfen abgerecht und kompostiert. Zudem schlechter und zu Verdichtung neigender Boden wird saniert, indem man eine Mischung aus Sand, Torf, Kompost und guter Gartenerde in die Aerifizierlöcher recht.

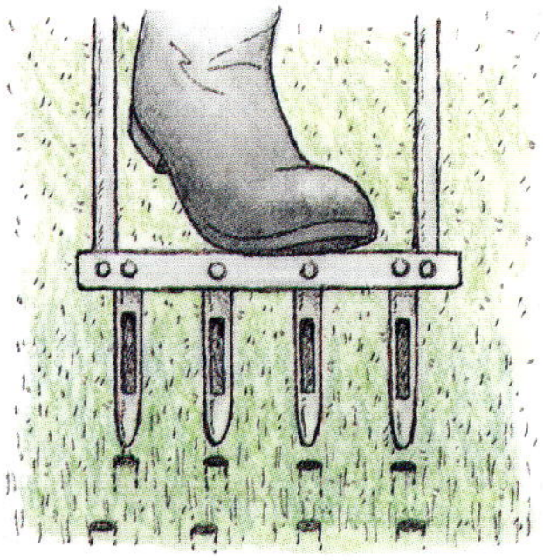

Rasenbelüftung
Bei verdichteten oder zu nassen Stellen eine Gabel mit hohlen Zinken in die Erde stechen.

So wird Erde aus dem zu kompakten Boden entfernt; beim nächsten Einstechen wird sie wieder aus den Zinken herausgestoßen.

Rasenfilz aufritzen
Das alte Gras entfernt man, indem man den Rechen darüber wegzieht.

Die messerähnlichen Zinken des Skarifizierrechens nehmen das tote Gras mit, ohne daß die Gräser entwurzelt werden.

Bei gutem Rasenboden läßt man die Pfropfen liegen; getrocknet lassen sie sich zerkrümeln, indem man eine Fußmatte über die Fläche zieht. Zusammen mit Sand und Torf werden die Erdkrümel dann mit einem Stahlbesen oder Rechen eingearbeitet.

Vertikutieren

Ein anderes häufiges Rasenproblem ist die Verstopfung der Rasenoberfläche durch einen Filz von totem Gras und anderem organischen Material. Ist diese Schicht dünner als 1 cm, schadet sie nicht, sondern stellt eine Art Mulch dar, der die Feuchtigkeitsverluste bremst, ein durchaus erwünschter Effekt. Ist der Filz aber über 2 cm dick, so stört er die Wasserführung und erhöht das Risiko von Pilzerkrankungen ganz erheblich.

Leichte Verfilzungen lassen sich mit einem Eisenrechen aufreißen; dichter, mit Wurzelausläufern verwobener Filz erfordert jedoch ein Vertikutiergerät, eine Art Rechen mit messerartigen Zinken. Damit läßt sich der Filz bis in die obere Erdkrume hinein aufreißen. Ähnlich wie beim Aerifizieren handelt es sich beim Vertikutieren um eine anstrengende Arbeit, für die sich bei größeren Flächen ein motorbetriebenes Gerät empfiehlt. Mit seinen senkrecht rotierenden Messern durchschneidet es den Filz, reißt das tote Material heraus und öffnet den Boden. Wasser, Luft und Licht können wieder in den Rasen eindringen, und das Wurzelwerk wird zu neuem Wachstum angeregt.

Rasenerneuerung

Ist ein Rasen so stark heruntergekommen, daß es nicht mehr ausreicht, ihn zu aerifizieren und vertikutieren, dann empfiehlt sich eine gründliche Rasenerneuerung.

Als erstes wird der Rasen auf eine Höhe von 3 cm geschnitten und das Mähgut abgerecht. Filz und anderes organisches Material beseitigt man möglichst gründlich mit dem Eisenrechen oder Vertikutierer. Dabei werden viele lose Ausläufer, sogenannte Rhizome, aufgerissen und gelockert. Sie werden im nächsten Arbeitsgang abgemäht, wobei der Mäher extrem niedrig einzustellen ist. Danach muß man nochmals alles gründlich abrechen.

Dichter, schwerer Boden wird daraufhin aerifiziert, möglichst mit einem motorbetriebenen Gerät. Falls der Boden zu sauer ist, wird als nächstes Kalk ausgebracht. Man streut ihn auf den trokkenen Rasen und recht ihn oberflächlich ein. Danach empfiehlt es sich, eine Mischung aus guter Gartenerde, Sand und reifem Kompost mit einem breiten, flachen spitzzinkigen Rechen einzuarbeiten. Der letzte Arbeitsgang ist das Nachsäen. Man nimmt dazu guten Rasensamen, je nach Mischung 60-120 Gramm auf 100 qm. Die erneuerte Rasenfläche wird mit einem Sprinkler kräftig gewässert.

Die Ökologie des Gartens

Förderung von Nützlingen

Nützlinge zählen zum Wertvollsten eines Gartens: sie ersparen uns zeitaufwendige, teure und oft auch gefährliche Pestizide. Doch für die Truppe nützlicher Gartenhelfer wie Singvögel, Igel, Solitärbienen und -wespen, Flor- und Schwebfliegen, Schmetterlinge, Eidechsen und Spinnen wirkt ein perfekt aufgeräumter Garten so einladend wie die Saharawüste. Etwas weniger Ordnung, eine kalkulierte Schlampigkeit und Nachsicht mit dem ein oder anderen

Unkraut ergibt einen gesünderen, stabileren Pflanzengarten, dem Blattläuse, Nacktschnecken und andere Schädlinge so schnell nichts anhaben können.

Der Garten ist immer ein von Menschenhand gemachtes, pflegebedürftiges Stück Natur. Doch mit etwas ökologischem Gespür kann ein Garten beides sein, Eldorado für eine bunte Blütenfülle *und* Heimat für eine große Vielfalt von Tieren. In einem naturnahen Garten muß man kein Gift mehr spritzen. Zwar gibt es natürlich noch Blattläuse, doch Florfliegen, Marienkäfer und Schwebfliegen halten sie in Schach. Die Gefahr, daß Blattläuse die Rosen verunstalten, ist in einem ökologisch stabilen Garten sehr gering.

Die Vielfalt im Naturgarten beginnt damit, daß man anstelle von Sorten mit gefüllten Blüten einfachblühende Blumen sät und pflanzt, da diese bessere Pollen- und Nektarspender sind. Viele nützliche Insekten, deren Larven unzählige Blattläuse und Spinnmilben vertilgen, sind auf diese Nahrung angewiesen.

Viele Solitärbienen und -wespen nisten in je nach Art unterschiedlich großen Löchern. Einige hausen im Boden, andere wohnen in engen Gängen im Baum, manche in hohlen Grashalmen, und wieder andere leben in Mauerritzen und Felsspalten. Meist sind sie sehr unscheinbar und klein, aber es ist faszinierend zu beobachten, wie die winzigen Bienen die Obstbäume befruchten und die nützlichen Solitärwespen Blattläuse und Milben an ihre Larven verfüttern.

Viele dieser Nützlinge bohren sich ihr Nest selbst, einige nisten z.B. in verlassenen Käfergängen in Holzstämmen. Unterstützen kann man die Insekten, indem man in Baumstämme oder Holzklötze verschieden große Löcher bohrt. Die Nisthilfen plaziert man am besten an einen trockenen, warmen, jedoch nicht heißen Platz, unter einer Hecke oder im Halbschatten von Baumgruppen.

Alte Steinmauern machen sich gut im Garten und bieten für zahllose kleine Pflanzen und Tiere Lebensraum. Solch ein Habitat läßt sich ohne weiteres nachvollziehen, indem man eine Trockenmauer baut. Nützlinge werden sich dann sehr bald einfinden; sie verzehren schädliche Insekten oder fressen sich gegenseitig auf und erzeugen so ein stabiles, sich selbst regulierendes System von Jägern und Gejagten. Eidechsen und Kröten z.B. halten die gefräßigen Nacktschnecken in Schach, die Ligularien und Hostas als willkommene Leckerbissen anknabbern.

Wo im Garten der Platz für eine Trockenmauer fehlt, genügt den Eidechsen und Kröten auch ein loser Steinhaufen an einem versteckten, sonnigen Platz. Auf ähnliche Weise bietet auch ein Holzstapel manchen Nützlingen Unterschlupf, dem Igel etwa, der Blindschleiche, der Spitzmaus und dem Wiesel.

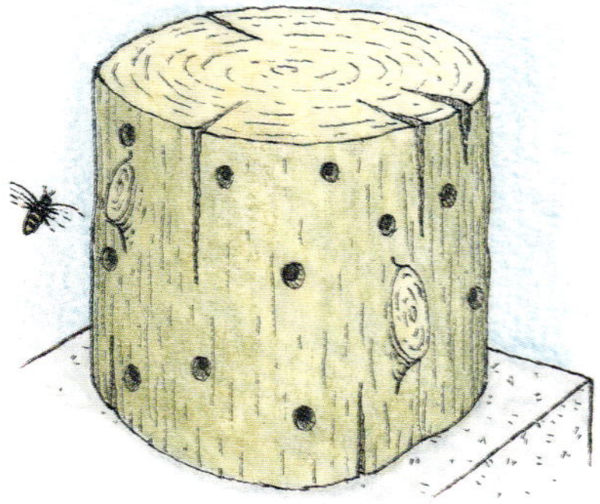

Unterstützung für Nützlinge
Nester für Wespen und Bienen
Ein verrotteter Baumstamm oder ein 30 cm langer Holzblock kann Bienen und Wespen als Nest dienen. Bohren Sie eine Reihe von Löchern von 3 mm - 10 mm Durchmesser, die so tief wie der Einsatz des Bohrers sind. Manche Arten wie z.B. die winzige rote Osmiabiene wohnen gern in kleinen Röhren. Man bindet aus Bambus, Schilfrohr oder alten Ästen einen Hohlraum, den man horizontal an einem geschützten Ort wie etwa der Traufe eines Schuppens aufhängt.

Steinmauern oder -haufen
Steine, die ohne Mörtel aufeinandergeschichtet sind – eine sorgfältig errichtete Mauer genauso wie ein Haufen Felsbrocken – bieten Nützlingen Wohnraum; auch können sie ein malerischer Anblick sein. Die Ritzen werden bald von zahllosen Tieren bewohnt sein, die alle eine wichtige Rolle im Ökosystem des Gartens spielen: Spinnen, Tausendfüßern, Hundertfüßern, Käfern, Eidechsen und Kröten, Bienen oder Wespen.

REGISTER

Botanische Pflanzennamen

Soweit vorhanden und gebräuchlich, sind hinter den botanischen Namen in Klammern die deutschen Bezeichnungen angeführt. Vgl. auch das anschließende Register der deutschen Pflanzennamen.

A

B

C

D

E

Deutsche Pflanzennamen

Sachregister

BILDNACHWEIS

Fotos:
Jacqui Hurst/Boys Syndication 95, 98, 109, 111, 123
Jacqui Hurst 93, 94
Geoff Dann, © Frances Lincoln Ltd. 61, 113, 124, 125, 126, 128, 140
Andrew Lawson 107, 121, 139, 141, 142
Harry Smith Horticultural Photographic Collection 73
Alle sonstigen Fotos von Jacqui Hurst/ © Frances Lincoln Ltd.

Illustrationen:
Andrew MacDonald Kapitel 2, 3, 4, 7, 8, 9, 10
Jim Robbins Kapitel 1, 5, 6

Danksagungen
Für ihre Hilfe bei der Produktion dieses Buches dankt der Verlag Caroline Hillier, Jo Christian, Suzanne Luchford, Ruth Carim, Lucy Rix, Katy Foskew, Ray Rogers, Joanna Chisolm, Vicky Robinson.